윤석정(尹錫貞) 국립외교원 연구교수

「1990년대의 한일관계와 한일공동선언: 한일관계의 구조변동에 의한 탈냉전기 협력과 제도화 시도」(『일본학보』 120, 2019), 「아베 정권의 집단적 자위권 헌법해석변경과 일본의 정당정치: 7·1 각의결정 과정을 둘러싼 정당정치 동학」(공저, 『국제지역연구』 28(2), 2019), 「1965년 체제와 아베 정권의 보통의 한일관계 만들기: 12·28 합의, 강제동원 문제 사례를 중심으로」(『IFANS 주요국제문제분석』 2020-18, 2020)

마츠우라 마사노부(松浦正伸) 후쿠야마시립대학 전임강사

「冷戦期韓国政府と在日韓国人社会の相互関係の歴史的変容: 1950年代末から1960年代初頭の政情不安とディアスポラ」(『東アジア研究』 第21号, 2017), 「『疑似環境』と政治: 北朝鮮帰国事業における総連と北朝鮮ロビーの役割を中心として」(『国際政治』 第187号, 2017), 「한반도 유사시 일본인 비선무원우송작전관련 한일 안보협력 방안 – 한일관계, 미일관계, 국제비교의 관점을 중심으로」(『한일군사문화연구』 제27집, 2019)

한·일 관계의
궤적과 역사인식

일러두기
• 이 책은 2018년도 동북아역사재단 기획연구 수행 결과물임(NAHF-2018-기획연구-26).

동북아역사재단
연구총서 110

한·일 관계의
궤적과 역사인식

조윤수 편

책머리에

한·일 관계의 뇌관, 역사인식!
전략적 관리는 가능한가

2020년은 한·일 국교정상화 55주년이 되는 해다. 2010년 8월 10일 일본의 간 나오토(菅直人) 총리는 강제병합 100년을 맞아 '식민지 지배가 초래한 많은 손해와 고통에 대해 다시 한번 통절한 반성과 마음으로부터의 사죄를 표명한다'는 담화를 발표했다. 식민지 지배기 불법임을 명확하게 표현한 것은 아니지만, 지금 다시 읽어봐도 일본 정부가 어떻게 여기까지 표현했을까 하는 생각이 든다. '식민지 지배는 합법'이라는 전제가 깔려있기는 하나 일본의 침략과 식민지 지배로 인해 큰 고통을 주었다는 것을 인정하고 있기 때문이다. 2020년 아베 총리한테서는 절대 나올 수 없는 담화다.

그동안 한·일 양국은 질적·양적으로 많은 변화가 있었다. 하지만 역사 문제를 둘러싼 양국의 인식 및 과거사 청산 문제는 오늘날에도 현안이 되고 있다. 2012년 대법원은 강제동원 피해자 손해배상소송에서 원고 승소 판결을 내렸다. 일본에서는 아베 신조(安倍晋三) 정권이 탄생하면서 역사수정주의 시각이 대중 사이에 폭넓게 퍼졌다. 이후 한·일 관계는 역대 최악의 상태에 놓였다. 2015년 한·일 일본군'위안부' 합의로 한·일 역사 문제 해결을 내세웠으나 오히려 한·일 갈등을 심화시키는 뇌관이 되었다.

역사 문제를 둘러싼 양국 간 갈등은 세계사적 관점에서 보면 특수한 사례는 아니다. 19~20세기는 제국주의와 전쟁의 시대였다. 세계 곳곳에서 역사인식을 둘러싼 충돌이 벌어졌다. 역사를 바라보는 기준이 국가에 따라 서로 달랐기 때문이다. 이스라엘과 팔레스타인, 인도와 파키스탄, 9·11테러 사건을 바라보는 미국인과 무슬림의 해석, 한국전쟁을 바라보는 시각도 국가에 따라 서로 다르다. 하나의 역사적 사실에 대한 인식의 차이는 현실적인 갈등 요인이 된다. 한·일 간 역사 문제의 기원이 되는 일본의 한국 강제병합과 1965년 청구권협정 문제도 결국 역사인식의 차이에 따른 것이다.

이 책은 1945~2018년까지 한·일 양국의 역사인식을 둘러싼 갈등과 외교정책을 국제 환경 변화와 국내 정치에 따라 3단계로 분석했다. 한국과 일본의 역사인식이 첨예하게 대립하고 있는 이상 한·일 양국은 항상 갈등을 내포하고 있다. 역대 정부에서는 어떻게 이 문제를 다루어 왔는지를 살펴봤다.

1단계는 한·일 관계가 강력한 냉전체제의 영향력 아래 놓여 있던 1945~1970년대까지다. 미국과 긴밀한 우호·협력 관계를 구축했던 시기로 한·일 관계도 반공을 위한 연대가 무엇보다 중요했다. 한일회담 체결 과정에서 식민지 지배에 대한 부당성과 불법성을 일본에 제기했지만, 당시 일본에는 식민지 지배에 대한 책임의식이 부재했다. 일본 역사 학계조차 식민지 지배에 대해 반성하고 사죄해야 한다는 인식은 거의 없었다.

2단계는 1980년대로 양국 관계에서 역사 문제라는 화산이 폭발하기 시작한 시기다. 일본 내에서 식민지 지배에 대한 반성론이 등장한 것도

1980년대다. 이 시기 일본의 경제는 눈부신 발전을 이루었으며, 대국화되면서 국제사회에서 역할이 강조됐다. 그 과정에서 식민지 지배에 대해 제대로 사죄와 배상을 해야 한다는 발언과 성명이 사회당 차원에서 나오기 시작했다.

3단계는 역사 문제가 외교와 국내 정치의 쟁점이 되는 1990년대 이후다. 한국에서 민주화가 진전되면서 과거 국가가 저지른 범죄를 바라보는 시민들의 도덕적 기준이 높아졌다. 한국이 민주화와 더불어 '영원할 것같았던' 냉전이 해체는 과거 억압된 권력에 의해 빼앗긴 개인의 권리 회복 요구로 이어졌다. 특히 2000년대 후반 중국이 강대국으로 급부상하면서 일본의 힘이 상대적으로 쇠퇴하고 한국도 미들파워로 국제사회에서 영향력을 발휘했다. 한국 정부는 식민지 지배에 기인한 피해, 특히 인권 침해에 대한 사죄와 배상 요구를 억누를 수 없게 되었다. 1965년 체제의 구속력이 약해지면서 양국의 역사 문제가 본격적으로 외교 문제가 된 시기라 할 수 있다.

이와 같은 시대적 배경을 고려하여 연구 참여자들은 1945~2018년까지 한·일 역사인식 충돌에 관련된 사례를 분석했다. 이 기간에 해당하는 한국과 일본의 공식 외교문서뿐만 아니라 신문기사, 양국 정부의 브리핑, 담화 등 자료를 근거로 실증적으로 연구했다. 역사인식 문제를 다룬 기존의 연구를 참고하여 다양한 주제를 다루었다. 한·일 간 역사 문제를 분석하기 위해서는 외교사적 접근, 한국과 일본의 역사인식 변화를 추적하는 국내외 정치적 분석이 모두 필요하다. 이러한 다양한 요소가 서로 작용하면서 양국의 역사인식과 역사정책에 영향을 미쳤다.

이 책을 집필한 9명은 역사학과 정치학을 전공한 한국과 일본의 한·일 관계 전문가들이다. 한국 연구자는 일본에서, 일본 연구자는 한국에서 학위를 받았고 이들이 한국과 일본에 체류한 기간은 평균 5년이 넘는다. 이렇듯 집필자들의 한국과 일본에 대한 깊은 이해에도 불구하고, 일부 이슈에 대해서는 상대방의 상황을 이해하면서도 첨예하게 대립하기도 했다. 그만큼 한·일 역사인식 문제를 다루는 것은 어려운 일이다.

한국은 일본이 식민지 지배를 진심으로 반성하고 책임을 져야 진정한 화해가 올 수 있다고 말하지만, 그것은 이상에 가까운 주장일 수 있다. 양국을 깊이 이해하는 연구자임에도 역사인식 문제에서 공통분모를 찾고 해결방안을 도출하는 것이 얼마나 어려운지를 실감했다. 불필요한 오해를 풀기 위해서는 상대방에 대한 이해를 바탕으로 한 꾸준한 소통이 필요하다. 역사인식을 공유할 수 없다면 이것을 전략적으로 관리해나가야 한다. 그러기 위해서는 국가 차원에서도 정치·경제·시민사회 등 여러 채널을 통해서 대화를 유지하고 협력할 필요가 있다.

한·일 양국이 지난 75년간 역사인식 차이로 인한 갈등을 해소하기 위해 많은 노력을 기울여 왔다는 점은 부인할 수 없다. 이는 양국이 역사인식 차이를 협력의 최대 장애물로 인식했기 때문일 것이다.

지난 75년간 한·일 양국이 역사인식과 그것이 초래한 문제를 다룬 이 책이 현재 한·일 양국이 직면한 역사 문제를 극복할 수 있는 지혜를 찾는 데 도움이 되길 바란다.

2020년 7월
집필진을 대신하여
조윤수

차 례

책머리에 · 5

1. 일본 정부의 전후 처리와 역사인식
_ 남상구

1. 서론 · 14
2. 일본 정부의 전후 처리와 역사인식에 대한 공식 견해 · 16
3. 일본 정부의 전후 배상과 식민지 처리 · 18
4. 일본 정부의 식민지 지배에 대한 역사인식 · 28
5. 결론 · 35

2. 해방과 전후의 한·일 관계
1945년 직후의 인식적 괴리 _ 김숭배

1. 서론 · 40
2. 전쟁에 대한 일본의 시공간 인식 · 42
3. 전쟁에 대한 한국의 시공간 인식과 식민 문제 · 54
4. 결론 · 66

3. 한일회담 교섭 참석자의 인식 변화와 그 영향
어업 및 평화선 위원회를 중심으로 _ 조윤수

1. 서론 · 74
2. 한일회담 어업위원회의 교섭 과정 · 78
3. 교섭 참석자의 한일회담에 대한 인식 변화와 영향 · 87
4. 결론 · 107

4. 1960~1970년대 한·일 양국의 대일·대한 인식
_ 안도 준코

1. 서론 · 114
2. 1960년대: 협력과 현상 유지 · 115
3. 1970년대: 마찰과 협력 · 128
4. 결론 · 146

5. 전두환 정부하의 역사 문제
1980년대 한·일 역사 문제의 새로운 전개 _ 최희식

1. 서론 · 152
2. '65년체제'의 역사 문제 구조 · 154
3. 전두환 정부의 등장과 과거사 문제 · 159
4. 결론 · 182

6. '위안부' 문제에 관한 관방장관 담화의 책정 요인
외교적 요인과 정치외교이념을 중심으로 _ 도가시 아유미

1. 서론 · 188
2. 선행 연구 · 190
3. 담화 발표의 경위와 쟁점 · 193
4. 제1차·제2차 가토 담화와 고노 담화 및 한·일 관계 · 199
5. 결론 · 219

7. 일본 정부의 식민지 지배 인식의 연속성에 관한 연구
간 담화, 한일도서협정을 중심으로 _ 엄태봉

1. 서론 · 226
2. 간 담화와 일본 정부의 식민지 지배 인식의 연속성 · 229
3. 한일도서협정과 일본 정부의 식민지 지배 인식의 연속성 · 236
4. 결론 · 249

8. 전후 70년 담화와 한국
무라야마 담화에 대한 덮어쓰기와 한국 배제 _ 윤석정

1. 서론 · 254
2. 무라야마 담화와 아베 신조 · 259
3. 전후 70년 담화와 무라야마 담화의 키워드 · 264
4. 국제질서, 관용 그리고 무라야마 담화에 대한 덮어쓰기 · 271
5. 전후 70년 담화와 한국 · 278
6. 결론 · 285

9. 역사화해의 조건이란 무엇인가
한·일 공동선언과 북·일 평양선언 _ 마츠우라 마사노부

1. 서론 · 292
2. 김대중과 한·일 공동선언 · 297
3. 고이즈미 준이치로와 북·일 평양선언 · 309
4. 결론 · 327

찾아보기 · 332

일본 정부의 전후 처리와 역사인식

남상구 동북아역사재단 한일역사문제연구소 소장

1. 서론
2. 일본 정부의 전후 처리와 역사인식에 대한 공식 견해
3. 일본 정부의 전후 배상과 식민지 처리
4. 일본 정부의 식민지 지배에 대한 역사인식
5. 결론

1. 서론

한국은 1945년 일본의 식민지 지배에서 독립했고, 1965년 일본과 국교를 정상화했다. 1965년 한·일 국교정상화 이후 한·일 간에는 역사 문제[1]를 둘러싼 갈등도 있었으나 문제를 해결하려는 노력도 있었다. 하지만 역사 문제에 대한 한·일 간 인식의 차이는 오히려 점점 더 커지고 있다. 2015년 한·일 국교정상화 50주년을 맞아『동아일보』와 일본『아사히신문』이 실시한 공동 여론조사 결과는 이러한 차이를 잘 보여준다. 여론조사 결과[2]를 보면 "일본의 식민지 지배를 포함해 과거사 문제가 해결됐다고 생각하나"라는 질문에 한국인 응답자는 95%가 "그렇지 않다"고 답했지만 일본인은 49%가 "그렇다"고 답했다. 식민지 지배에 대한 일본 정부의 사과에 대해서도 "일본이 충분히 사죄했나"라는 질문에 "그렇다"고 응답한 한국인은 1%에 불과했지만 일본인은 65%로 나와 2010년의 조사(55%)보다 크게 늘었다. 피해 보상 문제에서도 "일본이 식민 지배 피해자 보상을 재검토해야 하나"라는 질문에 한국인은 89%가 "그렇다"고 답했지만 일본인의 69%는 "그럴 필요가 없다"고 답했다. 이러한 인식 차이는 지금도 여전하다.

---

* 이 글은 남상구, 2010,「일본의 '전후처리'와 식민지 문제」,『한일관계사연구』제36집; 남상구, 2015,「역사 문제와 한일관계」,『한일관계사 1965-2015』I (정치), 역사공간을 수정·보완한 것이다.

1 한·일 간 역사 문제란 기본적으로는 1910년 일본의 한국 강제병합에서 기인하는 문제다. 일본이 한국 식민지 지배를 어떻게 인식하고 그 피해를 어떻게 배상·보상했는지, 한국은 이러한 일본의 대응을 어떻게 받아들이는지에 관한 문제라 할 수 있다. 역사 문제는 일본군 '위안부' 피해자 문제, 일본 총리 등 정치가의 야스쿠니신사 참배, 강제동원 피해자 개인청구권소송, 일본 역사교과서 왜곡 기술, 일본 정치가의 역사 왜곡 발언 등의 형태로 표출되어 왔다.

2 『동아일보』, 2015. 6. 18.

정부 간에도 인식의 차이가 크다. 문재인 한국 대통령은 2017년 8월 17일 기자회견에서 징용공 문제는 한일청구권협정으로 이미 해결된 사안이 아니냐는 질문에 "양국 간 합의에도 불구하고 강제징용자 개인이 상대 회사에 가지는 민사적 권리는 그대로 남아 있다는 것이 한국의 헌법재판소나 대법원의 판례"라고 발언했다. 이에 대해 일본 정부는 수용할 수 없다는 입장을 밝혔다.[3] 그리고 문재인 대통령은 2018년 3·1절 기념사에서 "불행한 역사일수록 그 역사를 기억하고 그 역사로부터 배우는 것만이 진정한 해결입니다. 일본은 인류 보편의 양심으로 역사의 진실과 정의를 마주할 수 있어야 합니다. 저는 일본이 고통을 가한 이웃나라들과 진정으로 화해하고 평화공존과 번영의 길을 함께 걸어가길 바랍니다. 저는 일본에게 특별한 대우를 요구하지 않습니다. 그저 가장 가까운 이웃나라답게 진실한 반성과 화해 위에서 함께 미래로 나아가길 바랄 뿐입니다"라고 발언했다. 화해와 협력을 위해서는 일본 정부가 과거사에 대해 진실한 반성을 해야 한다는 것이다. 하지만 과거사에 대해 사죄와 반성을 표명해 왔다는 것이 일본 정부의 입장이다.

이 글의 목적은 한·일 간 역사화해를 위한 기본 전제인 일본 정부의 전후 처리 실태와 역사인식 문제를 검토하는 것이다. 전후 처리는 일본 정부가 식민지 지배와 침략전쟁으로 인한 피해에 대해 배상·보상을 했는가, 개인청구권 문제는 해결되었는가 하는 문제를 중심으로, 역사인식 문제는 일본 정부의 식민지 지배와 침략전쟁에 대한 공식적인 견해는 무엇인지, 즉 일본 정부는 공식적으로 사죄와 반성을 표명했는가, 일본 정부의 공식적인 역사인식으로 평가받는 1995년 무라야마 총리 담화는 계승되고 있는가 하는 문제를 중심으로 검토하고자 한다.

---

3 『연합뉴스』, 2017. 8. 17.

2. 일본 정부의 전후 처리와 역사인식에 대한 공식 견해

일본 정부는 2005년 8월 12일 외무성 홈페이지에 일본이 국제적 기준에 부합한 '전후 처리'를 했다는 주장을 담은 '역사 문제 Q&A' 게재를 시작했다.[4] 외무성은 '역사 문제 Q&A'를 홈페이지에 게재하는 목적에 대해 "전후 60년을 맞이하여 역사 문제에 대한 기본적인 사실관계와 우리 정부의 입장을 정리, 많은 국민들에게 우리 정부의 입장을 알리기 위해 참고용으로 작성했다"고 설명했다.[5] 그러나 '역사 문제 Q&A'의 영문판이 2006년 1월 외무성 홈페이지에 게재되고 현재 주한 일본대사관 홈페이지에 한국어로 번역되어 게재되어 있는 것을 보면, 그 목적이 외국인에게 일본 정부가 실시한 '전후 처리'와 역사인식의 정당성을 홍보하는 데 있음을 알 수 있다.

---

[4] 일본 외무성 홈페이지 '歷史問題Q&A'(www.mofa.go.jp/mofaj/area/taisen/qa/index.html).
  문1. 지난 대전에 대해 일본 정부는 어떠한 역사인식을 갖고 있는가?
  문2. 일본은 전쟁에서 피해를 입은 아시아 여러 나라에 공식적으로 사죄하지 않고 있는 것은 아닌가?
  문3. 일본은 지난 전쟁에서 피해를 입은 나라와 사람들에 대해 어떻게 배상을 했는가?
  문4. 정부 간의 청구권 문제는 해결이 끝났다 해도 개인의 청구권 문제는 미해결로 남아 있지 아니한가?
  문5. '종군위안부 문제'에 대해 일본 정부는 어떻게 생각하는가?
  문6. '난징(南京)대학살'에 대해 일본 정부는 어떻게 생각하고 있는가?
  문7. 극동국제군사재판에 대해 일본 정부는 어떻게 생각하고 있는가?
  문8. 독일과 비교해서 일본은 과거 문제에 대한 노력이 미흡한 것은 아닌가?
  2005년에는 야스쿠니신사 참배 2건과 역사교과서 1건 등 총 11개 항으로 구성되어 있었으나 현재는 삭제되었다.
[5] 일본 외무성 홈페이지 '언론보도자료'(www.mofa.go.jp/mofaj/press/release/17/rls_0812a.html).

'역사 문제 Q&A'에 나타난 일본 정부의 '전후 처리'와 '역사인식'에 대한 공식적인 견해를 정리하면 다음과 같다.

첫째, 일본 정부는 배상, 청구권 문제에 대해 당사국과 샌프란시스코강화조약 및 양국 간 강화조약 등을 통해 일괄 처리(법적으로 해결)했으며, 그때 개인의 청구권도 함께 처리했고, 국가 간 배상 등의 문제를 일괄 처리한 일본과 나치 범죄를 개인 배상 형태로 처리한 독일은 역사적 경위와 전후 처리 방식이 서로 다르기 때문에 단순 비교평가는 적절하지 않다고 주장한다. 일본의 전후 처리 방식에 대해서는 샌프란시스코강화조약에 의한 전후 처리, 개별 강화조약에 의한 전후 처리, 소련과의 전후 처리, 중국과의 전후 처리로 구분하고 있는데, 한국 문제에 대해서는 북한·타이완과 함께 샌프란시스코강화조약에 의한 전후 처리의 일환으로 다루고 있다. 구체적으로는 "전후 일본으로부터 분리된 지역(일본과의 사이에 전쟁 상태가 있었던 것은 아니기 때문에 배상 문제는 발생하지 않는다)의 분리에 따른 재산·청구권 문제에 대해서는 일본과 해당 지역 당국 간의 특별 취급이 규정되었다(4조 (a)). … 한국은 1965년 일한청구권·경제협력협정에 의해 재산·청구권 문제가 해결되었다는 것을 확인함과 함께 5억 달러의 경제협력(무상 3억 달러, 유상 2억 달러)을 했다"고 주장한다. 한국은 전쟁 대상국이 아니었으므로 배상 대상이 아니고 일본으로부터 분리됨에 따라 발생한 재산·청구권 문제로 처리할 대상이었다는 것이다. 이는 식민지 지배가 합법이었다는 것을 전제로 한 주장이다.

둘째, 식민지 지배와 침략전쟁에 대한 역사인식과 공식적으로 사죄했는가라는 문제에 대해서는 "지난 대전에서의 행동에 대한 통절한 반성과 함께 진심 어린 사죄의 마음은 전후 역대 내각이 일관되게 유지하고 있다"며, 그 사례로 1995년 무라야마 총리 담화, 2005년 고이즈미 총리 담화, 2015년 아베 총리 담화를 제시하고 있다. 아베 총리 집권 이후 "한편, 전쟁과는 아무런 상관없는 미래 세대가 계속 사죄를 해야만 하는 상황을 만들어서는 안 됩니다. 이는 오늘을 살아가는 현세대의 책임이라고 생각합니다"는 문구가 추가되었다. 반면, "일본은 과거의 식민지 지배와 침략으로 많은 나라들, 특히 아시아 각국의 사람들에게 다대한 손해와 고통을 준 것에 대한 통절한 반성과 진심 어린 사죄의 마음을 늘 가슴에 새기고 있습니다. 그리고 일본은 이러한 반성과 사죄의 마음, 나아가 불행한 과거를 두 번 다시 되풀이하지 않겠다는 결의를 1995년 8월 15일의 내각총리대신 담화를 비롯하여 그간 여러 기회를 통해 명확히 표명해왔습니다"[6]라는 문구는 삭제되었다.

3. 일본 정부의 전후 배상과 식민지 처리

1) 일본의 전후 배상

일본의 전후 배상은 샌프란시스코강화조약과 개별 국가 간 조약 등에 의해 처리되었는데, 그 개요는 〈표 1〉과 같다

일본의 전후 배상은 냉전을 배경으로 미국 주도하에 이루어졌다. 미국은 점령 초기에는 준엄한 대일배상정책을 취했다. 1946년 11월 공표된 폴리 사절단의 대일배상 최종보고서는 일본 국민이 아시아 국가의 국민

---

6   한국 언론에서는 'お詫びの気持ち'를 사죄로 번역하는 것에 대해 많은 비판이 제기되어 왔다. 일본 정부가 한국 사회가 환영할 '謝罪'라는 단어 대신에 'お詫びの気持ち'를 선택한 것은 일본 국내 정서를 반영한 의도적인 것으로 볼 수 있다. 단, 주한 일본대사관에 게재된 한국어 번역본에는 'お詫びの気持ち'가 '사죄'라고 번역되어 있다는 점 또한 주목할 필요가 있다.

표 1 일본의 전후 배상 개요[7]

국가명	식민지 종주국	전후 동향	샌프란시스코 강화조약	국교 회복	배상
미국을 비롯한 연합국			조인	강화조약에 의해 국교 회복	연합국, 대일배상청구권 포기, 일본은 조약 당사국의 일본 해외 재산 처분권 인정, 적십자 국제위원회에 연합국 포로에 대한 보상으로 영국 화폐로 환산한 450만 파운드 지불
한국	일본	1945. 8. 15 독립 1948. 8. 15 대한민국 정부 수립	초청받지 못함	1965. 6. 22 한일 기본조약, 한일청구권및경제협력협정 조인	10년간 무상 3억 달러와 유상 2억 달러 제공, 민간차관 3억 달러 제공
중국		1949. 10. 1 중화인민공화국 수립	초청받지 못함	1972. 9. 29 중·일 공동성명 조인	대일배상청구권 포기
소련		1952. 4. 28 일본, 남사할린, 치시마제도의 권리, 청구권 포기	조인 거부	1956. 10. 19 소·일 공동선언 조인	대일배상청구권 포기
북한	일본	1945. 8. 15 독립 1948. 9. 9 조선민주주의인민공화국 수립	초청받지 못함	국교 미수립	조·일 국교정상화 교섭의 과제
타이완	일본		초청받지 못함	1952. 4. 28 대일평화조약 조인 1972. 9. 29 국교 단절	대일배상청구권 포기, 일본 군수시설 2,000만 달러분 수령
베트남	프랑스	1945. 9. 2 베트남민주공화국 독립 선언 1945. 9. 23 프랑스, 식민지주권의 부활 선언 1946. 12. 19 프랑스와 전쟁 개시 1954. 7 프랑스와 휴전협정 조인	조인 (남베트남 정부)	1959. 5. 13 배상, 엔차관협정 조인 (남베트남, 1960. 1. 2 발효)	5년간 3,900만 달러 배상, 3년간 750만 달러 차관, 협성 발효 5년 후부터 910만 달러 장기 대여
라오스	프랑스	1949. 7. 19 라오스왕국 독립(프랑스연합 내) 1954. 7. 21 쥬네브협정 조인, 프랑스 철퇴	조인	1958. 10. 15 경제기술협력 협정 조인(1960. 1. 12 발효)	1956. 12. 16 대일배상청구권 포기, 2년간 300만 달러의 생산물과 역무 무상 제공

국가명	식민지 종주국	전후 동향	샌프란시스코 강화조약	국교 회복	배상
캄보디아	프랑스	1953. 11. 9 캄보디아왕국 독립	조인	1959. 3. 2 경제기술협력협정 조인(7. 6 발효)	1954. 11. 27 대일배상청구권 포기, 3년간 450만 달러의 생산물과 역무 무상 제공
태국		1945. 8. 16 1942년의 미·영에 대한 선전포고 무효 선언		1955. 7. 9 특별엔협정 조인(8. 9 발효) 1962. 1. 31 특별엔신협정 조인(5. 9 발효)	5년간 54억 엔 지불, 2,800만 달러 경제협력, 8년간 96억 엔의 자본재, 역무 제공
미얀마	영국	1948. 1. 4 미얀마연방 독립	참가 거부	1954. 11. 5 평화조약, 배상, 경제협력협정 조인(1955. 4. 16 발효) 1963. 3. 29 재협정	10년간 2억 달러의 생산물과 역무 제공, 500만 달러 경제협력, 무상 1억 4,000달러를 12년간 무상 원조
말레이시아	영국	1949. 2. 1 영국, 마라야연방 발족 1957. 8. 31 마라야연방 독립 1963. 9. 16 말레이시아 발족		1967. 9. 21 일본과 말레이시아 간의 협정(혈채협정) 조인(1968. 5. 7 발효)	약 1,700만 달러의 생산물과 역무 무상 제공 협의
싱가포르	영국	1965. 8. 9 말레이시아에서 분리, 싱가포르공화국 독립		1967. 9. 21 일본국과 싱가포르공화국과 협정(혈채협정) 조인	1,700만 달러의 무상 차관 제공
필리핀	미국	1945. 8. 7 호세 라우엘, 필리핀 '독립' 정부 해체 선언 1946. 7. 4 필리핀공화국 독립	조인	1956. 5. 9 배상협정, 경제개발 차관공문 조인(7. 23 발효)	20년간 5억 5,000만 달러의 역무와 자본재 제공, 차관 2억 5,000만 달러 제공
인도네시아	네덜란드	1945. 8. 17 인도네시아공화국 독립 선언 1949. 12. 27 네덜란드, 주권 이양	조인하나 비준하지 않음	1958. 1. 20 평화조약·배상 협정 조인(4. 15 발효)	12년간 2억 2,308만 달러의 생산물과 역무 제공, 20년간 4억 달러 차관 제공

들보다 높은 생활수준을 유지하는 것을 인정하지 않았기 때문에 일본의 공업시설을 철거하여 아시아 국가의 경제 부흥에 사용할 것을 권고했다.[8] 그러나 냉전이 진행되고 일본이 미국의 안보정책에서 차지하는 비중이 높아짐에 따라 일본의 경제 부흥을 우선시하는 방향으로 정책이 바뀌게 된다. 일본의 전쟁 배상 문제는 샌프란시스코강화조약(1951. 9. 8 조인, 1952. 4. 28 발효)을 통해 처리되었는데, 그 특징으로 '관대한 강화'라는 점과 일본의 전쟁책임 문제에 대한 언급이 전혀 없었다는 점을 들 수 있다. 구체적으로는 징벌적 성격의 거액 배상이 아니라 일본이 지불 가능한 금액의 배상을 요구했고,[9] 현금 배상 대신 설비 철거에 의한 실물 배상이나 역무 배상을 기본으로 했으며, 승전국에 의한 일방적 결정이 아니라 일본과의 교섭을 통해 배상액과 내용을 결정하는 등, 제1차 세계대전 후의 독일에 대한 배상과는 전혀 다른 내용이었다.[10] 그리고 샌프란시스코강화조약에는 일본에 의해 가장 많은 피해를 입은 중국과 한국은 참석하지 못했으며, 동남아시아 각국은 동아시아에서 압도적인 패권을 확립한 미국의 냉전정책에 동조할 수밖에 없는 상황이었다.[11] 샌프란시스코강화조약과

---

7 ハンドブック戦後補償編集委員会, 1992, 『ハンドブック戦後補償』(梨の木舎), 부록 38-39쪽을 토대로 작성했다.

8 吉田裕, 1995, 『日本人の戦争観』, 岩波書店, 70쪽.

9 샌프란시스코강화조약 제14조(배상 및 재외 재산의 처리) (a) 일본국은 전쟁 중에 발생한 손해 및 고통에 대해 연합국에 배상을 지불해야 함을 승인한다. 그러나 또한 존립 가능한 경제를 유지하기 위해서는 일본국의 자원은 일본국이 모든 전기(前記)의 손해 및 고통에 대해 완전한 배상을 행하고 또한 동시에 다른 채무를 이행하기 위해서는 현재 충분치 않다는 것을 승인한다.

10 吉田裕, 1995, 70쪽.

11 인도네시아의 경우 수바르조 외상이 1951년 9월 15일 요시다 시게루(吉田茂) 일본 총리와 면담, 배상에 대한 확약을 얻어 조약에 조인했으나 비준을 얻지 못하고, 배상 문제는 일본과의 개별 교섭으로 넘어갔다. 샌프란시스코강화회의에 인도네시아 정부 대

양국 간의 협약에 의해 개인청구권을 포함한 배상과 청구권 문제가 모두 해결되었기 때문에 아무런 문제도 없다는 일본 정부의 주장은 이러한 시대적 배경을 전혀 고려하지 않은 것이다.

일본 정부는 국가 간 협약에 의해 개인청구권 문제도 해결되었다고 주장한다. 그러나 한국 정부는 2005년 8월 26일 한일회담 문서 공개 후속대책 관련 민관공동위원회 결정으로 "일본군'위안부' 문제 등 일본 정부·군 등 국가권력이 관여한 반인도적 불법행위에 대해서는 청구권협정에 의하여 해결된 것으로 볼 수 없고, 일본 정부의 법적 책임이 남아 있다"며, 일본군'위안부', 사할린 한인, 원폭 피해 문제에 대한 개인청구권은 해결되지 않았다고 밝혔다.[12] 2011년 8월 30일 헌법재판소는 일본군'위안부' 피해자 문제와 관련하여 한국 정부가 청구권협정에 대해 일본 정부와 법적 해석 차이가 존재함에도 제3조에 따른 조치를 취하지 않고 있는 부작위(不作爲)는 위헌이라고 판결했다. 그리고 대법원은 2012년

표로 참가한 당시 수바르조 외상은 다음과 같이 명확하게 일본 점령의 책임을 묻고, 배상을 청구했다. "우리 정부는 배상의 무거운 짐을 일본인의 양 어깨에 부과하여 일본 및 일본 국민에게 부당한 곤란을 주려는 의도는 아닙니다. 그러나 아직도 인도네시아 정부를 위해서 인도네시아 점령 기간 중의 일본 국민 및 그 행동에 기초한 광범한 우리들의 현재 여러 곤란, 결핍 및 제2차 세계대전 후의 재건 및 부흥의 지연에 대한 책임을 명확히 하고자 합니다. 일본인에 의한 점령 기간 중 인도네시아가 입은 손해는 이중입니다." 인도네시아는 교섭 당초에는 희생자 400만 명, 피해액 175억 달러로 추계되는 배상을 자본재, 서비스(역무)로 지불할 것을 요구했다. 그러나 요시다 시게루 총리는 이는 일본의 GNP에 필적할 만한 액수로 강화조약 14조 위반이라며 거부했다. 결국 당초 요구액의 1/80 수준인 2억 2,308만 달러와 20년간 4억 달러의 유상자금 협력 등을 포함하여 총액 약 8억 달러를 제공받는 것으로 평화조약 및 배상협정에 조인했다.

12 한국 정부는 1975년부터 2년간 국내 거주 피징용 사망자 유족에게 1인당 30만 원씩(8,552명)을 지급했고, 현재 '대일항쟁기 강제동원 피해조사 및 국외강제동원 희생자 등 지원에 관한 특별법'(2010. 3. 22 시행)에 의해 강제동원 사망자 유족에게 위로금(2,000만 원)과 미수금 지원금(1엔을 2,000원으로 환산), 본인 위로금(부상자의 경우 최고 2,000만 원에서 최저 300만 원), 의료지원금(연 80만 원)을 지급하고 있다.

5월 24일 강제동원 피해자 손해배상소송 판결에서 "일본의 국가권력이 관여한 반인도적 불법행위나 식민 지배와 직결된 불법행위로 인한 손해배상청구권이 청구권협정의 적용 대상에 포함되었다고 보기는 어려운 점 등에 비추어 보면, 원고 등의 손해배상청구권에 대하여는 청구권협정으로 개인청구권이 소멸하지 아니하였음은 물론이고, 대한민국의 외교적 보호권도 포기되지 아니했다고 봄이 상당하다"고 판결했다. 2017년 8월 17일 문재인 대통령도 "양국 간 합의에도 불구하고 강제징용지 개인이 상대 회사에 가지는 민사적 권리는 그대로 남아 있다는 것이 한국의 헌법재판소나 대법원의 판례"라며, 양국 협정과는 별개로 피해자들이 일본 기업을 상대로 피해보상금을 청구할 권리는 여전히 유효하다는 취지의 발언을 했다.

중국 정부도 1972년 일·중 공동선언에 의해 개인청구권 문제도 해결되었다는 일본 사법부의 주장을 공식적으로 비판하고 있다.[13]

일본 정부도 일본 정부가 소련에 대한 청구권을 포기했기 때문에 시베리아 억류자가 소련으로부터 강제노동에 대한 보상을 받을 수 없다는 소련 정부의 주장에 대해 "일본 정부가 포기한 것은 외교적 보호권이지 개인의 청구권을 포기한 것은 아니다"라며 개인청구권이 소멸된 것은 아니라고 주장했다. 즉 일본 정부의 주장은 자국 전쟁 피해자의 개인청구권에 대한 입장과 상충된다.

더욱이 일본 사법부는 전쟁과 식민지 지배로 인해 개인이 입은 피해에 대해 개인이 상대 국가를 상대로 보상을 청구할 수 있는 권리 자체가

---

[13] 2007년 4월 일본 대법원은 니시마쓰(西松)건설 중국인 노동자 강제동원소송에서 "중·일 공동성명으로 중국 국민은 배상청구권을 상실했다"고 판결을 내렸는데, 이에 대해 류젠차오(劉建超) 중국 외교부 보도관은 2007년 4월 27일 중·일 공동성명에 대한 일본 대법원의 해석은 위법이므로 무효라고 주장했다.

없다고 주장한다. 구체적인 사례를 보면, 2002년 3월 28일 도쿄고등법원은 '강제징병·징용배상소송' 항소심에서 "국제법 등에 비추어 보아도 개인이 배상을 청구할 수 없다"고 판결했다. 도쿄고등법원도 2005년 4월 19일 '731부대·난징대학살·무차별폭격 배상청구소송' 항소심에서 "국제법상 전쟁의 피해자 개인이 외국에 손해배상을 청구할 권리"는 없으며, "인도주의를 내세워 개인의 배상청구권을 인정하는 것은 패전국과 그 국민에게 부담을 부가하는 것으로 전후처리에 혼란과 위협을 가져올 수 있다"는 논리로 원고의 주장을 기각했다. 이 소송의 1심 판결(1999. 9. 22)도 "전쟁 피해에 대한 개인 차원의 정의를 관철시키는 것이 오히려 분쟁의 불씨를 영원히 남김으로써 또다시 전쟁 상태를 불러올 우려가 있다"며, 피해자 보상은 전후 국가 간 평화우호조약 등에 의해 일괄 처리해야 한다고 주장했다.

2) 민간인과 식민지 출신자에 대한 차별

일본 정부의 자국 및 식민지 출신의 전쟁 피해자에 대한 보상 개요는 〈표 2〉와 같다. 패전 이후 일본 정부는 전쟁에 동원된 일본인 군인·군속, 전상병자 및 전사자 유가족의 피해만을 보상했다. 전쟁 피해는 국민 모두가 감수해야 할 문제이기 때문에 보상의 대상이 아니라는 것이 일본 정부의 기본 입장으로, 군인·군속에 대한 보상도 전쟁 피해에 대한 보상이 아니라 국가와 고용관계를 맺고 있던 자의 피해에 대한 보상이라고 주장했다.[14]

---

14 전후 일본의 전쟁희생자 보상 문제에 관한 연구로는 남상구, 2005, 「전후 일본의 전쟁희생자 '보상'에 관한 고찰: 전상병자 전몰자유족 등 원호법과 은급법을 중심으로」, 『日本歷史研究』 22가 있다.

표 2 일본 정부의 전쟁 피해자 정책 개요

정책			실시 시기 (년)	신분		국적 조건		
				군인	민간	있음	없음	명시 안 함
보상	전상병자 · 전몰자	은급법	1923~1946	○		◎		
		군사부조법	1937~1946	○		◎		
		전시재해보호법	1942~1946		○	◎		
		전상병자 전몰자 유족 등 원호법	1952~	○		○		
		구 군인 등 유족에 대한 은급등의 특례에 관한 법률	1953~	○		○		
		전몰자 등의 처에 대한 특별급부금 지급법	1963~	○		○		
		전상병자 특별원호법	1963~	○		○		
		전몰자 등의 유족에 대한 특별조의금 지급법	1965~	○		○		
		전상병자 등의 처에 대한 특별급부금 지급법	1966~	○		○		
		전몰자의 부모에 대한 특별급부금 지급법	1967~	○		○		
	미귀환자	미귀환자 가족 등 원호법	1953~	○	○	○		
		미귀환자에 대한 특별조치법	1959~	○	○	○		
	귀환자	귀환자 급부금 등 지급법	1957~		○		○	
		귀환자 등에 대한 특별교부금 지급에 관한 법률	1967~		○		○	
		평화기념사업특별기금 등에 관한 법률	1988~	○	○			○
	피폭자	원자폭탄 피폭자 의료 등에 관한 법률	1957~1994	○	○			○
		원자폭탄 피폭자 특별조치에 관한 법률	1968~1994	○	○			○
		원자폭탄 피폭자 원호에 관한 법률	1994~	○	○			○
	억류자	전후 강제억류자에 관련된 문제에 관한 특별조치법안	2010~2013		○	○		
	구 식민 출신자	타이완 주민 전몰자 유족 등에 대한 조의금 등에 관한 법률	1987~1993	○		●		

정책			실시 시기 (년)	신분		국적 조건		
				군인	민간	있음	없음	명시 안 함
보상	구 식민 출신자	특정 조의금 등 지급 실시에 관한 법률(타이완)	1988~1993	○		●		
		평화조약 국적이탈자의 전몰자 유족 등 조의금 등 지급에 관한 법률(재일 한국인·조선인·타이완인)	2001~2004	○		●		
추도·현창·기념	추도	전국 전몰자 추도식	1952, 1963~	○	○			○
		전몰자를 추도하고 평화를 기념하는 날(8.15)	1982~	○	○			○
	추도 시설	야스쿠니신사 합사(1945년 이후 종교 법인)	1869~	○		◎		
		지도리가후치 전몰자 묘원 건설, 추도식	1959~	○				○
		오키나와전(戰) 전몰자 묘원 건설	1979~	○	○			○
	현창	전몰자 서위서훈(叙位叙勲)	1964~	○		○		
		구(旧)훈장 연금자에 관한 특별조치	1967~	○		○		
		전몰자에 대한 사배(賜杯)	1970~	○		○		
		정례 미전달 훈기 훈장 전달	1970~	○		○		
		정기 서위 미전달 위기 전달	1972~	○		○		
	해외 유골	해외 유골 수집(남방)	1952~	○				○
		해외 유골 수집(러시아)	1992~	○			○	
		해외 전몰자 위령비의 건설	1971~	○				○
		해외 격적지 위령 순례	1976~	○			○	
	기념관	쇼와관(유족)	1999~	○	○			○
		평화기념전시자료관(은급 결격자, 억류자, 귀환자)	2000~	○	○			○
		국립원폭사몰자추도기념관	2002~	○	○			○
		쇼케이관(전상병자사료관)	2006~	○	○			○

◎ : 식민지 국민도 대상
● : 식민지 출신자만 대상

이러한 정부의 전쟁 피해자 보상정책에 맞서 2007년 3월에는 도쿄 공습 피해자와 유족 112명이, 2008년 12월에는 오사카 공습 피해자와 유족 18명이 국가에 의해 불합리한 차별을 받았다며 국가에 의한 사죄와 보상을 요구하는 소송을 제기했으나 기각당했다.

그리고 프랑스나 영국의 경우는 식민지가 독립한 이후에도 식민지 출신자를 내외국인 평등주의 원칙에 따라 자국민과 동등하게 취급했으나,[15] 일본은 식민지 출신 군인·군속 피해자의 경우는 국적을 상실했다는 이유만으로 보상에서 배제했다. 배제의 이유는 식민지 출신자의 보상 문제는 양국 간 협약에 의해 해결해야 할 대상이라는 것이었다. 1965년 한일청구권협정에 의해 모든 청구권 문제가 해결되었기 때문에 한국 출신 일본인 군인·군속의 보상 문제는 한국 정부가 해결해야 한다는 것이 일본 정부의 입장이다. 일본 정부는 한일협정 서명(1965. 6. 22) 이전에 귀화한 한국 출신자에 대해서는 일본인과 동등하게 보상을 실시했으나, 서명 이후에는 귀화하더라도 보상을 하지 않았다. 일본에 영주하는 한국인과 타이완인이 국적 조항에 의해 보상에서 배제된 문제에 대해 규약인권위원회는 자유권국제규약(1979년 조약 7호, 이른바 B규약)에 근거하여 "구 일본군에 종군한 한국·조선 및 타이완 출신자로 더이상 일본 국적을 소유하지 않는 자가 연금에 있어 차별을 받고 있다"며 그 해결을 요구했으나 일본 정부는 이 요구를 거부했다.[16] 2001년에는 '평화조약 국적이탈자의 전몰자 유족 등 조의금 등 지급에 관한 법률'이 제정되어 일본에 영주하는 한

---

15 奧原敏雄, 1992, 「欧米諸国における戦争犠牲者の補償制度」, 『法学セミナー(1992. 8)』 52쪽.
16 田中宏, 2003, 「林水木国家補償請求事件についての意見書」, 『龍谷大学経済学論集(民際学特集)』 42(5), 31쪽.

국인·조선인·타이완인에게 일부 보상이 이루어졌다. 그러나 동일한 피해를 입은 일본인에 비해서는 매우 작은 액수에 불과했다.

4. 일본 정부의 식민지 지배에 대한 역사인식

1) 일본 정부의 역사인식

일본 정부의 식민지 지배와 침략전쟁에 대한 공식적인 견해는 무엇일까? 일본 외무성 홈페이지의 '역사 문제 Q&A'를 보면 첫 번째 질문이 "지난 대전에 대해 일본 정부는 어떠한 역사인식을 갖고 있는가?"인데, 답변은 "일본 정부의 역사인식에 대해서는 지금까지 전후 50년에 이른바 '무라야마 담화', 전후 60년에 이른바 '고이즈미 담화'가 발표되었고, 2015년 8월 14일, 전후 70년을 맞이하여 내각총리대신 담화가 각의 결정되었습니다. 담화 내용에 대해서는 아래의 링크를 참고하시기 바랍니다"라고 되어 있다. 그렇다면 무라야마 담화, 고이즈미 담화, 아베 담화는 어떤 과정을 거쳐 만들어졌고 그것이 갖는 의미는 무엇일까? 일본 정부는 총리나 관방장관 담화나 양국 공동성명의 형식을 빌려 정부의 역사인식을 표명해왔는데, 주요 담화와 공동성명의 내용을 정리하면 〈표 3〉과 같다.

일본 정부의 역사인식은 1965년 한·일 국교정상화, 1972년 중·일 국교정상화 이후 구체적이고 명확하게 사죄와 반성을 표명하는 방향으로 바뀌어왔다. 현재 일본 정부의 공식적인 역사인식으로 평가받고 있는 것은 1995년 8월 15일 무라야마 도미이치(村山富市) 총리가 발표한 담화다. 무라야마 담화의 문구를 보면 "국가정책을 그르쳐"라는 문구를 제외하면 그 이전에 발표되었던 문구를 답습하고 있다. 이것은 이 담화가

표 3 역사 문제 관련 일본 정부의 담화·성명

발표일	발표 주체	형식	사안	주요 내용
1965. 2. 20	일본 정부, 한국 정부	공동성명 ※양국 외교부 장관 공동성명	식민지 지배	양국 간의 긴 역사 중에 불행한 기간이 있었던 것은 매우 유감스런 일이며 깊이 반성
1972. 9. 29	일본 정부, 중국 정부	공동성명	침략전쟁	일본국이 전쟁으로 중국 국민에게 중대한 손해를 끼친 것에 대해 책임을 통감하고 깊이 반성
1982. 8. 26	일본 정부 관방장관	담화	교과서 왜곡	한국·중국을 포함한 아시아 여러 나라의 국민에게 많은 고통과 손해를 끼친 점을 깊이 자각
1985. 8. 14	일본 정부 관방장관	담화 ※총리, 야스쿠니신사 참배 (8. 15)	과거사 전반	아시아 여러 나라들을 중심으로 다수의 사람들에게 많은 고통과 손해를 끼친 사실을 자각하고 깊이 반성
1992. 7. 6	일본 정부 관방장관	담화	일본군'위안부'	위안소 설치·운영, '위안부' 모집, 업자 감독에 정부가 관여한 사실 인정
1993. 8. 4	일본 정부 관방장관	담화	일본군'위안부'	위안소 설치·운영, '위안부' 모집에 정부와 군이 직간접적으로 관여한 사실 및 모집에 관헌이 직접 가담한 사실 인정
1995. 8. 15	일본 정부 총리	담화 ※종전 50주년	식민지 지배·침략전쟁	식민지 지배와 침략에 의해 특히 아시아 여러 나라 사람들에게 다대한 손해와 고통을 끼쳤음을 인정하고 사죄와 반성 표명
1998. 10. 8	일본 정부, 한국 정부	공동성명	식민지 지배	한국 국민에게 식민지 지배에 의해 다대한 손해와 고통을 끼쳤음을 인정하고 사죄와 반성 표명

발표일	발표 주체	형식	사안	주요 내용
2001. 8. 13	일본 정부 총리	담화 ※ 총리, 야스쿠니신사 참배 (8. 14)	식민지 지배와 침략전쟁	식민지 지배와 침략에 의해 특히 아시아 근린 제국 사람들에게 헤아릴 수 없는 참해(慘害)와 고통을 강요한 것에 대해 깊이 반성
2002. 9. 17	일본 정부, 북한 정부	공동성명	식민지 지배	식민지 지배에 의해 조선 사람들에게 다대한 손해와 고통을 끼쳤음을 인정하고 사죄와 반성 표명
2005. 8. 13	일본 정부 총리	담화 ※ 종전 60주년	식민지 지배·침략전쟁	한국 사람들에게 식민지 지배와 침략행위에 의해 다대한 손해와 고통을 끼쳤음을 인정하고 사죄와 반성 표명 ※ 무라야마 담화의 "국가정책을 그르치고 전쟁의 길로 나아가" 삭제
2010. 8. 10	일본 정부 총리	담화 ※ 한국 강제병합 100년	강제병합·식민지 지배	식민지 지배에 의해 다대한 손해와 고통을 끼쳤음을 인정하고 사죄와 반성 표명, 나아가 한국인들의 의사에 반하여 행해진 식민지 지배에 의해 국가의 문화를 빼앗기고 민족의 자긍심에 깊은 상처를 입었음을 명기
2015. 8. 15	일본 정부 총리	담화 ※ 종전 70주년	침략전쟁	1931년 이후 침략전쟁에 대한 사죄와 반성을 표명했으나 식민지 지배에 대한 사죄 표현은 들어가지 않음

1965년 이후 축적된 일본 정부의 역사인식을 반영하고 있음을 보여준다. 또한 무라야마 담화는 모든 각료의 동의하에 발표되었는데, 당시 각료 중 자민당 소속은 하시모토 류타로(橋本龍太郎) 통상산업장관(일본유족회 회

장)을 비롯해 전부 8명이었다. 이들 중 1명이라도 반대를 하면 담화는 좌절될 수 있었다. 즉 무라야마 담화는 사회당인 무라야마 총리 개인의 역사인식을 반영했다기보다는 일본 정부 역사인식의 '총결산'이었다고 할 수 있다.

무라야마 담화 이후 일본의 총리들은 이 담화의 문구를 원용하거나 계승한다고 표명하는 것으로 자신의 역사인식을 밝혔다. 정부 차원의 담화니 성명도 무라야마 담화의 분구를 그대로 답습해왔다.

하지만 2005년 고이즈미 총리 담화는 무라야마 담화의 "국가정책을 그르치고 전쟁에의 길로 나아가"라는 문구를 삭제했고, 2015년 아베 총리가 발표한 담화는 사죄와 반성의 대상을 '1931년 만주사변 이후 일본의 침략전쟁'으로 축소했다. 무라야마 담화는 식민지 지배와 침략전쟁에 대해 정부 차원에서 반성과 사죄를 표명했음에도 불구하고 구체적인 역사적 사실에 대한 조사·연구가 뒷받침되지 않은 결과, 일본군'위안부' 문제나 난징대학살 등 구체적인 역사적 사실을 둘러싼 갈등이 여전히 계속되고 있다.

2) 일본 정부의 식민지 지배에 대한 역사인식

한·일 국교정상화를 위한 교섭은 한국이 일본의 지배에서 해방되고 난 지 6년이 지난 1951년이 되어서야 시작된다. 그러나 35년간의 식민지 지배에 대한 양국의 역사인식은 근본적으로 달랐다. 이로 인해 교섭이 중단되기도 했다. 쟁점은 크게 두 가지였는데, 첫째는 일본의 식민지 지배가 합법이냐 불법이냐는 것이었고, 둘째는 식민지 지배가 한국에 피해를 끼쳤느냐 발전에 기여했느냐는 것이었다. 한국은 일본의 지배가 원천적으로 불법이고 무효라는 인식을 갖고 있었지만, 일본은 식민지 지배가 조약에 따른 합법 통치라는 인식을 갖고 있었다. 15년에 걸친 교섭에도 불구하고 일본 정부의 인식은 바뀌지 않았지만, 한·일 양국은 역사인식의 차이로 인한 갈등을 봉합하고 국교정상화를 단행했다. 먼저 식민지 지배의 합법성 여부에 대해서는 기본조약 제2조에 "1910년 8월 22일 및 그 이전에 대한제국과 대일본제국 간에 체결된 모든 조약 및 협정이 이미 무효(already null and void)임을 확인한다"라고 각자 서로 유리하게 해석할 수 있게 기술하는 것으로 봉합했다. '이미'의 시점을 한국은 조약 당시로, 일본은 1948년 한국 정부 수립 때까지로 해석했다. 일본 정부는 아직까지도 식민지 지배는 부당했지만 합법이었다는 주장을 계속하고 있다.

일본 정부의 식민지 지배에 대한 역사인식을 보면, 1965년 1월 17일 한일협정 조인을 앞두고 한국을 방문한 시이나 에쓰사부로(椎名悦三郎) 외상은 "양국 간의 긴 역사 중에 불행한 기간이 있었던 것은 매우 유감스런 일이며 깊이 반성한다"고 발언하고, 2월 20일 이동원 외무부장관과 시이나 외상 공동성명에 "그와 같은 과거 관계에 대하여 유감의 뜻을 표명하였으며 깊이 반성하는 바라고 말했다"고 명기했다. 시이나 외상의 발언과 공동성명은 만족할 만한 수준은 아니었으나, 1982년 8월 26일 미야자와 기이치(宮澤喜一) 관방장관이 담화에서 "한국에 대해서는 1965년의 일한 공동성명에서 '과거의 관계는 유감으로 깊이 반성한다'는 인식을 … 밝혔는데, 이것도 앞서 기술한 우리 나라의 반성과 결의를 확인한 것으로서 현재도 이러한 인식에는 어떤 변화도 없다"고 주장했듯이, 일본 정부는 식민지 지배는 부당했다는 역사인식을 전제로 새로운 한·일 관계를 시작했다.

식민지 지배라는 단어를 명기하고 사죄와 반성을 처음 표명한 것은 호소카와 모리히로(細川護熙) 총리였다. 그는 1993년 8월 23일 국회 소신 표명 연설에서 "과거 우리 나라의 침략행위와 식민지 지배 등이 많은 사람들에게 참기 어려운 고통과 슬픔을 가져온 것에 대해 새로이 깊은 반성과 사죄의 마음을 표한다"고 발언했다. 그리고 1993년 11월 6일 김영삼 대통령과의 정상회담에서는 "우리 나라의 식민지 지배에 의해 조선반도 분들이 모국어 교육의 기회를 빼앗기거나 성명을 일본식으로 개명당하거나 종군위안부, 징용 등으로 참기 어려운 고통과 슬픔을 체험한 것을 가해자로서 마음으로부터 반성하고 진사(陳謝)드리는 바이다"라고 구체적으로 식민지 지배의 부낭성에 대해 언급했다.

1998년 김대중-오부치 공동선언에서는 "일본이 과거 한때 식민지 지배로 인하여 한국 국민에게 다대한 손해와 고통을 안겨주었다는 역사적 사실을 겸허히 받아들이면서, 이에 대하여 통절한 반성과 마음으로부터의 사죄를 했다"라고 명기했다. 2010년 8월 10일 발표된 민주당의 간 나오토(菅直人) 총리 담화는 일본의 식민지 지배가 "3·1독립운동 등의 격렬한 저항에서도 나타났듯이, 정치·군사적 배경하에 당시 한국인들은 그 뜻에 반하여 이루어진 식민지 지배에 의해 국가와 문화를 빼앗기고, 민족의 자긍심에 깊은 상처를 입었습니다"라고 구체적으로 식민지 피해를 명기하고 "식민지 지배가 가져온 다대한 손해와 고통에 대하여, 이에 다시금 통절한 반성과 진심어린 사죄의 마음"을 표명했다. 일본 총리가 담화를 통해 식민지 지배의 문제를 구체적으로 거론한 것은 처음이었다. 간 담화는 무라야마 담화보다 진전된 것이었음에도 불구하고 민주당 정권이 단명함에 따라 그 의의를 제대로 평가받지 못하고 있다.

민주당 정권에 이어 등장한 아베 2차 내각은 2015년 1월 5일 열린 연두기자회견에서 아베 총리가 "무라야마 담화를 포함하여, 역사인식에 관한 역대 내각의 입장을 전체적으로 계승하고 있고, 또한 계승해나갈 것"이라 발언하는 등 무라야마 담화의 계승을 표명했다. 하지만 아베 정권 각료들은 무라야마 담화를 인용하면서도 "식민지 지배와 침략으로"라는 문구를 공적으로 언급하는 것을 극단적으로 꺼렸고, 아베 총리는 2013년부터 8월 15일 개최된 일본 정부 주최 전국전몰자추도식 추도사에서 1994년 무라야마 총리 때부터 언급되었고 2007년 1차 아베 내각에서도 언급했던 "우리 나라는 많은 나라들, 특히 아시아 여러 나라 사람들에게 다대한 손해와 고통을 끼쳤습니다. 국민을 대표해서 깊은 반성"을 표명한다는 문구를 삭제하는 등 실질적으로는 무라야마 담화의 핵심적인 부분을 형해화(形骸化)하고 있다.[17]

더욱이 2015년 8월 14일 발표된 아베 총리 담화는 식민지 지배에 대해 "100여 년 전의 세계에는 서구 국가들을 중심으로 한 나라들의 광대한 식민지가 펼쳐져 있었습니다. 압도적인 기술 우위를 배경으로 식민지 지배의 물결은 19세기 아시아에도 밀려왔습니다. 그 위기감이 일본 근대화의 원동력이 되었음은 틀림없습니다. 아시아 최초로 입헌정치를 내세우며 독립을 지켜냈습니다. 일러전쟁은 식민지 지배하에 있던 많은 아시아와 아프리카인들에게 용기를 주었습니다. 세계를 휩쓸었던 제1차 세계대전을 거쳐 민족 자결의 움직임이 확산되면서 그간의 식민지화에 제동이 걸렸습니다"라고 주장했다.

이처럼 일본은 타이완과 한국을 무력으로 식민지화한 것을 당시 국제사회의 대세라는 명목으로 정당화하고 있는데, 이것은 일본 정부의 식민지 지배에 대한 인식이 역행하고 있음을 보여준다.

---

17 아베 정권의 역사인식 문제에 대해서는 남상구, 2013, 「아베정권의 역사인식과 한일관계」, 『한일관계사학회』 제46집을 참조하기 바란다.

5. 결론

일본의 전후 처리와 역사인식 관련 쟁점을 정리하면 〈표 4〉와 같다. 배상과 보상에 대해서는 모든 청구권 문제가 법적으로 해결되었다는 일본 정부의 견해와 이를 비판하는 견해가 대립하고 있다. 식민지 지배와 침략 전쟁에 대한 역사인식은 일본의 잘못을 인정하고 사죄하는 방향으로 전개되어 왔으나, 2015년 아베 총리 담화는 식민지 지배에 대한 사죄와 반성이 결여되는 등 최근 들어 오히려 역행하고 있다.

일본의 식민지 지배로 인한 피해에 대한 보상과 역사인식을 둘러싼 대립은 문재인 대통령의 강제동원 피해자 개인청구권 유효 발언과 2018년 3·1절 기념사에 나타나 있듯이 과거가 아닌 현재의 문제이다. 하지만 앞에서 언급했듯이 개인청구권에 대한 견해와 역행하는 일본 정부의 역사인식을 보면 한·일 간 견해차가 좁혀질 가능성은 기대하기 어려운 현실이다.

이에 대한 돌파구를 마련하기 위해서는 식민지 지배로 발생한 피해 문제가 국제사회에서 어떻게 다루어졌는지에 대한 폭넓은 연구가 필요하다. 한국에서 일본의 전후 처리와 역사인식을 논의할 때 항상 비교 대상이 되는 것은 독일이다. 독일은 피해 국가와 국민에게 제대로 사죄하고 보상을 했는데 일본은 그러지 못했다는 것이 한국 사회의 일반적인 인식이라고 할 수 있다. 일본의 식민지 지배 청산이 문제가 많다는 점을 부각하기 위해 독일의 전후 처리를 바람직한 사례로 내세우고 있지만, 정작 독일이 식민지 지배 문제를 어떻게 처리했는지, 식민지 지배를 당한 국가들이 독립 후 식민지 피해 문제를 어떻게 처리해왔는지에 대한 한국 사회의 관심은 매우 낮은 편이다. 이것은 한국 사회가 일본의 식민지 지배를 한·일 간의 특수한 문제로 인식해온 것에서 기인하므로 세계

표 4 일본의 전후 처리와 역사인식 관련 쟁점

구분	일본 정부 견해	비판적인 견해
일본 정부는 식민지 지배, 침략전쟁으로 인한 피해에 대해 배상(보상)을 했는가?	- 샌프란시스코강화조약과 2국간 조약에 의해 배상 완료 - 식민지 지배는 배상 대상이 아님	- 미국 주도하에 일본에 유리한 전후 배상 실시 - 식민지 지배에 대해서는 배상(보상)하지 않음
개인청구권 문제는 해결되었는가?	개인청구권 문제는 법적으로 해결 완료	- 반인도적인 범죄 및 불법적인 동원 관련 개인청구권은 해결되지 않음 - 기업을 상대로 한 강제노동 피해자 보상 청구 권리 유효
식민지 지배와 침략전쟁에 대한 일본 정부의 공식적인 견해는 무엇인가? 일본 정부는 공식적으로 사죄와 반성을 표명했는가?	1995년 무라야마 담화, 2005년 고이즈미 담화, 15년 아베 담화를 통해 (식민지 지배와) 침략(전쟁)에 대해 사죄와 반성 표명	- 일본 정부의 역사인식 후퇴 - 아베 담화는 1930년대 이전의 식민지 지배를 정당화함
일본 정부의 공식적인 역사인식으로 평가받는 1995년 무라야마 총리 담화는 계승되고 있는가?	공식적으로는 모든 역대 정권이 계승 표방	아베 2차 내각이 무라야마 담화의 형해화를 시도하는 등 최근 들어 역행 현상이 있음

사적인 문제로 접근하면서 새로운 해결 방안을 제시해나가는 것이 필요하다.

참고문헌

신주백, 2014, 『역사화해와 동아시아형 미래 만들기』, 선인.
정재정, 2015, 『한일의 역사갈등과 역사대화』, 대한민국역사박물관.
조세영, 2014, 『한일관계 50년, 갈등과 협력의 발자취』, 대한민국역사박물관.
지명관, 2004, 『한일 관계사 연구 - 갈등에서 공존까지』, 소화.
남상구, 2005, 「전후 일본의 전쟁희생자 '보상'에 관한 고찰 - 전상병자전몰자유족등원호법과 은급법을 중심으로」, 『일본역사연구』 22집.
남상구, 2010, 「일본의 '전후처리'와 식민지 문제」, 『한일관계사연구』 제36집.
남상구, 2013, 「아베정권의 역사인식과 한일관계」, 『한일관계사연구』 제46집.

吉田裕, 1995, 『日本人の戦争観 - 戦後史のなかの変容』, 岩波書店.
波多野澄雄, 2011, 『国家と歴史 - 戦後日本の歴史問題』, 中公新書.
ハンドブック戦後補償編集委員会, 1992, 『ハンドブック戦後補償』, 梨の木舎.
服部龍二, 2007, 「村山談話と外務省 - 戦後50周年の外交」, 田中努編, 『日本論: グローバル化する日本』, 中央大学出版部.
奥原敏雄, 1992, 「欧米諸国における戦争犠牲者の補償制度」, 『法学セミナー(1992.8)』.
田中宏, 2003, 「林水木国家補償請求事件についての意見書」, 『龍谷大学経済学論集(民際学特集)』 42(5).
和田春樹, 2013, 「安倍首相にとっての歴史認識問題」, 『世界 2013年 9月号』, 岩波書店.
일본 외무성 홈페이지 '歴史問題Q&A'(www.mofa.go.jp/mofaj/area/taisen/qa/index.html).

해방과 전후의 한·일 관계
1945년 직후의 인식적 괴리

김숭배 충남대학교 일어일문학과 초빙교수

1. 서론
2. 전쟁에 대한 일본의 시공간 인식
3. 전쟁에 대한 한국의 시공간 인식과 식민 문제
4. 결론

1. 서론

혹자는 1945년을 보편적 표준으로 삼아 '전후(戰後) 한·일 관계'라는 표현을 사용한다. 인류사에서 전쟁은 항상 큰 문제였다. 그런데 인류사에서 식민 문제를 평화의 반대 개념으로 포착한 자도 있었을 것이다. 역사상 수차례의 전쟁을 반복해왔던 독일-프랑스와 같은 주권국가 간의 집단적 무력전쟁과 이에 따른 그들의 전후는 한·일 간의 경우와 다르다. 자국이 일으킨 아시아·태평양전쟁에서 1945년 패전한 일본과, 1950년 국제공산주의자들이 일으킨 6·25전쟁을 겪었던 한국의 전후는 다르다. 무엇보다 한·일 간에는 1945년까지 지속된 아시아·태평양전쟁 중에도 지속하고 있었던 식민 문제에 대한 인식 및 경험 자체가 다르다. 한국과 일본 간에는 '전후'로 설명하지 못하는 종차(種差)가 존재한다.

이 글에서는 1945년 직후를 기준으로 하여 해방(解放)된 한반도에 위치하는 대한민국과 전후 일본의 정부 관계자 및 조직체의 인식구조를 대조적으로 고찰함으로써 전쟁과 식민 문제, 아울러 여전히 존재하는 역사인식을 둘러싼 갈등의 맹아를 부각하고자 한다. 이를 위해 1945년 아시아·태평양전쟁 종전 직후의 정치적 동학 속에서 남한/한국과 일본에 내재된 함의를 도출한다. 여기에서 특히 인간 존재양식의 기준점을 드러내는 '시간과 공간'을 중시한다. 즉, 1945년 이후, 남한/한국과 일본이 아시아·태평양전쟁 그리고 식민 문제에 대해 각각 어떠한 시공간 개념을 가지고 있었는지를 주로 다룬다. 당대의 남한/한국과 일본의 과거를 되돌아보는 것은 오늘날에 존재하는 한·일 간의 공통 가치와 별개로, 서로 다른 정치적·역사적 관념이 있었다는 것을 재확인하기 위함이다.

---

* 이 글은 『아세아연구』 제62권 2호(2019)에 게재된 것을 단행본 양식에 따라 수정했다.

1945년 한반도와 일본 열도의 '분리' 그리고 이에 따른 한반도 '해방'을 고찰한 연구물이 있다. 그러한 연구에서는 "해방의 논리가 소멸된 경위를 국제법적·정치학적·비교사적으로 규명"하기 위해 1951년 샌프란시스코강화조약과 주권국가 간의 한·일 관계를 본다. 그 결과 한·일 관계에는 "식민지 과거사 청산을 위한 것"이 아니라, "일본의 전후 처리"를 위한 논리가 작동되었다는 것이다.¹ 그런데 당대 국제법에 대한 이해, 미국 및 냉전 논리의 작용 이전에 선행되어야 하는 것은 1945년 직후에 있었던 남한/한국과 일본의 당대 현실에 관한 인식이다. 한국과 일본의 상호 인식은 시간의 경과에 따라 변화가 있었겠지만, 이 연구는 '전후' 중심의 한·일 관계가 아니라, 동시대 '해방·전후'의 남한/한국과 일본의 인식을 대조적으로 부각함으로써 '전쟁에 대한 회고'와 더불어 '식민 문제를 다시 생각한다'는 의미에 비중을 둔다.

　1965년 한국과 일본은 국교정상화를 했으나, 아직 갈등 요소들이 잔존하고 있다.² 한·일 관계에 관한 연구는 사료 발굴을 기반으로 다원적인 시각과 방법, 그리고 문제에 대한 성찰을 통해 진행되어 왔다. 그러나 양국 사이에는 건설적인 관계를 맺으려고 하는 시도가 있는 한편, 역사적 유산으로 인해 충돌을 반복해왔다. 모든 '과거사(過去事)'가 현재를 지배

1　이동준·장박진 편저, 2013, 『미완의 해방: 한·일 관계의 기원과 전개』, 아연출판부.
2　한·일 관계에서 한일회담(1952~1965)은 대표적인 연구 영역이다. 선구적이며 고전적 위치를 차지하는 연구물로서 이원덕, 1996, 『한일 과거사 처리의 원점: 일본의 전후 처리 외교와 한일회담』, 서울대학교출판부. 한일회담에서 가장 중심 의제였던 청구권 문제에 집중한 것으로서 오오타 오사무 지음, 송병권·박상현·오미정 옮김, 2008, 『한일회담: 청구권문제 연구』, 선인. 선행 연구들의 문제의식을 계승한 후속 연구로서 장박진, 2014, 『미완의 청산: 한일회담 청구권 교섭의 세부 과정』, 역사공간 등이 있다. 이 외에 한일회담 연구 주제로는 기본관계, 재일한국인 법적 지위 문제, 어업 문제, 문화재 문제 등이 있고, 이에 관한 미시적 연구가 진행되어 있다.

하지는 않지만, 많은 과거로 인해 현재가 성립된다. 따라서 과거에서부터 축적된 정치적 권력구조를 해명하기 위해서는 문제의식에 따른 끊임없는 역사적 재고찰이 필요하다.

2. 전쟁에 대한 일본의 시공간 인식

'전후(postwar)'라는 용어는 일본의 표준관념으로서 여전히 유익하다.[3] 비록 1946년 11월 3일 일본국 헌법의 공포일은 일본 정치인들이 1852년 11월 3일인 메이지 천황 무쓰히토(睦仁, 재임 기간 1867~1912)의 생일(明治節)을 의식하여 결정한 날이었지만[4] 헌법 작성은 미국이 주도했고, 제9조에는 1928년 파리부전조약이 연혁적으로 반영되었다.[5] 전후의 지표인 헌법 제정 이후, 일본은 어떤 전쟁에도 직접 당사자로서 참전하지 않았다.[6]

21세기 일본의 정치권에서 주창된 '전후 레짐'이란 "헌법을 정점으로 한 행정 시스템, 교육, 경제, 고용, 나라와 지방 관계, 외교, 안보 등의 기본적 틀"이며, 그 탈각이란 "자신들의 힘으로 21세기 현재에 적합한 새로운

---

3 Carol Gluck, 1993, "The Past in the Present," Andrew Gordon ed., *Postwar Japan as History*, Berkeley: University of California Press, pp. 64-65.

4 入江俊郎文書66, "日本国憲法成立の経緯原稿5," 1954. 5. 21, 国立国会図書館 日本国憲法の誕生, www.ndl.go.jp/constitution/index.html.

5 "第十三回両院法規委員会議録第五号," 1952. 3. 18, 国会会議録検索システム, kokkai.ndl.go.jp.

6 물론 일본은 6·25전쟁의 실제적 교전세력이 아니었으나, 연합국 세력에 서 있었고, 후방 지원 국가로서 역할을 수행했다. 남기정, 2016, 『기지국가의 탄생: 일본이 치른 한국전쟁』, 서울대학교출판문화원.

제도로 바꾸어야 하는" 것을 의미한다.[7] "헌법"과 "자신들의 힘"이 거론되었듯이 1945년 패전으로 연합군의 점령통치하에 있었던 일본에게 여전히 과거는 '지금'의 정체성과 직결된다. 인간 본성과 마찬가지로 국가는 명성과 염원의 총체인 위신(prestige)을 추구한다.[8] 그러한 전후의 시작은 일본이 일으킨 전쟁과 이에 따른 패전 결과에서 파생된 것이다.

패전 직후, 일본은 정부 차원에서 자발적으로 전쟁의 원인과 실상을 추구하려고 했다. 그래서 전쟁조사회(戰爭調査會)를 발족했다. 1945년 10월에 내각총리대신에 취임한 시데하라 기주로(幣原喜重郞)[9]는 일본을 재건하기 위해 전쟁조사회의 총재를 겸임하여 조직을 이끌어갔다. 전쟁조사회의 당초 목적은 "대동아전쟁 패전의 원인 및 실상을 밝힘으로써 널리 국민에게 철저히 알려주는 것은 일본 민족이 다시 이러한 과오를 범하지 않도록 하며, 평화국가 건설의 기초"를 만들기 위해서였다.[10] 조사회에는 정치외교, 군사, 재정경제, 사상문화, 과학기술 등 다섯 개의 조사실이 설치되었다.[11] 1946년 3월 27일부터 본격적으로 논의를 시작한 전쟁조사

---

7 衆議院, www.shugiin.go.jp/internet/itdb_shitsumon.nsf/html/shitsumon/a193431.htm.

8 Hans J. Morgenthau, 1948, *Politics Among Nations: The Struggle for Power and Peace*, New York: Alfred A. Knopf, pp. 50-51.

9 1920년대 외상이었던 시데하라는 영·미 협조외교를 취했고, 이를 시데하라 외교(幣原外交)라고 한다. 그는 1896년 인천영사관에서 근무했고, 1904년에는 부산영사를 역임했다. 1901~1906년, 1908~1911년에 외상이었던 고무라 주타로(小村寿太郎)가 대륙정책을 추진했을 때 시데하라는 당시 서구 국가들에 의한 불평등조약 개정과 한국병합에 있어 고무라 외교를 지탱했다. 服部龍二, 2006, 『幣原喜重郞と二十世紀の日本: 外交と民主主義』, 有斐閣, 11-13쪽.

10 戰爭調査会事務局, 広瀬順皓 監修·解題, 長谷川貴志 解題, 2015a, 『戰爭調査会事務局書類 第一卷: 1官制及事務分掌規定/2庶務関係書類』, ゆまに書房, 7쪽.

11 각 조사실의 부장이었던 사이토 다카오(斎藤隆夫), 이이무라 조(飯村穣), 야마무로 무네후미(山室宗文), 바바 쓰네고(馬場恒吾), 야기 히데쓰구(八木秀次) 등은 일본의 전시

회의 기본 방침은 "영원적 성질을 띠고 있"고, 전쟁을 둘러싼 원인과 실상을 조사하는 것이다. "전쟁범죄자들의 조사는 별도로 사법기관이나 행정기관"에 맡기지만, "패전의 고통" 속에서 일본은 "자력으로 일어나"고 "평화적이며 행복한 문화가 높은 신일본의 건설"을 위해 역사의 "교훈을 후세"에 남기는 것을 전제로 했다.[12]

전쟁조사회는 전쟁 원인을 규명하기 위해 과거의 주요 시점으로 거슬러 올라간다. 시기에 관한 논의는 다음과 같이 나타났다. 첫째, 1868년 메이지유신(明治惟新)이다. 이는 1889년에 공포된 대일본제국헌법 제11조에 규정된 "천황은 육해군을 통수(統帥)한다"는 내용과 직결된다. 물론 메이지유신 이후에 대일본제국헌법이 제정되었으나, 유신이라는 근대성이 헌법에 의해 공고화되었다는 것이다. 따라서 "메이지유신이라는 사업의 결과로서" 전쟁은 "운명적이었다"는 견해가 있었다.[13]

둘째, 러일전쟁(1904~1905) 시기에 관한 견해이다. 이는 아시아·태평양전쟁의 승자였던 스탈린(Joseph Stalin)의 언급으로 촉발했다. 스탈린은 "일본이 사할린(樺太)을 차지하거나 조선을 차지한 것은 제국주의적 침략"이었다고 말했다. 이에 대해 전쟁조사회에서는 러일전쟁을 일으킨 것은 "제정(帝政)시대의 러시아"였고, "스탈린, 레닌(Vladimir Lenin) 일파는 매우 공격"적이었다고 비판했다. 전쟁조사회에서는 러시아가 일으킨 러일전쟁의 결과, "일본이 사할린의 반을 차지했으며, 만주를 정복"했지

(戰時)체제에 소극적이었거나 반군사적 성향을 가진 자들이었다.

12 戰争調査会事務局, 広瀬順皓 監修·解題, 長谷川貴志 解題, 2015a, 111-113쪽.

13 戰争調査会事務局, 広瀬順皓 監修·解題, 長谷川貴志 解題, 2015a, 126-127쪽. 이노우에 도시카즈(井上寿一)에 따르면 전쟁의 원인을 메이지유신까지 거슬러 올라간 경향은 당시 일본에서 널리 공유되었을 가능성을 지적했다. 井上寿一, 2018, 『戰争調査会: 幻の政府文書を読み解く』, 講談社, 122쪽.

만 오히려 일본의 승리가 역설적으로 러시아혁명의 바탕을 만들었다고 했다. 또한 "대륙발전, 민족발전"이란 "어떤 방향으로 팽창하는 하나의 본능이 있"고, 일본이 제국주의라면 모든 나라가 제국주의라는 의견도 나왔다.[14] 즉, 이 시기를 둘러싼 논의는 제2차 세계대전 중에 연합국의 일원이 된 소련의 부당성을 지적한 것으로 보인다. 1941년 소련은 일본과 중립조약을 체결했으나, 1945년 8월 8일에 대일참전을 선포했기 때문이다. 다만, 전쟁조사회에서 이러한 러일전쟁 시기를 아시아·태평양전쟁의 원인으로 보는 시각은 드문 것이었다.

셋째, 제1차 세계대전을 아시아·태평양전쟁의 복선으로 보는 시각이다. 예컨대 기타 잇키(北一輝)와 같은 이론가에 의한 사상의 대두와 그가 1919년에 발표한 『국가개조안원리대강(國家改造案原理大綱)』을 근거로 한 것이다.[15] 기타는 후일 1936년 육군 장교들이 국가개조를 명목으로 일으킨 정치적 군사쿠데타인 2·26사건의 이론 제공자로 지목된 인물이다. 기타의 사상은 정재계를 배제하고 친황 중심의 국가개조를 주창했던 아라키 사다오(荒木貞夫)의 사상과 함께 황도파(皇道派)의 사상적 이론을 형성했다. 전쟁조사회에서는 기타의 사상이 "육해군의 대팽창(大膨脹)"과 군에 의한 "특권계급"을 조성했다고 논의되었다.[16] 시데하라 역시 제1차 세계대전 시기를 "원인(遠因)"으로 보았다. 그는 1902년에 체결된

---

14 戦争調査会事務局, 広瀬順皓 監修·解題, 長谷川貴志 解題, 2015b, 『戦争調査会事務局書類 第六巻: 14資料原稿綴』, ゆまに書房, 254-256쪽.

15 기타 잇키는 1911년 신해혁명에 직접 참가한 경험에서 1915~1916년 사이에 『지나혁명외사(支那革命外史)』를 집필했다. 그는 중국에 이권을 확대하는 영국을 일본 및 중국의 적국으로서 설정했고, 중·일 동맹관계를 통해 중국은 러시아와 일본은 영국과 싸워 아시아에서 서양세력을 배제해야 한다고 주장했다. 北一輝, 1959, 『北一輝著作集 Ⅱ: 支那革命外史, 國家改造案原理大綱, 日本改造案大綱』, みすず書房, 89-106쪽.

16 戦争調査会事務局, 広瀬順皓 監修·解題, 長谷川貴志 解題, 2015a, 130-131쪽.

영일동맹으로 일본이 제1차 세계대전에 참전하게 되었고, 그 결과 경제상의 이득, 수입국에서 수출국으로 변화, 군수산업에 의한 일부 기업의 대두가 일어났다고 말했다. 그러나 그 반동으로 물질주의에 빠지게 되었고, 1923년 관동대지진(關東大地震)에 따른 혼란과 더불어 이 시기에 일본은 다시 수입국이 되었다. 재정긴축은 군사비 축소를 야기했고, 군인들을 자극했다는 것이다.[17]

넷째, 1931년 만주사변에 따른 국가주의의 고양이다. 여전히 일본에서는 '15년 전쟁'이라는 명칭이 있다. 이 시기에 일본은 단순히 전쟁으로 직진한 것이 아니라, 내부적 항쟁, 대립, 타협, 제휴의 양상 등을 겪었다.[18] 즉 1930년대 초부터가 일본 외교의 전환점이라고 보는 시각이며, 이는 일본의 중국 대륙에 대한 외교 실패와 서구 강대국과의 협조주의 붕괴를 의미했다. 이와 마찬가지로 전쟁조사회는 만주사변의 확대를 막을 수 없었던 것, 그리고 이를 조사했던 국제연맹의 리튼조사단(Lytton Commission) 보고서에 대해 일본이 불만을 가지게 되어 결국 국제연맹을 탈퇴하게 되었던 시기를 중시했다. 내부 요인은 만주사변 직후 일본 육군에 의해 발생된 10월 사건이다. 이 쿠데타는 미수로 끝났으나, 다음 해 5·15사건으로 당시 이누카이 쓰요시(犬養毅) 수상이 사살되었고, 정

---

17 戦争調査会事務局, 広瀬順皓 監修·解題, 長谷川貴志 解題, 2015a, 190-194쪽. 제1차 세계대전을 아시아·태평양전쟁의 기원으로 보는 시각은 시데하라뿐만 아니라, 쇼와(昭和) 천황 히로히토(裕仁)의 인식과 궤를 같이했다. 1946년 히로히토의 언급에 따르면 "대동아전쟁의 원인(遠因)"은 "제1차 세계대전 후의 평화조약의 내용에 내재"되었다. 일본이 받게 된 인종적 차별이나 대전을 통해 점령한 칭다오(靑島)를 결국 중국에 반환한 것은 일본 국민의 분개를 일으켰고, 이를 배후로 일어선 일본군을 억제하기가 어려워졌다는 것이다. 寺崎英成·マリコ·テラサキ·ミラー 編, 1991, 『昭和天皇独白録·御用掛日記』, 文藝春秋, 20-21쪽.

18 江口圭一, 2001, 『十五年戦争研究史論』, 校倉書房, 9-10쪽.

당정치의 약화를 초래했다. 전쟁조사회뿐만 아니라 현재 일본의 전쟁 연구를 볼 때, 만주사변 시기와 중국 대륙에 대한 정책 실패를 전생의 주요 시점으로 보는 경향이 크다. 물론 전쟁조사회는 1941년 미국과의 전쟁을 결정한 도조 히데키(東條英機) 내각의 시기에도 미국과의 개전을 회피할 수 있는 가능성을 지적하기도 했다. 따라서 일본 외교정책의 분기점들은 1930년대부터 1941년까지 있었고, 연속적 관점에서 이 시기를 포착했다.

이러한 전쟁조사회의 인식에서 한반도와의 관련성을 지적하면 다음과 같다. 첫째, 시간 축의 설정이다. 1904년 2월 8일에 개전된 러일전쟁 직후, 일본은 1904년 2월 23일 한일의정서를 대한제국과 체결했다. 한일의정서는 1910년 '한국병합조약'의 체결에 이르는 중요한 출발 시점을 의미하는 문서이다. 한일의정서 제1조에는 한국과 일본의 권력관계가 일본 중심적이라는 것을 규정했다.[19] 이는 이후의 1904년 8월 한일협약, 1905년 11월 17일 을사조약, 1907년 7월 24일 정미7조약, 그리고 1910년 8월 22일에 체결된 한국병합조약까지 계승되었다. 그리고 러일전쟁의 결과였던 포츠머스조약 제2조를 통해 러시아는 일본의 대한제국에 대한 정치적·군사적·경제적 이익 보유를 인정하게 되었다. 전쟁조사회의 전쟁 시기 구분에서 한반도를 고려한다면, 메이지유신이나 러일전쟁 시기가 타당하다. 그러나 전쟁조사회는 다양한 시간 축을 드러냈으나, 결국 제1차 세계대전이나 1930년대 만주사변 이후의 시기를 중시했고, 여기에 한반도에 대한 인식은 없었다.

---

19 한일의정서 제1조: 한·일 양 제국은 영원히 변함없는 친교를 유지하고 동양평화를 확립하기 위하여 대한제국 정부는 대일본제국 정부를 확신하고 시정개선에 관한 충고를 들을 것.

둘째, 공간의 문제이다. 중국은 아시아·태평양전쟁의 주요 당사국이었다. 한국병합 이후, 일본의 목표는 중국에 대한 영향력 행사였으며, 제1차 세계대전 중인 1915년 1월 일본이 중국에 전달한 '21개조의 요구'는 이를 증명한다. 당시 중국 언론은 중국을 "제2의 조선"으로 오인(誤認)하지 말라는 기사를 게재했다.[20] 1931년 만주사변, 1937년 중일전쟁 발발은 1941년 미국과의 전쟁과 연계되어 있었고, 중국은 연합국의 일원으로서 1943년에 카이로회담에 참여했다. 카이로회담을 통해 중국은 미국·영국·소련과 함께 대국으로 등장했다. 전쟁 당시 일본은 장제스(蔣介石)의 국민당 및 마오쩌둥(毛澤東)의 공산당과 싸우면서도 중국 내부의 권력투쟁에서 일본과 협력하는 길을 선택한 왕징웨이(汪精衛) 일파와 제휴를 시도했다. 일본에게 중국은 전쟁의 상대이면서 서구와의 대결구도에서는 협력의 상대였다. 따라서 메이지유신과 러일전쟁이라는 시간 축보다 제1차 세계대전이나 만주사변 시기를 중시했던 전쟁조사회의 동아시아에 대한 착안점은 중국 대륙이었지, 한반도가 아니었다.

전쟁조사회는 1946년 3월부터 8월까지 실질적으로 전쟁 원인 및 실상에 관한 조사와 논의를 진행했다. 그러나 GHQ의 자문위원회이며 일본점령관리기관인 대일이사회에 소속된 일부 연합국은 조사회에 의한 침략전쟁의 원인 규명보다 이미 시작된 극동국제군사재판, 즉 도쿄재판(東京裁判)의 진행을 중요시했고, 총 50명이 참여했던 전쟁조사회 구성원 중 전시에 무기개발에 관여했던 인사들이 포함된 점을 문제시했다. 대일이사회에서는 전쟁조사회의 존폐 유무에 관해 의견이 갈렸으나, 이에 따른 내부 대립을 회피하기 위해 GHQ는 전쟁조사회의 철폐 의사를 정했고,

---

20　奈良岡聰智, 2015, 『対華二十一ヵ条要求とは何だったのか: 第一次世界大戦と日中対立の原点』, 名古屋大学出版会, 222쪽.

이를 전달받은 당시 요시다 시게루(吉田茂) 내각은 전쟁조사회를 폐지시켰다.[21]

그런데 일본이 일으킨 전쟁과 이에 따른 전쟁책임을 규명한 도쿄재판 역시 당시 일본 정부의 입장과 유사한 시공간적 시각을 보이고 있었다. 전쟁을 추진한 일본 정치지도자들의 전쟁책임은 1946년 5월 3일 개정(開廷)하여, 1948년 11월 12일에 폐정된 도쿄재판의 심리와 판결에 집약되었다. 미국이 주도했던 피고인 선정 과정에서 히로히토가 제외된 것은 최종적으로 더글라스 맥아더(Douglas MacArthur)가 결정했다. 맥아더는 천황제는 물론 히로히토도 보전함으로써 미국의 대일점령정책이 원활하게 수행되기를 원했다. 맥아더의 의향을 받아들인 수석검찰관 조지프 키넌(Joseph Keenan)은 히로히토를 면소(免訴)하는 입장을 취했고, 1946년 6월 18일 워싱턴에서 히로히토를 전범으로서 소추하지 않을 것이라고 표명했다.[22] 패전 직후부터 일본 정부는 연합국에 의한 히로히토의 전쟁책임 추구 회피를 가장 중요한 과제로 삼았다. 일본 정부 내에서는 전쟁책임이 히로히토에게 미치지 않도록 하는 합의가 있었고, 이미 1945년 11월 15일 시데하라 내각은 히로히토를 면소하는 각의 결정을 한 바 있다.[23] 히로히토에게 전쟁책임을 추궁하지 않는다는 맥아더의 결정은 미국 정부도 승인한 결과였고, 이는 일본과 미국의 의도가 합치한 결과였다.

도쿄재판에서 심리하는 피고인 28명이 확정되었고, 최종적으로 25명이 심리 대상이 되었다. 연합국 검찰들이 작성한 기소장에는 1928년 1월

21　冨田圭一郎, 2013, 「敗戦直後の戦争調査会について: 政策を検証する試みとその挫折」, 『レファレンス』第63卷 1号, 103-105쪽.
22　赤澤史朗, 1989, 『東京裁判』, 岩波書店, 54쪽.
23　橫島公司, 2010, 「東京裁判の影: 昭和天皇は何故裁かれなかったのか」, 『史苑』第70卷 2号, 213-216쪽.

1일부터 일본이 항복문서에 서명한 1945년 9월 2일까지의 기간에 피고인들의 정치적 판단과 행위 등에 관한 55항목의 소인(訴因)이 규정되었다. 기소장 머리말에는 "일본의 대외·대내정책은 범죄적 군벌에 의해 지배되었고, 또 그들이 지도했던 그러한 정책은 중대한 세계적 분쟁 및 침략전쟁의 원인과 더불어 평화를 사랑하는 국민의 이익 및 일본 국민 자신의 이익을 크게 훼손한 원인"을 제공했다고 규정되었다. 이어서 일본 국민은 "전 세계의 다른 여러 민족에 대한 일본의 민족적 우월성을 주장하는 유해한 사상으로 인해 조직적으로 해독"을 끼쳤고, 일본의 의회제도는 "히틀러의 나치당" 및 "이탈리아의 파시스트당"과 마찬가지로 "침략의 도구"로 사용되었다고 했다.[24]

심리에서 검찰은 피고인들 개인의 형사책임을 주장할 때, '평화에 대한 죄'의 법적 유효성을 1919년의 베르사유평화조약 제227조에 찾았다. 이는 제1차 세계대전을 일으킨 독일의 국가수반 빌헬름 2세에 대한 개인 처벌 조문이었다. 이에 대해 일본인 변호인단은 베르사유평화조약 제227조는 형사책임이 아니라 민사책임을 결정하려고 했던 하나의 시도였다는 사유를 주장하여, 검찰의 법논리를 거부했다.[25] 도쿄재판에서 베르사유평화조약 제227조가 법적 근거로서 큰 쟁점이 된 흔적은 안 보였지만, 그 조문에 대해 일본 변호인단은 준비하고 있었다. 정치인이며, 도조 히데키의 개인 변호를 맡은 일본 변호인단 부단장 기요세 이치로(淸瀨一郞)의 회고에 따르면 아시아·태평양전쟁 말기에 그는 국제법학자·

---

[24] Neil Boister and Robert Cryer ed., 2008, *Documents on the Tokyo International Military Tribunal: Charter, Indictment and Judgments*, New York: Oxford University Press, p. 16. 이 자료집에는 극동국제군사재판소헌장, 기소장, 판결문 세 가지가 수록되어 있다.

[25] Neil Boister and Robert Cryer, 2008, p. 128.

외교사학자 등과 함께 "베스트팔렌조약 이후의 종전조약, 특히 제1차 구주전쟁(歐洲戰爭)을 종결시킨 베르사유조약 등에 대해 면밀한 연구"를 했다.[26]

한편 일본군에 가담한 "코리안"은 B·C급 전범으로서 유죄 판결을 받았다. B·C급 전범용의자는 일본인을 포함한 2만 5,000명 이상이었고, 약 5,700명이 처벌을 받았다. 이 가운데서 "코리아" 148명(사형 23명)과 타이완인 173명(사형 26명)은 전범이 되었다.[27] 사형을 당한 "코리안" 중에서 14명은 포로간수(prison guards)였다.[28] "코리안" 전범에 대한 국제군사재판소의 처우는 결국 '코리아(Korea)'에 대한 인식의 결과였다. 이는 도쿄재판의 판결문을 통해 알 수 있다. 판결문에는 부분적으로 "코리아"가 등장했지만, 주로 일본의 만주 침략과 관련하여 지역 이름으로서 언급되었을 뿐이고, 특별히 일본의 "코리아"에 대한 불법적 행위를 지적하지 않았다. 무엇보다 연합국은 판결문을 통해 1910년 한국병합을 인정한 흔

26　清瀬一郎, 1986, 『秘錄 東京裁判』, 中央公論新社, 27쪽. 기요세는 1945년 12월 17일 중의원선거법 개정에 따라 종래 참정권을 가지고 있었던 "재일조선인·타이완인"의 참정권 정지에 영향을 끼친 인물이었다. 그는 1945년 9월 2일 일본의 항복문서 조인으로 '조선'은 일본의 주권에서 분리되었다고 인식했다. 鄭栄桓, 2013, 『朝鮮独立の隘路: 在日朝鮮人の解放五年史』, 法政大学出版局, 27-28쪽.

27　하야시 히로후미 지음, 현대일본사회연구회 옮김, 2012, 『일본의 평화주의를 묻는다: 전범재판 헌법 9조 동아시아 연대』, 논형, 21-76쪽.

28　국제판사이며 유고슬라비아국제형사재판소 부소장을 맡은 권오곤에 따르면 연합국이 코리인 포로간수에 대해 처벌을 한 이유가 1910년에 코리아가 일본의 일부가 되었기 때문이라고 한다. 그는 1910년 한국병합조약이 무효임으로 "코리안"에 대한 처우는 정당하지 않다고 했고, 한·일 관계 속에서 한국병합조약 유·무효론에 초점을 맞출 필요성을 주장했다. O-Gon Kwon, 2011, "Forgotten Victims, Forgotten Defendants," in Yuki Tanaka, Tim McCormack and Gerry Simpson eds., *Beyond Victor's Justice?: The Tokyo War Crimes Trial Revisited*, Leiden; Boston: Martinus Nijhoff Publishers, pp. 227-239.

적을 남겼다. 즉, 1928년 이전에 일본이 "코리아"를 병합한 것은 "일본이 부담하게 된 의무와 취득한 권리(Obligations Assumed and Rights Acquired by Japan)"²⁹의 하나였다는 것이다. 판결문에는 다음과 같은 짧은 글로 1910년 한·일 관계를 지적했다.

> 한국병합(Annexation of Korea): <u>일본은 1910년에 코리아를 병합하여</u>, 중국에서 일본의 권리가 간접적으로 증대되었다. 따라서 만주에 있었던 코리안 이주민들은 일본제국의 신민(subjects of the Japanese Empire)이 되었다. 1928년 1월 1일까지 만주에 있었던 코리안은 약 80만 명에 이르렀다.³⁰ (밑줄은 필자 강조)

이 글은 우선 1910년 일본에 의한 대한제국의 병합을 긍정했고, 이를 일본·만주 관계의 전제조건으로 간주했다. 이러한 한·일 관계에 대한 논리는 판결문을 관통했다. 중국 대륙과 일본 간의 문제를 중심으로 논리가 전개되어 있는데, 만주의 "코리안"이 일본제국의 신민이 되었다는 내용이다. 따라서 한반도의 주민들 역시 일본의 신민이 되었다는 해석은 무리가 없을 것이다. 도쿄재판이 아시아의 식민 문제를 다루지 않았다는 주장은 타당하지만,³¹ 1910년 '대한제국·일본'의 한·일 관계를 암묵적으로

---

29 Neil Boister and Robert Cryer ed., 2008, p. 88.
30 Neil Boister and Robert Cryer ed., 2008, p. 92.
31 일본의 진보적 학자들은 식민 문제의 부재 또는 아시아인들의 피해를 고려하지 않았던 도쿄재판의 문제점을 적극적으로 지적했다. 이들의 주장 변천을 추적한 연구물은 Yuma Totani, 2008, *The Tokyo War Crimes Trial: The Pursuit of Justice in the Wake of World War II*, Cambridge, MA: Harvard University Asia Center; Distributed by Harvard University Press, pp. 246-259.

긍정했다는 것에 주목해야 한다.

　1950년 3월 13일 외무성 자료인 '천황제에 관해서'는 "일본의 정치형태는 일본인이 자유롭게 결정한다는 근본 원칙을 연합국이 확인한 것을 기뻐하는 것"이라고 언급한다. "천황의 전쟁책임론에 관해서는 구(舊)헌법의 규정과 헌법적 관행, 개전의 사정을 보았을 때, 천황에게는 책임이 없다고 일본 국민은 믿고 있"고, "연합국이 전범재판에서 천황을 제외한 것은 우리 국민감정에도 합치하는 것"이라고 결론지었다. 외무성은 포츠담선언 제11항[32]이 이행된 것과 도쿄재판에서 천황이 기소되지 않았다는 것을 지적하고, "일본 국민은 공산당을 제외한 그 대다수가, 신헌법에 의해" 천황이 헌법의 상징이 되었다는 것, 즉 "천황의 존치를 택했다"고 했다. 그리고 "일본인은, 일본국은 천황을 중심으로 한 일대가족적 협동체(一大家族的 協同體)이며, 천황과 국민과의 관계는 부자(父子)와 같은 것이라는 국가적 이념을 가지고 있다"는 것이다.[33]

　6·25전쟁 중인 1951년, 역사학자 하티디 다가시(旗田巍)는 "조선인의 고뇌를 자신의 고뇌로서 받아들이는 것이 조선사연구(朝鮮史研究)의 기점(起點)"이라고 했다. 그의 문제제기를 제외하고 식민지책임론은 패전 직후부터 1952년 샌프란시스코강화조약 발효까지 논의되지 않았다.[34] 당대 일본의 전후에는 '식민의 역사와 그 이후'가 포함되지 않았다.

32　포츠담선언 제11항: 일본은 일본 경제를 유지하고 배상 의무를 이행하기 위해 필요한 산업들을 유지하는 것이 허용되지만, 전쟁을 위한 재군비를 가능하게 하는 산업은 제외한다. (이하 생략)

33　外務省, 2006, 『日本外交文書: サンフランシスコ平和条約 準備対策』, 外務省, 474-483쪽.

34　吉澤文寿, 2009, 「日本の戦争責任論における植民地責任: 朝鮮を事例として」, 永原陽子(編), 『「植民地責任」論: 脱植民地化の比較史』, 青木書店, 134-137쪽.

3. 전쟁에 대한 한국의 시공간 인식과 식민 문제

'해방'은 전후와 같은 시간 축을 가지고 있다. 아시아·태평양전쟁 말기인 1945년 7월 26일 연합국은 일본에 포츠담선언을 제시했다. 일본이 수락 의사를 보여주지 않자 미국은 8월 6일 히로시마(廣島)에 이어 9일 나가사키(長崎)에 원자폭탄을 투하했다.[35] 원자폭탄이 일본 본토에 떨어졌다는 측면에서 일본은 유일한 원자폭탄 피해 국가였지만, 유일한 민족이 아니었다.[36] 일본 민족뿐만 아니라, 한반도나 중국 대륙 그리고 타이완 등에 뿌리가 있었던 민족들 역시 원폭의 희생자였다. 국체(國體) 유지를 우선시했던 일본은 결국 히로히토의 '성단(聖斷)'으로 8월 14일 오후 11시경에 포츠담선언 수락을 연합국에 전달했다. 다음 날인 15일 정오 히로히토는 라디오 방송(玉音放送)을 통해 대동아전쟁 종결 조서(大東亞戰爭終結ノ詔書)를 공표했다. 히로히토가 발표한 조서(詔書)에 찍힌 날짜는 8월 14일이었다. 이처럼 히로히토가 종결을 선언하긴 했지만, 8월 15일 이후에도 소련과의 전쟁은 지속하고 있었고, 법적으로 전쟁의 정지는 9월 2일 일본이 항복문서에 조인함으로써 비로소 이루어졌다. 8월 15일은 법적 의미보다도 역설적으로 히로히토의 목소리에 무게가 있다. 현재 8월

---

[35] 물론 일본 육군과 해군에서 개별적으로 핵개발 연구를 수행했다. 특히 육군은 1940년부터 착수했다. 일본은 독일에 우라늄을 요청하거나 황해도 국근(菊根)광산에서 채굴했으나, 우라늄이 부족했고, 연구진행 속도도 미국에 비해 매우 느렸다. 山崎正勝, 2011, 『日本の核開発 1939~1955: 原爆から原子力へ』, 績文堂.

[36] 식민 문제, 전쟁에 따른 동원으로 히로시마와 나가사키에 있었던 재일코리안들이 원자폭탄의 피해를 입었음에도 불구하고, 일본 민족에 대한 추도가 중심적이었다. 국가에 의한 이야기(narrative)는 다른 민족(ethnic)과 식민주의를 감춘다. 히로시마에 있는 한국인원폭희생자 위령비(慰靈碑)를 둘러싼 기억의 문제를 다룬 것으로서, Lisa Yoneyama, 1999, *Hiroshima Traces: Time, Space, and the Dialectics of Memory*, Berkeley: University of California Press, pp. 151-170.

15일은 일본에게 종전기념일이며 전후의 시작을 의미하지만[37] 한반도에서는 해방이며 광복절이다.

해방 후, 남한에서는 독자적으로 일본에 대한 책임 요구의 일환으로 배상 방침이 설정되었다. 우선 1947년 8월 13일 남조선과도정부는 대일배상요구조건조사위원회를 설치했고, 9월 조선은행에서 '조선은행의 대일채권일람표'가 공포되었다. 그 자료에는 일본 정부가 중시한 것처럼 포츠담선언 제11항 "일본은 일본 경제를 유지하고 배상 의무를 이행하기 위해 필요한 산업들을 유지하는 것이 허용되지만, 전쟁을 위한 재군비를 가능하게 하는 산업은 제외한다"는 부분을 잘 파악하고 있었다. 배상이라는 것은 경제 문제에 속하는 것이지만, 비군사화·비무장화의 목적과 연결된 이번 전쟁의 귀결로서의 일본에 대한 배상 문제는 "정치적 중요성"이 있다는 것을 강조했다.[38]

이상덕(李相德)은 그러한 내용들을 1948년 1월에 발표한 「대일배상요구(對日賠償要求)의 정당성(正當性)」이라는 논문에서 구체화했다. 그는 후일 한일교섭 제2차 회담(1953. 4. 15~7. 23)과 제3차 회담(1953. 10. 6~10. 21)에서 한국은행 외국부장으로서 참가한 인물이었으며, 박정희(朴正熙) 정권하에서도 한일교섭에 관여했다. 그의 글은 "1차대전(一次大戰)의 배상 문제(賠償問題)"라는 내용으로 시작했듯이 베르사유평화조약에 대한 평가가 있었다. 그는 우드로 윌슨(Woodrow Wilson)의 14개조 평화원칙에서 표출된 "완화배상의 사상"과 조르주 클레망소(Georges

---

[37] 이는 1963년 5월 일본 내각에서 각의 결정된 '전국 전몰자 추도식 실시요항'에 기반을 둔 것이다. 일본에서 8월 15일의 의미가 강조 또는 만들어진 과정에 관해서는 사토 다쿠미 지음, 원용진·오카모토 마사미 옮김, 2007, 『8월 15일의 신화: 일본역사 교과서, 미디어의 정치학』, 궁리출판.

[38] 朝鮮銀行, 1947, 『朝鮮銀行調査月報』 제7호, 93-97쪽.

Clemenceau)에 의한 "징벌적 전액배상주의"의 두 사상의 교차가 베르사유평화조약에 귀결되었다고 했다. 베르사유평화조약에 규정된 배상 논리를 지적한 그는 제1차 세계대전과 제2차 세계대전의 의미를 구별했을 뿐만 아니라 제2차 세계대전에 따른 전쟁범죄를 지적했다.

> 1차 대전은 중세기의 봉건제도를 계승발전한 제국주의적 식민지쟁패전(帝國主義的植民地爭覇戰)이었으나, <u>이번 대전은 파시즘 침략에 대한 민주주의 방위전으로 그 특색은 해방전쟁인 점이다. 전쟁범죄인(戰爭犯罪人)의 소구(訴求)</u>는 그 저저한 일례이겠고 대서양헌장에 제시된 이상 UN헌장에 포함된 정신 역시 민주주의 원칙에 입각하야 일체의 폭학지배(暴虐支配)를 배제하려는 것이다.[39] (밑줄은 필자 강조)

남한에서는 이미 일본에게 배상을 요구할 수 있는 자격에 관한 우려감뿐만 아니라 미국이 대일배상을 요구하지 않을 것이라는 위기감도 있었다. 1947년 8월 극동위원회는 연합국만이 일본에서 배상을 취득할 수 있는 권리가 있다고 했지만, 미국은 배상 자체에 부정적이었다. 클리포드 스트라이크(Clifford Strike)를 중심으로 한 조사단은 1948년 2월 일본의 배상 문제와 경제 문제를 조사한 보고서를 맥아더에게 제출했다. 그 조사단은 일본에 배상을 요구하면 일본 경제에 악영향을 미치고, 미국의 재정 부담이 커지기 때문에 일본에 대한 배상정책의 전환을 권고했다.[40] 즉, 남한이 일본에서 배상을 취득할 수 있는 권리는 이 시점에 이미 주장하기 어려웠다는 것이다.

---

39 이상덕, 1948, 「對日賠償要求의 正當性」, 『新天地』 제3권 1호, 32쪽.
40 오오타 오사무 지음, 송병권·박상현·오미정 옮김, 2008, 52-54쪽.

이러한 움직임을 알고 있었던 이상덕의 생각과 더불어 중요한 것은 "전쟁범죄인"에 관한 문제이다. 그는 제2차 세계대전이란 파시즘에 내린 해방전쟁이었다고 하여 "전쟁범죄인의 소구"를 지적하고 있기 때문에 도쿄재판에서 일본 전쟁범죄자들의 기소, 심리가 계속되고 있는 것을 당연히 알고 있었을 것이다. 앞서 보았듯이 도쿄재판에서의 심리 대상은 전쟁과 관련된 것이었고, 식민 문제가 아니었다. 그럼에도 불구하고 이상덕은 다음과 같이 언급했다.

> 일본의 장구(長久)한 조선 지배가 국제정의의 기본적 조건인 도의, 공평, 호혜의 원칙에 입각한 것이 아니고 폭력과 착취의 지배에 있음은 카이로회담, 포츠담선언에 '조선 인민의 노예상태'를 지적한 바로 충분하다. 원래 1910년 한일합방은 조선 인민의 자유의지에 반하여 일본으로부터의 강제되었던 것이다. 이번 대전도 일본이 기획하고 강제로 동원케 되었으나 조선 인민은 가능한 모든 방법으로 끈기 있게 반항하였다. <u>그러나 대일배상에 있어서의 조선의 요구는 일본을 징벌하기 위한 보복의 부과가 아니고 폭력과 탐욕의 희생이 된 피해회복 필연적 의무의 이행이다.</u> (밑줄은 필자 강조)

1910년 한국병합조약을 지적한 그는 식민지가 된 것으로 생긴 "피해회복"을 주장했다. 따라서 "우리"의 "기본적 표준"이란 "일본으로부터 합방 이래" 모든 "희생 또는 손해손실"과 "일본이 기획하고 강제로 관련된 전쟁의 결과"로 생긴 모든 "손해 및 손실은 그 책임이 일본국에 있"다는 것이었다.[41] 일본에 대한 배상 요구의 표준이란 전쟁피해라는 '전쟁책임'

---

41 이상덕, 1948, 32쪽; 김명섭·김승배, 2009, 「20세기 '전후보상' 개념의 형성과 변용:

과 식민지로 인해 생긴 '식민책임'을 의미했다.

일본에 대한 대한민국의 논리는 국가 명칭 속에 있는 '대한(大韓)'의 의미를 재확인시키기도 한다. 1897년 고종(高宗)이 선포한 대한제국은 일본에 의해 주권을 상실했지만, 고종이 내세운 '대한'은 1919년 대한민국 임시정부가 계승했다. 당시 임시정부 요원들은 대한제국의 '대한'이 일본에 의해 상실된 국호이기 때문에 이를 내세우는 것으로 독립의 의미를 부각하려고 했다. 1948년 6월 7일 대한민국 헌법 작성을 위해 개최된 헌법기초위원회에서 대한민국이라는 국호를 주장한 조국현(曺國鉉) 의원은 대한제국이 일본에 의해 주권을 상실했기 때문에 과거와의 연속성, 즉 '대한'을 계승하는 것이 일본에 대한 배상 청구를 유리하게 만든다고 했다.[42] 8월 15일 이승만(李承晩)은 대한민국의 '탄생'을 천명했다.

> 8월 15일 오늘 거행하는 이 식은 <u>우리의 해방을 기념하는 동시에 우리 민국이 새로 탄생한 것을 겸하여 경축하는 것입니다.</u> 이날에 동양의 한 고대국인 대한민국 정부가 회복되어서 40여 년을 두고 바라며 꿈꾸며 희생적으로 투쟁하여온 결실이 표현되는 것입니다. 그러므로 오늘 이 시간은 내 평생에 제일 긴중한 시기입니다.[43] (밑줄은 필자 강조)

여기서 대한제국이 거론되지 않았으나, 이승만이 "회복"과 "40여 년"이라고 말했듯이 1910년 이전까지 거슬러 올라간다. 공백 시간을 거쳐

한국과 일본 간의 보상문제를 중심으로」, 『한국과 국제정치』 제25권 3호, 39-40쪽.

42 김숭배, 2017, 「명칭의 국제정치학: 샌프란시스코평화조약과 한·일관계를 중심으로」, 『한국정치학회보』 제51집 2호, 208쪽.

43 "대한민국 정부수립과 우리의 각오," 대통령기록관, www.pa.go.kr/research/contents/speech/index.jsp.

"우리 민국"이 새로 대한민국으로서 탄생했다는 것이며, 이는 "주권 회복"이었다.⁴⁴ 8월 15일은 해방의 날이며 주권 선언의 날이 되었다. 이어서 이승만은 12월 파리에서 개최되는 국제연합 총회를 통해 대한민국이 국제적 승인을 받게 될 때, "성공된 대사업을 완수"할 수 있다고 언급했다. 국제연합에 의한 한국의 국제적 승인을 얻어야 대외적 주권을 확보할 수 있기 때문이었다. 그는 다음과 같이 말했다.

여기에 한마디 첨가할 것은 대일 문제에 관한 정부의 대책이니 우리는 극동 우호 제 국가와 더불어 일본의 금후 동향에 지대한 관심을 가질 것입니다. 제1차 세계대전 이후의 독일이 당시의 파리강화조약을 일방적으로 파기하고 재무장 국가로 등장하여 소위 추축 국가군의 주동국으로 제2차 세계대전의 직접 도화선이 되었던 역사적 사실을 전감(前鑑)한 우리는 일본의 제국주의적 침략주의의 완전 포기와 향후의 민주주의적 재건에 관하여 마땅히 엄정한 감시를 게을리하지 아니할 것입니다.
정부는 과거의 일본 제국주의정책으로 인한 모든 해악을 회복하고 또한 장래 인접 국가로서의 정상한 외교관계를 보호하기 위하여 연합국의 일원으로서 대일 강화회의에 참렬케 할 것을 연합국에 요청할 것이며, 민국이 대일 배상에 대한 정당한 권리를 보유할 것이며 또한 그 이후의 발전에 관하여 국제적 의무를 부하할 것을 주장할 것입니다.⁴⁵ (밑

---

44 「主權恢復祝賀 羅馬法皇『멧세-지』」, 『동아일보』, 1948. 8. 16; 「政府樹立의 歷史的 盛典, 主權恢復을 宣布」, 『조선일보』, 1948. 8. 16.
45 제1대 국회 제1회 제78차 국회 본회의(1948. 9. 30); 박진희, 2008, 『한일회담: 제1공화국의 對일정책과 한일회담 전개과정』, 선인, 32쪽.

줄은 필자 강조)

이승만이 언급한 논리를 보았을 때, 그에게 한국의 국제적 승인은 연합국의 일원으로서 일본에 대한 정당한 배상 요구 권리의 취득을 의미했다. 그가 예로 들었던 것이 제1차 세계대전 후의 "파리강화조약", 즉 베르사유평화조약이었다. 이승만은 여기서 베르사유평화조약의 문제점보다 일방적으로 평화조약을 파기한 독일을 비판했다.

그러한 점에서 주목해야 하는 것이 이승만 정권 시기 작성된 「대일배상요구조서」이다. 이 조서에는 베르사유평화조약에 관한 언급이 없으나, 이 조서에 영향을 끼친 것이 1948년 1월에 작성된 이상덕의 「대일배상요구의 정당성」이었다.[46] 1949년 2월 초에 기획처 기획국 산하에 대일배상청구위원회가 설치되었고, 이 위원회가 9월에 완성한 「대일배상요구조서」에는 다음과 같은 내용이 있다.

(一) <u>1910년부터 1945년 8월 15일까지의 일본의 한국 지배</u>는 한국 국민의 자유의사에 반한 일본 단독의 강제적 행위로서 정의, 공평, 호혜의 원칙에 입각치 않고 폭력과 탐욕의 지배이었던 결과 한국 및 한국인은 일본에 대한 여하한 국가보다 최대의 희생을 당한 피해자인 것이며 "한국 인민의 노예 상태에 유의하여 한국을 자주독립시킬 결의"를 표현한 "카이로"선언이나 또는 이 "선언의 조항을 이행할 것"을 재확언한 "포쓰담"선언에 의하여 한국에 대한 일본인의 지배의 비인도성과 비합법성은 전 세계에 선포된 사실인 것이다.

(二) 대한민국의 대일배상의 응당성은 다시 의심할 여지가 없는바, 이

---

46 오오타 오사무 지음, 송병권·박상현·오미정 옮김, 2008, 54-64쪽.

미 (1) 「포쓰담」선언과 (2) 연합국일본관리정책 (3) 포레배상사절보고에 명시되어 있다는 것을 명백히 하는 바이다. <u>그러나 우리 대한민국 대일배상청구의 기본정신은 일본을 징벌하기 위한 보복의 부과가 아니고 희생과 회복을 위한 공정한 권리의 이성적 요구에 있는 것이다.</u>[47] (밑줄은 필자 강조)

「대일배상요구조서」 역시 이승만이 작성한 글과 마찬가지로 1910년 한국병합조약으로 시작한 일본의 지배에 대해 배상을 선언했고, 징벌이 아닌 "희생과 회복"을 주장했다. 조서에서 주목해야 하는 점이 "포레배상사절보고"에 관한 서술이다. 이는 에드윈 폴리(Edwin W. Pauley)가 이끌었던 대일조사단이었다. 이 조사단은 1945년 12월 7일에 조사를 실시하여, 1946년 11월에 일본의 배상 문제에 관한 조사보고서를 작성했다. 내용에는 경금속, 항공기, 구(舊) 육해군의 모든 공장과 철강, 조선소, 화력발전소 등의 공장 약 50%를 배상으로 처리한다고 했다. 그러나 미국은 엄격한 폴리 보고서 내용을 받아들이지 않았다.[48] 전술했듯이 미국은 폴리 다음에 조사했던 1948년 2월 스트라이크안의 일본 배상 완화론에 기울었고, 일본의 경제 부흥을 우선 실시한다는 내용을 채택했다. 미국의 배상 논리는 냉전의 심화 속에서 동아시아 재편성을 의도한 것이었고, 이에 따라 배상정책이 변용되었다.[49] 한편 1949년에 공표된 「대일배상요구조서」는 1947년의 스트라이크안이 아니라 1945년 폴리안에 중점을 두었다.

---

47 大韓民國 外務部 政務局, 1949, 『對日賠償要求調書』, 大韓民國政府, 1-2쪽.
48 吉澤文寿, 2005, 『戦後日韓関係: 国交正常化交渉をめぐって』, クレイン, 28-29쪽.
49 아사노 도요미, 2010, 「식민지의 물리적 청산과 심리적 청산: 청구권의 법적 문맥과 정치적 해결」, 국민대학교 일본학연구소 편, 『한일회담과 국제사회』, 선인.

이미 일본에 대한 배상 요구가 관대한 방향으로 가고 있는 가운데, 한국은 일본에 대한 엄격성을 요구하는 폴리안을 중시했다.

「대일배상요구조서」는 일본에 '식민책임'과 '전쟁책임'이라는 두 책임을 물었다는 점에서 독자적이었다. 그런데 다음과 같은 배상 방침은 식민 문제보다 전쟁 문제에 비중을 두었다고 볼 수 있다.

> 중일전쟁 및 태평양전쟁에 기인한 인적 물적 피해의 부로 우리는 을사조약의 무효성을 국제법적으로 변명할 수도 있고 또는 「카이로」, 「포쓰담」의 양 선언의 신의를 천명하여 한국에 대한 일본의 과거 三十六년간의 지배를 비합법적 통치로 낙인하는 동시에 그 사이에 피해 입은 방대하고도 무한한 손질에 대하여 배상을 요구할 수도 있다. <u>그러나 우리의 대일배상요구기본정신에 비추어 이는 자(茲)에 전혀 불문에 부치는 바이다. 다만 중일전쟁 및 태평양전쟁기간 중에 한하여 직접 전쟁으로 인하여 우리가 받은 인적, 물적 피해만을 조사하여 여기에 그 배상을 강력히 요구하는 바이다.</u>[50] (밑줄은 필자 강조)

1949년 한국 정부는 「대일배상요구조서」를 통해 1910년부터의 일본이 자행한 식민 지배의 부당성을 주장했으나, 조서는 "중일전쟁 및 태평양전쟁 기간 중에 한하여"라고 언급했듯이 배상 요구를 1937년부터의 전쟁에 한정했다. 이러한 문맥은 한국의 대일배상이 1910년부터의 식민 책임이 아니라 1937년 중일전쟁부터의 전쟁에 따른 일본의 책임을 중시했다고 볼 수 있다.

그러나 그것은 1910년부터 1945년까지를 식민 문제, 1937년부터

---

50   大韓民國 外務部 政務局, 1949, 3쪽.

1945년까지를 전쟁 문제라고 이분법적으로 보았을 때 가능한 해석이다. 전쟁 문제에 관한 배상 요구를 강조한 것은 연합국이 전쟁 문제만을 일본에 요구하는 '현실적 전략'과 마찬가지였다. 연합국이 식민 문제를 묻지 않을 것이라는 예상은 일본이 과거의 베르사유평화조약을 참고했던 것처럼 한국도 식민 문제에 대한 책임이 거론될 가능성이 희박하다고 예상 가능했다. '전쟁'과 '식민지'라는 관점을 분리해 한반도를 볼 수 없는 것은 한반도에서 '전쟁 속에서 식민 지배의 피해'가 있었고, '식민 지배 속에서 전쟁의 피해'라는 중첩성이 있었기 때문이다. 이와 아울러 1937년부터의 전쟁에 따른 피해는 앞서 1910년부터의 식민 문제와 시공간적 연계성을 보여준다.

무엇보다 중요한 것은 "직접 전쟁으로 인하여 우리가 받은 인적·물적 피해"를 주장한 점이다. 조서에는 "인적" 피해를 규정했다. 베르사유평화조약 제232조에 규정된 것처럼 '민간인에 대한 보상(compensation)'이라는 인적 피해 개념은 「대일배상요구조서」에서도 발견할 수 있다. 베르사유평화조약은 민간인의 인적 피해에 대해 적극적으로 '보상'이라는 용어를 사용했고, 평화조약에 국가뿐만 아니라 민간인이 입은 피해를 제시한 내용이 획기적이었으므로 한국 역시 이를 내세웠다. 요컨대 전쟁과 식민지에 따른 책임을 요구한 한국의 이 조서에는 세부적인 인적 피해라는 측면에서 인간에 대한 '전후보상'과 '식민보상'이라는 두 보상 개념이 내재해 있었다.[51] 한국의 일본에 대한 배상 요구는 징벌성에 기초한 것이 아니라는 주장이다. 이는 베르사유평화조약의 징벌성에 동조하지 않는다는 뜻이다. 그렇지만 한편으로 베르사유평화조약에 규정된 보상 개념의 핵심인 인적 피해를 내세웠고, 베르사유평화조약의 일부를 계승하면서

---

51 김명섭·김숭배, 2009, 41-42쪽.

도 '식민책임'을 지적했다. 「대일배상요구조서」의 의의는 역사적으로 배상이란 전승국이 패전국에게 요구하거나 전쟁 참전국이 요구하는 권리였고, 1949년 시점은 여전히 한국의 샌프란시스코강화조약 서명국 자격 여부가 유동적인 상황이었는데도 불구하고, 식민 문제를 경험한 한국이 "희생과 회복"을 위한 배상 논리를 일본에 요구했다는 것이다. 이는 배상 문제의 역사에서 주목할 만한 것이었다.[52]

국제정치는 전쟁 후를 주목해왔으면서도 식민 이후의 구도를 주시하지 못했다. 패전국에 수반되었던 식민지 해체가 논의되었으나, '식민지를 위한 문제'라는 주안점이 희박했다. 한반도에는 식민 문제와 일본이 일으킨 아시아·태평양전쟁에 동원되었다는 복합적인 측면들이 있다. 1945년 이후, 남한에서 대한민국으로 이행한 식민지 유경험 국가가 과거의 종주국에게 국가적 배상과 민간인에 대한 보상을 요구한 것은 비록 일본에 대한 반대였으나, 1945년 이후의 국제주의 속에서 여전히 식민지를 보유하고 있었던 제국주의 국가들에 대한 물음이기도 했다.

1950년 2월 조선은행에서 "대일강화 문제의 추이와 한국"이라는 글이 게재되었다. 이 글은 냉전의 정세와 더불어 "미국의 대일정책이 전쟁 종결 직후의 징벌적 태도에서 점차 연화일로(軟化一路)를 밟아"가고 있다고 분석했다. 이미 이 글은 다가오는 샌프란시스코강화조약이 징벌성에서 관대성으로 이행하고 있음을 인지하고 있었다. "대일배상에 있어서는 한국이 보유하는 막대한 채권의 변제를 추구하여야 할 것이다. 그러나 금일의 한국은 구적(舊敵)을 규탄하기에 많은 시간을 허비할 수 없는 만큼 새로운 침략의 위협을 받고 있는 것이다." 여기서 말하는 "새로운 침략의 위협"이란 국제 공산주의이다. 따라서 일본을 자유진영으로 받아들이는

---

52 오오타 오사무 지음, 송병권·박상현·오미정 옮김, 2008, 77-79쪽.

"대일강화"는 "동아방공(東亞防共)라인"을 형성함으로써 한국의 입장과 상이하지 않은 것이었다. 그럼에도 불구하고 최종 결론은 다음과 같았다.

> 그러나 한국으로서 정당히 요구되는 대일배상이 양국의 어떠한 궁극적 목적에 있어 정치적 상통성을 보더라도 그 궁극목표 달성에 배치되지 않는 한 한국으로서는 대일요구의 관철을 기하여야 할 것이며 미국의 애호정책(愛護政策)의 비호하에 편승적으로 타에 전가시키려는 일본의 회피적 태도를 경계하여야 할 것은 물론이겠다.[53]

일본 외무성은 위의 한국 자료를 1952년 1월 일본어로 번역한 바 있다.[54] 1952년 2월부터 시작하는 제1차 한일회담 본회담에 임하는 일본이 1950년 시점의 한국 입장을 참고하여 중요시했다.

1948년 9월 9일 조선민주주의인민공화국의 수립은 1917년 볼셰비키의 사상 파도가 모스크바 베이징-평양까지 내려온 결과이기도 했다. 한반도는 지정학적으로 이데올로기의 교차지역이었다. 한국은 일본이라는 구적국(舊敵國)과 북한이라는 신적국(新敵國) 공산주의 세력의 사이에 있었다. 그리고 과거 일본에 대한 항일투쟁으로 정당성이 부여되며, 권력을 장악하게 되었던 김일성(金日成)과 이를 후원했던 국제 공산주의자들에 의해 1950년 6·25전쟁이 발발했다. 미국과 소련이라는 강대국들이 전쟁하지 않았다는 측면에서 '냉전'이었으나, 이데올로기에 따른 '열전'은 한반도 분단을 공고화했다. 1945년 한반도 해방, 대한민국 주권 회복,

---

53　朝鮮銀行, 1950,『朝鮮銀行調査月報』제31호, 106쪽.
54　일본어 문서는 浅野豊美·吉澤文寿, 李東俊 編集·解説, 2010,『日韓国交正常化問題資料: 第1期 1945年-1953年』, 現代資料出版, 135-147쪽에 수록되어 있다.

6·25전쟁 발발과 1953년 정전협정, 그리고 한미상호방위조약 탄생[55]까지의 한국의 시공간은 '해방 8년사'를 보여준다.[56]

4. 결론

1945년 직후, 한국과 일본에 수반된 해방 또는 전후 인식을 고찰한 이 연구의 결론은 다음과 같다. 첫째, 한국과 일본은 각자 해방과 전후의 논리를 위해 1919년 베르사유평화조약을 참조했다. 일본은 아시아·태평양전쟁에 따른 전쟁책임이 베르사유평화조약과 같은 국가수반의 책임 논리처럼 다가오는 대일평화조약을 통해 히로히토에게 작동되지 않도록 방어적인 입장에 섰다. 한편 한국은 전쟁을 일으킨 국가의 책임과 이에 따른 민간인에 대한 피해 회복을 중시했던 흔적이 있었다. 양국은 제1차 세계대전에서 독일의 전쟁행위를 마감시킨 과거의 베르사유평화조약의 역사를 공유했으나, 베르사유평화조약을 보는 시각은 상이했다.

둘째, 패전 직후에 있어, 일본의 식민 문제에 관한 인식은 희박했다. 인류사에서 보편적이었던 전쟁 문제는 패전국으로서 가장 중요했던 명제였다. 일본 정부는 스스로 전쟁조사회를 출범함으로써 자기성찰의 기회를 마련했으나, 논의의 중심 초점은 1930년대 이후부터였다. 전쟁조사회는 외부적 압력으로 폐지되었고, 도쿄재판에 판단을 맡기는 형태가 되었

55　정전협정뿐만 아니라 한미상호방위조약으로 구성된 '정전체제의 탄생'에 관해서는 김명섭, 2015,『전쟁과 평화: 6·25전쟁과 정전체제의 탄생』, 서강대학교출판부.

56　1945년부터 1948년까지의 해방 3년사를 넘어, 6·25전쟁이 휴전된 1953년까지의 시공간을 "해방 8년사"라고 표현하는 대표적인 연구물로서 최장집·정해구, 1989,「해방 8년사의 총체적 인식」, 최장집 외,『解放前後史의 認識 4』, 한길사.

으나, 연합국으로 구성된 도쿄재판은 1928년 이후의 전쟁을 심리 대상으로 삼았다. 일본의 시공간에 한반도는 보이지 않았다.

셋째, 해방된 한반도의 남한, 그리고 주권국가 대한민국에게 있어 전쟁 문제는 무관하지 않았다는 측면에서 일본과 전후를 공유할 수 있지만, 1930년대에 일어난 전쟁 전에 진행되었던 1910년 한국병합조약이 중요했다. 비록 전후와 해방의 귀착 시기는 동일했다 하더라도 선행되었던 식민 문제는 전쟁과 연계된 것이었다. 책임의 소재에 따른 한국 정부의 대일배상 요구는 중일전쟁부터를 염두에 두었다는 점에서 연합국의 정책과 궤를 같이했던 현실노선이었으나, 전쟁과 식민 문제에 대한 배상정책은 분리보다 교집합이 있기 때문에 더욱 어려웠다. 1945년 이전의 역사에 대해 한국의 인식은 전쟁과 식민 문제의 중첩성이라는 측면에서 일본과의 시공간이 상이했다.

넷째, 결국 한국과 일본의 인식 차이는 세계사적으로 전쟁과 식민 문제의 불균형성을 보여준다. 전쟁은 인류사에서 평화조약으로 공식적으로 마무리될 경우가 많았지만, 식민 문제를 해결하려는 협정과 같은 것은 전후 조약 체결의 역사에 비해 거의 없다. 전쟁과 식민지의 중력은 동일하지 않았다. 아직 한국과 일본의 양자 교차관계가 시작하지 않았던 이 시기에 있어 1945년 이전의 역사는 멀지 않았던 과거였으나, 두 나라의 인식뿐만 아니라 시대정신이 달랐다. 1945년 이후에도 여전히 식민지를 보유한 국가들이 있었기 때문이다. 1945년 이후 한국과 일본의 인식적 괴리는 결국 국제주의와 식민 문제의 괴리로 귀착했다.

전쟁과 식민지는 둘 다 산혹하지만, 앞으로 '식민 지배'는 일어나지 않을 것이다. 현대 주권국가체제의 시대와 국제주의에서 어떤 국가가 침략으로써 어떤 국가를 식민지로 전락시키는 일은 거의 없을 것이라 생각한다면, 식민 문제의 방향성은 미래보다 과거에 있다. 그러기 때문에 이미 과거사적 식민 문제는 세계적으로 일어날 수 있는 전쟁보다 일어나지 않을 것 같은 영역이기도 하다. 그러나 '전쟁과 평화'라는 관점에서 제1차 및 제2차 세계대전 또한 아시아·태평양전쟁을 기억한다면, 이 전쟁들에 수반되었던 식민 문제 역시 세계사를 구성했다. 한국과 일본의 괴리는 과거사(過去史)에 대한 양자 간의 인식과 해석에서 파생되지만, 대한제국의 시기까지 거슬러 올라간 한·일 관계의 국제정치는 '전쟁과 평화 그리고 식민지'라는 관점을 세계사의 구조에 제기하는 것이다.

참고문헌

김명섭, 2015, 『전쟁과 평화: 6·25전쟁과 정전체제의 탄생』, 서강대학교출판부.
남기정, 2016, 『기지국가의 탄생: 일본이 치른 한국전쟁』, 서울대학교출판문화원.
大韓民國 外務部 政務局, 1949, 『對日賠償要求調書』, 大韓民國政府.
박진희, 2008, 『한일회담: 제1공화국의 對日정책과 한일회담 전개과정』, 선인.
사토 다쿠미 지음, 원용진·오카모토 마사미 옮김, 2007, 『8월 15일의 신화: 일본역사 교과서, 미디어의 정치학』, 궁리출판.
장박진, 2014, 『미완의 청산: 한일회담 청구권 교섭의 세부 과정』, 역사공간.
아사노 도요미, 2010, 「식민지의 물리적 청산과 심리적 청산: 청구권의 법적 문맥과 정치적 해결」, 국민대학교 일본학연구소 편, 『한일회담과 국제사회』, 선인.
오오타 오사무 지음, 송병권·박상현·오미정 옮김, 2008, 『한일회담: 청구권문제 연구』, 선인.
이동준·장박진 편저, 2013, 『미완의 해방: 한·일 관계의 기원과 전개』, 아연출판부.
이원덕, 1996, 『한일 과거사 처리의 원점: 일본의 전후처리 외교와 한일회담』, 서울대학교출판부.
최장집·정해구, 1989, 「해방8년사의 총체적 인식」, 최장집 외, 『解放前後史의 認識 4』, 한길사.
하야시 히로후미 지음, 현대일본사회연구회 옮김, 2012, 『일본의 평화주의를 묻는다: 전범재판 헌법 9조 동아시아 연대』, 논형.
김명섭·김숭배, 2009, 「20세기 '전후보상' 개념의 형성과 변용: 한국과 일본 간의 보상문제를 중심으로」, 『한국과 국제정치』 제25권 3호.
김숭배, 2017, 「명칭의 국제정치학: 샌프란시스코평화조약과 한·일관계를 중심으로」, 『한국정치학회보』 제51집 2호.
이상덕, 1948, 「對日賠償要求의 正當性」, 『新天地』 제3권 1호.
「政府樹立의 歷史的 成典, 主權恢復을 宣布」, 『조선일보』, 1948. 8. 16.

「主權恢復祝賀 羅馬法皇『멧세-지』」,『동아일보』, 1948. 8. 16.
朝鮮銀行, 1947,『朝鮮銀行調査月報』제7호.
朝鮮銀行, 1950,『朝鮮銀行調査月報』제31호.
대통령기록관, www.pa.go.kr/research/contents/speech/index.jsp.

江口圭一, 2001,『十五年戦争研究史論』, 校倉書房.
吉澤文寿, 2005,『戦後日韓関係: 国交正常化交渉をめぐって』, クレイン.
吉澤文寿, 2009,「日本の戦争責任論における植民地責任: 朝鮮を事例として」, 永原陽子 編,『「植民地責任」論: 脱植民地化の比較史』, 青木書店.
奈良岡聰智, 2015,『対華二十一ヵ条要求とは何だったのか: 第一次世界大戦と日中対立の原点』, 名古屋大学出版会.
服部龍二, 2006,『幣原喜重郎と二十世紀の日本: 外交と民主主義』, 有斐閣.
北一輝, 1959,『北一輝著作集 Ⅱ: 支那革命外史, 國家改造案原理大綱, 日本改造案大綱』, みすず書房.
寺崎英成・マリコ・テラサキ・ミラー 編, 1991,『昭和天皇独白録・御用掛日記』, 文藝春秋.
山崎正勝, 2011,『日本の核開発 1939~1955: 原爆から原子力へ』, 績文堂.
外務省, 2006,『日本外交文書: サンフランシスコ平和条約 準備対策』, 外務省.
赤澤史朗, 1989,『東京裁判』, 岩波書店.
戦争調査会事務局, 広瀬順皓 監修・解題, 長谷川貴志 解題, 2015a,『戦争調査会事務局書類 第一巻: 1官制及事務分掌規定/2庶務関係書類』, ゆまに書房.
戦争調査会事務局, 広瀬順皓 監修・解題, 長谷川貴志 解題, 2015b,『戦争調査会事務局書類 第六巻: 14資料原稿綴』, ゆまに書房.
井上寿一, 2018,『戦争調査会: 幻の政府文書を読み解く』, 講談社.
鄭栄桓, 2013,『朝鮮独立の隘路: 在日朝鮮人の解放五年史』, 法政大学出版局.
浅野豊美・吉澤文寿・李東俊 編集・解説, 2010,『日韓国交正常化問題資料: 第1期 1945年~1953年』, 現代史料出版.
清瀬一郎, 1986,『秘録 東京裁判』, 中央公論新社.
冨田圭一郎, 2013,「敗戦直後の戦争調査会について: 政策を検証する試みとその挫折」,『レファレンス』第63巻 1号.
横島公司, 2010,「東京裁判の影: 昭和天皇は何故裁かれなかったのか」,『史苑』第70巻 2号.

国立国会図書館 日本国憲法の誕生, www.ndl.go.jp/constitution/index.html.

国会会議録検索システム, kokkai.ndl.go.jp.

衆議院, www.shugiin.go.jp/internet/index.nsf/html/index.htm.

Boister, Neil and Robert Cryer ed., 2008, *Documents on the Tokyo International Military Tribunal: Charter, Indictment and Judgments*, New York: Oxford University Press.

Boister, Neil and Robert Cryer, 2008, *The Tokyo International Military Tribunal: A Reappraisal*, Oxford; New York: Oxford University Press.

Gluck, Carol, 1993, "The Past in the Present," Andrew Gordon ed., *Postwar Japan as History*, Berkeley: University of California Press.

Kwon, O-Gon, 2011, "Forgotten Victims, Forgotten Defendants," Yuki Tanaka, Tim McCormack and Gerry Simpson eds., *Beyond Victor's Justice?: The Tokyo War Crimes Trial Revisited*, Leiden., Boston: Martinus Nijhoff Publishers.

Morgenthau, Hans J, 1948, *Politics Among Nations: The Struggle for Power and Peace*, New York: Alfred A. Knopf.

Totani, Yuma, 2008, *The Tokyo War Crimes Trial: The Pursuit of Justice in the Wake of World War II*, Cambridge, MA; Harvard University Asia Center; Distributed by Harvard University Press.

Yoneyama, Lisa, 1999, *Hiroshima Traces: Time, Space, and the Dialectics of Memory*, Berkeley: University of California Press.

한일회담 교섭 참석자의 인식 변화와 그 영향
어업 및 평화선 위원회를 중심으로

조윤수 동북아역사재단 연구위원

1. 서론
2. 한일회담 어업위원회의 교섭 과정
3. 교섭 참여자의 한일회담에 대한 인식 변화와 영향
4. 결론

1. 서론

한·일 국교정상화 교섭(1951~1965, 이하 한일회담)을 위한 예비 회담에서 한국은 가해국 일본과 피해국 한국의 관계를 설정하고 교섭도 이러한 틀에서 논의되어야 한다고 주장했다. 한국은 일본이 한국을 불법 지배했다는 사실을 한일회담에서 선언하고, 이에 따른 책임을 지는 것은 당연하다는 논리를 전개했다. 반면 일본은 한국 지배 문제는 이미 조약으로 종결되었고, 현재의 시점에서 과거 병합조약을 다시 논쟁해야 할 이유를 찾지 못했다. 마츠모토 슌이치(松本俊一) 일본 대표는 한국이 한일회담의 성격 자체를 잘못 이해하고 있으며, 회담 과정에서 드러낸 한국 교섭자의 일본에 대한 분노감 표출 때문에 협상 타결은 쉽지 않다고 예상했다. 교섭에 참석한 일본인 대부분은 일본 식민 지배를 통해 조선의 생활수준이 향상되었으며, 경제도 발전했다고 믿었다. 일본은 자신들이 한국을 위해 했던 모든 것을 부정하는 한국의 태도에 실망했다. 교섭에 참가한 한국 대표들이 일본은 36년간 한국을 자유롭게 이용하고 조선인의 인간다운 생활을 불가능하게 만들었다고 주장했을 때 일본 교섭자들은 식민지에 대한 공정한 평가가 결여되어 있어 한일회담 자체에 회의적이었다.

　일본은 샌프란시스코강화조약이 발효되면 여러 나라들과 국교를 회복해야 했고, 한국은 그러한 국가들 중 하나일 뿐이었다. 특히 한국과 국교 회복을 서둘러서 할 이유를 찾지 못했다. 일본은 한국과 간단한 조약을 만들고 추후에 대표부를 설치한 후, 청구권 문제 등을 천천히 해결하

---

* 이 글은 조윤수, 2011, 「한국교섭참석자의 일본인식 변화와 한일회담」, 『영토해양연구』 제1권; 조윤수, 2013, 「1965년 한일어업협상의 정치과정」, 『영토해양연구』 제6권, 138-161쪽 내용을 수정, 보완한 것이다.

고 싶어했다. 처음부터 일본은 한일회담을 '가해와 피해의 틀'로 보는 것을 거부하고, 국제법 절차에 따른 국가 분리의 상황으로 인식하고 협상에 임했다.

1945년 패전 후 일본 사회 곳곳에서는 전쟁을 반성하고 새로운 일본을 만들어야 한다는 목소리가 나왔다. 반면 식민지 지배에 대한 일본의 과오를 인정하고 사죄해야 한다는 주장은 극소수에 불과했다. 한일회담의 법적 기반이 된 샌프란시스코강화조약에도 일본의 침략이나 식민지 지배에 대한 책임을 묻는 조항은 찾아볼 수 없었다. 샌프란시스코강화조약에 근거한 한일회담에서 일본이 한국 병합에 대한 역사관을 수정할 이유는 없었다. 이러한 인식이 14년간 한일회담을 이끌었다 해도 과언이 아니다.

한일회담 시기 일본의 한국 병합을 어떻게 평가할 것이냐는 양국의 역사인식 충돌과 더불어 이 시기 발생한 일련의 사건들은 전후 양국 국민들에게 한·일 관계를 재정립하는 계기가 되었다.

특히 일본에서 한국에 대한 인식 형성에 강하게 영향을 미친 것은 '평화선'이다. 당시 평화선을 넘어 조업하는 일본 어선에 대해 한국 정부는 단속을 단행했다. 이 과정에서 일본의 순시선과 한국 경비정이 충돌하여 배가 전복되거나 불에 타는 경우도 있었다. 일본 언론에 일본 어선이 불에 타거나 한국 경비정에 의해 체포되는 장면이 자주 노출되었다. '평화선'으로 발생한 나포자 문제는 한국을 오히려 '가해국'으로 만들었다. 이는 일본 언론에 한국은 '난폭하다', '국제법을 위반한다', '법과 질서를 무시한다' 등의 표현으로 나타났다.

한일어업교섭에서 양국은 연안국의 관할권 인정 여부에 대한 국제법적 해석을 두고 서로 대립했다. 특히 어업위원회는 다른 위원회와 비교하면 국제법, 해양법, 수산업 등 교섭 의제의 많은 부분이 전문지식을 필요로 하는 분야였다. 또한 어업교섭은 농림부와 외무부의 전문가가 실무 총괄자로, 대사 및 각료가 정치 총괄자로 존재하는 다층적 교섭이었다.

이승만 정부의 정치적 혼란은 경제적 후퇴를 가져왔다. 북한과의 체제 경쟁에서 승리하기 위해서는 일본과의 경제적 협력이 절실한 상황이었다. 한국 스스로 한일회담이라는 협상 틀을 식민지 피해 배상의 성격에서 경제협력의 틀로 전환시킬 수밖에 없었다. 한일회담에서 식민지 지배에 대한 책임과 의무를 일본이 지는 것이 당연했다면, 36년간 빼앗긴 한국 주변 어장의 피해 복구 차원에서 12해리보다 더 넓은 전관수역이 관철되었을 것이다. 한국 어업 발전을 위한 명목의 어업협력기금도 어장 피해 복구 배상이라는 형태로 귀결되었을 것이다. 한국 경제의 발전이라는 국익을 고려해서 한일회담에서 일본의 식민지 지배에 대한 사죄와 그에 대한 책임을 요구하려 했던 애초의 의도는 포기할 수밖에 없었다.

당시 한국 정부나 회담에 참석했던 당사자들이 교섭 과정에서 어떤 생각을 가지고 있었고 상황을 어떻게 인식하고 있었는지를 살펴보는 것은 한일회담에 대한 객관적인 평가를 위해 중요하다. 한국 측 회담 대표자들에 관한 연구로는 김영미 등의 연구가 있다.[1] 김영미는 '유진오' 분석을 통해 초기 한일회담이 회담 이전부터 자발적으로 한·일 과거사 처리에 관심을 가졌던 지식인 관료 그룹에 의해 주도되었고, 이들이 한일회담에서 대한민국의 국익을 적극적으로 실현한 것은 '친일'이라는 과거 경력에 대한 면죄부를 얻고자 했기 때문이라고 분석했다.[2]

---

1 김영미, 2010, 「초기한일회담에서 지식인 관료의 역할과 정체성」, 『진단학보』 제109호. 이외에 대표적으로 다음과 같은 연구가 있다. 太田修, 1999, 「한일회담에 관여한 한국 관료의 일본 인식」, 『한국사학보』 제7호; 전향숙, 2008, 「한일회담 교섭대표들의 역할에 관한 연구」, 국민대학교 일본학과 석사학위논문.

2 김영미, 2010, 「초기한일회담에서 지식인 관료의 역할과 정체성」, 『진단학보』 제

6차 한일회담 과정에서 한국의 어장을 시찰한 일본 대표자는 한국이 평화선을 선포할 수 밖에 없었던 배경을 납득하기 시작했다. 한국도 국내외적 환경을 고려해 평화선을 대신해 일본이 주장하는 12해리의 전관수역에 동의하고 일본의 어업기술과 기금을 받아들였다. 한일회담을 타결하기 위해 양국이 서로 양보한 것이었으나, 이러한 한국의 태도는 오히려 일본 정치인들에게 한국의 근대화나 경제 발전이 일본의 도움 없이는 이뤄지지 않는다는 식민지 정당성을 공고히 해주는 결과로 이어지기도 했다.

시이나 외상이나 오히라 외상 같은 일본 정치인들은 '한일회담에 대해 국내 반대 여론이 있으나 회담의 타결을 위해서 필요하다면 한국에 양보할 것은 양보하고 사죄해야 한다면 사죄도 해야 한다'고 생각했다. 그러나 이것은 일본 정치 지도자의 한국에 대한 가치관이 변한 것이 아니라 일본의 국익을 위해 '사죄'나 '양보'도 전략적으로 선택하겠다는 그들의 외교전략에서 나온 것이다.

이 글은 이런 문제의식에 기초하여 1965년 한일어업교섭 과정에서 양국 교섭자의 인식 변화가 한일회담에 어떠한 영향을 미쳤는지 분석했다. 교섭자는 국내외적 환경과 외교전략을 우선시하여 상대방에 대한 인식도 변화시켰다. 상대방에 대한 고정된 가치관이 있더라도 국익에 부합하지 않는다면 내세우지 않았음을 알 수 있다. 구체적인 분석은 한국과 일본의 외교문서에 기초했다.[3]

109호, 149-180쪽.

[3] 일본외교문서는 일본의 한일회담 문서 공개 요청을 요구하는 시민단체가 정보공개법에 따라 외무성에 공개를 요청, 공개 결정된 문서를 참조한 것이다. 문서는 「日韓会談文書公開・全面公開を求める会」(www.f8.wx301.smilestart.ne.jp/)의 '개시결정리스트'를 참조했다. 일본외교문서는 동북아역사재단 동북아역사넷에도 게재했다.

2. 한일회담 어업위원회의 교섭 과정[4]

한일어업교섭은 다른 한일회담의 교섭과 마찬가지로 샌프란시스코강화조약에 영향을 받았다. 그중 제9조가 어업에 관한 규정이다. 제9조는 "공해에 있어서 어획의 규제, 또는 제한과 어업의 보존 및 발전을 규정하는 2국 간 및 다국 간 협정의 체결을 희망하는 연합국과 조속히 교섭을 시작한다"는 내용으로, 일본도 한국과 어업교섭을 해야 하는 의무를 지게 되었다.

한일어업교섭의 법적 기반이 된 제9조는 추상적인 조문이다. 샌프란시스코강화조약 체결 당시 일본의 공격적 어업으로 피해가 컸던 미국 어업 종사자들은 일본의 어업을 특정 수역에서 제한한다는 내용을 강화조약에 담자고 주장했으나 시간적인 문제로 담지 못하고 양국 간에 해결한다는 강화조약 제9조가 탄생했다. 강화조약 이후 바로 시작된 미국·캐나다·일본의 어업협정은 연합국과 패전국 일본의 어업협정으로 미국과 캐나다에 유리하게 진행됐다. 이 협상은 처음부터 일본의 어업을 제한하는 데 주안점을 두었다. 한국 정부도 이 어업 교섭의 선례를 이용, 일본과의 어업협정 목표는 한국 연근해에서 일본의 어업을 제한하는 것이었다.

그러나 한일어업교섭은 미국·캐나다·일본의 어업교섭 사례와 같이 일본의 어업을 제한하기 위한 협상이 되지 못했다. 일본은 국제법상 한 국가에서 두 국가로 나뉘는 과정에서의 일반적인 어업협정으로 인식했고, 한국에게도 더이상의 의미를 부여하지 말 것을 주장했다. 한국은 일본의 어업을 제한하기 위해, 일본은 최대한 공해상의 자유 어업을 보장받기

---

[4] 한일회담 어업위원회의 협상 과정은 조윤수, 2008a, 「日韓漁業交渉の国際政治:海洋実序の脱植民地化と国益の調整」, 東北大学 博士学位論文의 일부분을 정리한 것이다.

위해 치열한 국제법적 논쟁을 벌였다.

1) 제1~3차 한일회담 어업위원회

한국은 미 국무성을 통해 샌프란시스코강화조약이 체결되더라도 맥아더라인[5]이 계속 유지되기를 요구했으나 실패했다. 한·일 어업 문제는 양국의 어업협정으로 한다는 연합국의 방침에 따라 한국은 일본과의 어업협정 체결을 위한 준비 작업을 시작했다.

한국은 1949년부터 상공부를 중심으로 일본과의 수산협정을 위한 준비안을 마련했다.[6] 한국은 전후 식량난을 이유로 맥아더라인을 계속 확장해가는 일본에 대하여 불만과 위협을 동시에 느끼고 있었다.[7] 맥아더라인이 일본의 어업을 제한하는 선은 아니었다. 하지만 일본 어민이 한국 연근해까지 접근해 조업하는 것을 사실상 금지했기 때문에 맥아더라인이 소멸될 경우 주변 수역을 일본 어선이 거의 독점하게 될 것이며 그럴 경우 한국이 심각한 피해를 입게 될 것이라고 예상했다.[8]

한국은 상공부를 중심으로 맥아더라인을 대체할 방법을 강구했다. 상

---

5 1945년 9월 27일 GHQ 문서 SCAPIN(Supreme Commander for Allied Powers Instruction Note) 제80호 '일본의 어업 및 포경업이 허가된 구역에 관한 각서'에 따라 활동 가능한 일본의 어업구역이 정해졌다. '맥아더라인'이라는 명칭은 이 지령을 명령한 GHQ 최고사령관이었던 더글러스 맥아더(Douglas MacArthur)의 이름에서 유래했다. 일본은 세 차례에 걸쳐 맥아더라인을 확장해나갔다.
6 한국외교문서, 2005, 『한국의 어업보호정책: 평화선 선포』, 743.4, 1942-1952 프레임번호 458-470.
7 조윤수, 2008b, 「'평화선'과 한일어업협상」, 『일본연구논총』 제28호, 202쪽.
8 한국외교문서, 2005, 『한국의 어업보호정책: 평화선 선포』, 743.4, 1949-1952, 프레임번호 458/1145.

공부는 '어업보호수역'을 작성했고, 이것이 외무부와 이승만 대통령을 거치면서 '대한민국 인접해양의 주권에 대한 대통령의 선언', 즉 '평화선'의 선포로 이어진 것이다. 그 시기는 한일회담 예비회담이 끝나고 제1차 회담이 시작되기 직전인 1952년 1월 18일이었다. 맥아더라인이 폐지되면 한국 연근해까지 조업이 가능했기 때문에 일본은 한국과의 어업협정을 서두르지 않았다. 한국과의 교섭에 소극적이었던 일본은 평화선으로 일본 어선이 나포되고 자국 선원이 부산에 억류되는 사태가 계속되자 한일회담에서 어업 문제를 신속히 해결하고 싶어했다. 농림성은 물론 국회와 어업계의 요청이 쇄도하자 유일한 한·일 관계의 통로인 한일회담을 이용해 한국과 협상할 수밖에 없었다.

제1~3차 한일회담 어업위원회까지는 국제법을 둘러싼 한·일 간 해석 논쟁이 대부분이었다. 한국은 국제관습법에 의한 '어업관할권'에 의하면 어업자원 보호를 위해 일본 어업을 제한할 필요가 있다고 주장했고, 일본은 국제법에 기초한 '공해 자유의 원칙'을 주장했다.[9] 한국과 일본이 공해상에서 자유 경쟁을 한다면 조업 능력이 떨어지는 한국 어선은 0을 어획할 것이고 일본 어선은 100을 가져갈 것이 명확했다. 또 일본이 주장하는 '공해 자유의 원칙'이 시작되면 한국 어업은 또다시 일본에 종속되어 말살될 것이라며, 황폐화된 한국 주변 어장의 자원 보호를 위해서는 어업 제한을 할 수밖에 없다고 주장했다.

제2차 한일회담 어업위원회는 1953년 5월 6일 개최되었다. 일본은 제1차 회담 어업위원회가 양국의 국제법적 이론 논쟁으로 인하여 실질적

---

9 한국의 주장은 어업 분야의 경우 이미 현대과학문명을 적극 이용함으로써 바다자원이 고갈되었듯이 19세기와 20세기 초 상황과 현재 상황이 다르므로 공해 자유의 원칙은 수정되어야 한다는 것이었다.

진전이 전혀 이루어지지 않았음을 지적하고, 한국이 선포한 평화선 수역 안에 실질적으로 보호해야 하는 자원이 무엇인지 구체적으로 토의할 것을 제안했다.[10] 그러나 어업자원론 토의는 또다시 관할권 문제로 환원되었다. 한국은 일본이 강하게 주장하는 '공해 자유의 원칙'에 대해서 다음과 같이 반박했다.[11]

현재 어업기술의 발달로 인해 어업자원이 고갈, 또는 자유 경쟁으로 인한 남획으로부터 관계국 간 분쟁을 야기할 염려가 있어 이는 세계적으로 그 원칙이 수정되어 가고 있는 시점이다. 또한 국가 간 어업능력의 차이로 생기는 공해 어업의 실질적 불평등을 제거하기 위해서는 공해 어업의 규제가 필연적으로 수립되어야 한다.

제2차 한일회담 어업위원회에서 한국은 평화선에 대한 정당성을 주장했다.[12] 제3차 한일회담 어업위원회에서는 평화선을 침범한 일본 어선

---

10 한국외교문서, 2005, 『제2차 한일회담 어업위원회 회의록(1953. 5. 6-7. 23)』, 723.1JA.어1953, 프레임번호 933.
11 한국외교문서, 2005, 『제2차 한일회담 어업위원회 회의록(1953. 5. 6-7. 23)』, 723.1JA. 어1953, 프레임번호 979-986.
12 한국은 평화선 수역을 관할권으로 주장해야만 하는 특수 사정을 다음과 같이 설명했다. ① 동 수역 내에서의 어족 감소, ② 동 수역 내에서 과거 및 현재에 있어서도 한국만이 어류의 보존조치 및 개발의 실적을 가지고 있다는 것, 따라서 한국이 희생해 가면서 보호, 축적해온 수산자원을 거대한 어업 능력을 가진 일본 어선이 어획할 우려가 있다는 것, 따라서 어업 관할수역 설정의 요건으로서는 개발의 실적보다 보존의 실적이 중요시되는 것이 적당하다, ③ 일본에 비하여 한국이 어업 능력 면에서 현격히 열세이기 때문에 한・일 양국이 동 수역 내에서 자유 경쟁을 행하면 현격한 불평등을 초래하며 분쟁이 야기될 수 있다는 것, 특히 한국 어업능력의 열세는 과거 36년간 일정의 차별적 정책에 의하여 일본인의 어업을 조장하는 반면 한국인의 어업 발전을 억압한 데 기인하며, 또 해방 후에는 군정 시의 불안정과 금차의 한국전쟁으로 인하여 어선,

나포 문제와 구보타 간이치로(久保田貫一郞) 발언[13]으로 한국이 회담에서 철수하여 실질적 교섭이 진행되지 않았다.

2) 제4~5차 한일회담 어업 및 평화선 위원회

중단된 한일회담은 1957년 예비교섭을 시작으로 재개되었다. 제4차 한일회담 재개 준비를 위한 예비교섭에서 일본은 회담 재개의 조건으로 한국이 선포한 평화선을 철폐해야 한다고 주장했다. 그러나 한국은 어업 생존을 위해서 평화선이 반드시 필요하다며 양보할 수 없다는 입장을 견지했다. 즉 한국의 전관수역을 평화선 선포 구역으로 하겠다고 주장했다. 제4차 한일회담에서는 일본이 평화선 문제를 적극적으로 해결하고 싶다고 주장했고, 한국이 이 주장을 받아들여 위원회 이름도 '어업 및 평화선 위원회'로 변경했다.

제4차 한일회담은 1958년 4월 15일 개최되었고, 어업 및 평화선 위원회는 10월 2일부터 12월 19일까지 8회 개최했다. 일본은 11월 28일 제4차 회담 5차 어업위원회에서 6해리까지 금지구역 및 어업제한구역을 설정하는 내용의 '일한잠정어업협정안'을 제시했다.[14] 한국의 임병직(林

자재, 시설의 징발, 어민의 전쟁 노력에 동원으로 인하여 어업 능력이 정상 상태의 수준에 도달하지 못하고 있음을 주장했다. 한국 외교문서, 2005, 『평화선 선포와 관련한 제문제 1953-55』, 743.4, 1953-55, 프레임번호 0083-0179.

13 구보타 발언이란 "① 36년간의 일본의 강제점령은 한국민에 유익했다. ② 한국 민족의 노예화에 대해서 언급한 카이로선언은 연합국의 전시히스테리의 표현이다. ③ 일본의 구 재한일본인 재산을 미군정명령 제33호로 처리한 것은 국제법 위반이다. ④ 강화조약 체결 전에 한국이 독립한 것은 국제법 위반이다. ⑤ 연합국이 일본 국민을 한국에서 송환한 것은 국제법 위반이다"라는 내용으로, 한국 내에 파장을 가져왔다.

14 한국외교문서, 2005, 『제4차 한일회담, 어업 및 평화선 위원회 회의록 일반문제(1958-60)』, 723.1JA.어1958. 프레임번호 1471.

炳稙) 수석대표는 이승만 대통령에게 공한을 보냈다.[15] 그는 일본이 제시한 잠정어업협정안은 한국이 생각하는 안과는 거리가 있으니, 두 가지 방법을 제안할 수 있을 것 같다며 정부의 의견을 물었다. 두 가지 방법이란, '첫째, 한일회담 어업위원회에서 협의할 가치가 없다고 단호하게 거절하는 방법, 둘째, 단호하게 거절하는 것을 유보하는 대신, 제안한 안의 내용들 중 비건설적인 성격을 지적하면서 몇 가지 의문점을 제시하는 방법'이었다.

여기에 대하여 정부는 '어업교섭이 다른 위원회 교섭에 장애가 되지 않도록 협상에서 유연성을 갖도록' 회담 대표자들에게 지시했다.[16] 평화선을 전관수역으로 하여 일본에 양보하지 않겠다는 기존 한국 정부의 방침과 확연하게 다른 태도를 보인 것이다. 그러나 이러한 진전에도 제4차 한일회담 '어업 및 평화선 위원회'는 재일조선인 북송을 둘러싼 한·일 간 외교 문제 및 4·19혁명 등 국내정치 상황 변화로 12월 19일 이후 휴회에 들어갔다.

1960년 4월 이승만정부 붕괴 이후 10월 22일 제5차 한일회담 예비회담이 진행되었다. 장면정부는 회담 재개에 앞서 나포된 일본 어부를 모두 석방하는 등 한일회담에 적극적 태도를 보였다. 일본의 사와다 렌조(澤田廉三) 대표는 11월 14일 양국 간의 기술 격차를 해소하기 위하여 한국 측에 어업기술을 제공할 수 있다고 유진오 대표에게 시사했다. 왜냐하면 일본은 한국이 공해상 관할권을 주장하는 이유가 한·일 어업기술 격차를

---

15 한국외교문서, 2005, 『제4차 한일회담, 어업 및 평화선 위원회 회의록 일반문제 (1958-60)』, 723.1JA.어1958. 프레임번호 1485.

16 한국외교문서, 2005, 『제4차 한일회담, 어업 및 평화선 위원회 회의록 일반문제 (1958-60)』, 723.1JA.어1958. 프레임번호 1485.

해소하기 위한 것이라고 보았고, 이 문제를 해소하기 위하여 일본의 선진 어업기술을 한국에 전수하면 평화선 문제도 해결할 수 있다고 판단했기 때문이다.[17] 한국 정부도 일본의 제안을 긍정적으로 평가했으나 1961년 양국의 회담 분위기는 한국의 국내 사정으로 다시 악화되었다. 제5차 한일회담의 성과는 일본 측이 4차 한일회담에 이어 한국의 '관할권' 설정을 이해하고 유연한 태도를 보였다는 것이다.

3) 제6~7차 한일회담 어업 및 평화선 위원회

박정희정부 이후 다른 교섭보다 정체되어 있던 어업 교섭이 신속히 진행되었다. 제6차 한일회담 동안에는 실무자회담을 비롯하여 정치회담이 병행되었으며, 전문가회담, 농상회담 등도 숨가쁘게 진행되었다. 전체 한일회담을 통틀어 교섭이 가장 치열하게 전개된 시기다.

제6차 한일회담 어업 및 평화선 위원회의 실무자회의는 1961년 10월 26일부터 1962년 3월 5일까지 16회 실시되었다. 10월 24일에는 김종필 중앙정보부장이 일본을 방문했고, 11월 11~12일에는 박정희 최고의장이 일본에 가서 이케다 하야토(池田勇人) 수상과 회담을 가졌다. 정체되어 있는 회담의 진전을 위해서였다. 일본의 모든 관심은 평화선 폐지에 집중됐다. 일본은 한국에게 평화선에 대한 유연한 태도를 희망했고, 한국은 청구권 문제에서 일본이 적극적으로 회담에 임할 것을 요구했다.

회담이 진전되기 시작한 것은 11월 12일 '김-오히라 메모'[18]에 의해

---

17 한국외교문서, 2005, 『제4차 한일회담, 어업 및 평화선 위원회 회의록 일반문제 (1958-60)』, 723.1JA.어1958.709, 프레임번호 1907-1908.

18 11월 12일 김종필-오히라 회담에서는 무상 3억 달러+정부차관 2억 달러+민관차관

청구권 문제에 대한 원칙이 정치적으로 합의된 이후였다. 어업 문제의 해결을 위하여 예비교섭 형태로 1962년 8월부터 1964년 3월까지 41회의 회합이 이루어졌다. 일본은 1962년 12월 5일 제2회 정치회담 예비절충 회의에서 한국이 평화선을 폐지하면 12해리의 전관수역까지 양보할 의향이 있다고 제안했다.[19] 이는 일본이 12해리안을 타국에 처음 제시한 것으로 "한국과의 사이에서만 예외적인 조항으로 인정했다"고 밝혔다.[20] 일본은 12해리의 근거로 1958년 및 1960년의 국제해양법회의를 들 수 있다고 한국에 설명했다. 한국 전관수역 3해리를 주장했던 일본의 입장에서 12해리는 한국에 양보한 안이었다. 일본은 한·일 양국이 국제해양법회의에서 12해리를 채택한 경험이 있기 때문에 한국이 어업 전관수역을 12해리로 설정한다면 일본 국내에서 설득이 가능하다고 했다. 그러나 같은 날 제시된 한국 제안은 평화선의 범위를 약간 축소했을 뿐 그대로 유지한다는 방침이어서 일본의 반발이 컸다.

12월 27일 제10차 회합에서 우라베 도시오(卜部敏男) 대표는 한국 대표에게 12해리 이상 일본이 양보하는 것은 절대 불가능하다는 뜻을 전달했고, 12해리의 전관수역을 한국이 받아들인다면 한국이 주장하는 실질적 평등을 위한 어업협력 문제를 논의할 수 있다며 어업협력기금의 구체적인 안을 처음 공식 언급했다.[21] 한국과 일본의 두 번째 안은 1963년

  1억 달러 이상으로 합의했는데, 이를 '김-오히라 메모'라 부른다. 일본외무성개시결정문서, 2008, 1770, 「日韓会談における請求権問題の解決方針について」, 1-5쪽.

19 한국외교문서, 2005, 『제6차 한일회담 제2차 정치회담 예비절충: 어업관계회의 V1(1962.6-12)』, 723.1JA.어1962-64.741-745, 프레임번호 2051-2093.

20 일본외무성개시결정문서, 2015, 00518-10, 「川上健三, 日韓漁業交渉の回顧」, 13쪽.

21 한국외교문서, 2005, 『제6차 한일회담 제2차 정치회담 예비절충: 어업관계회의 V1(1962.6-12)』, 723.1JA.어1962-64.741-745, 프레임번호 2180.

7월 5일 제28차 회합에서 제안되었다. 한국은 40해리의 전관수역을 제안했다.

당시 한국에서는 어업 문제에 대한 대책 논의가 개최되었다. 농림부는 40해리안을 계속 유지하는 입장이었고, 외무부는 국제적 선례와 한일회담의 타결을 위해서 일본이 제안한 12해리안을 받아들이는 것이 불가피하다는 입장이었다. 농림부가 낸 40해리안은 평화선을 그대로 유지한다는 발상이었으나 일본의 입장에서 보면 평화선 자체를 고집하지 않는 선이 도출된 점에서 의의가 있었다. 결국 12해리안과 40해리안 사이의 간격을 어떻게 좁힐 것인가가 제6차 한일회담 어업교섭의 초점이 되었다.

한국은 평화선이 사라지면 기술력을 앞세운 일본 어선이 대량으로 한국 연안에 출몰하게 되고, 이렇게 되면 한국의 소형 어선은 경쟁력을 상실하여 연안에서조차 어획을 할 수 없다고 일본에 설명했다. 이러한 사태가 발생하지 않는다는 보장을 한다면 40해리안을 고집하지 않고 한국의 전관수역을 축소하겠다는 입장을 보였다.

1964년 회담 타결을 위해서는 12해리로 한국의 전관수역을 설정하고 일본이 제공하는 어업기술을 받아들이는 것이 현실적인 타협안이라는 한국 내부의 결정으로 농림부가 제안한 40해리안은 소멸됐다.

3. 교섭 참석자의 한일회담에 대한 인식 변화와 영향

1) 초기 한일회담(1~3차): 인식 격차에 따른 강한 대립

초기 한일회담에서 평화선을 둘러싼 양국의 날카로운 대립은 협상자는 물론 국민 감정까지 자극했다. 특히 평화선은 일본의 한국관 형성에 영향을 미쳤다. 한국은 지배-피지배 관계를 청산하기 위한 과정으로 일본의 어업 활동을 제한해야 할 필요성을 제기했으나, 일본은 한일회담에서 한국에게 식민지 지배에 대한 법적 책임을 져야 할 이유가 없었다.

어업위원회에 참석한 한국 대표의 인식에 영향을 미친 것은 샌프란시스코강화조약 이후 폐지된 맥아더라인이다. 특히 일본이 맥아더라인을 세 차례에 걸쳐 확장하면서 한국에서는 수산업자들을 중심으로 또다시 일본이 한국 어장을 지배하여 자원을 수탈하지 않을까 하는 위기감이 팽배했다. 상공부는 한·일 어업 문제의 갈등과 마찰을 방지하기 위하여 '한일수산협정'을 시급히 맺을 것을 정부에 건의했다. 일본의 트롤어선이 맥아더라인을 침범하여 조업을 할 경우, 한국 연안은 어업자원이 고갈될 것이며, 그 결과 한국의 수산업이 정체될 것을 염려한 주일대표부는 1951년 5월 10일, 한국에 어업보호관할권이 필요하다는 보고서를 제출했다.[22] 이 보고서가 배경이 되어 상공부 수산국에서는 '보호관할권구역'의 설정을 강력하게 주장했다.

이승만은 상공부에서 작성한 한반도 주변에 어업 보호를 위한 선을

---

22 한국외교문서, 2005, 『한국의 어업보호정책: 평화선 선포』, 1949-1952, 743.4, 프레임번호 1356-1370.

획정하는 것에 대하여 반대했다. 1951년 9월 7일 국무회의에서 결정된 한국 영해에 인접한 공해 어장 보호를 위하여 '보호관할선 및 보호관할권'을 설정해야 한다는 것에 대하여 거부권을 행사했다. 이승만은 한국이 '보호관할수역'을 설정할 경우 국제적 파문이 클 것이며 우방국으로부터 고립을 자초할 수 있다고 판단했다.[23] 이승만은 샌프란시스코강화조약 초안이 불리하니 한·일 간 별도 협정을 맺어야 한다는 유진오·홍진기 등의 전문가와 주일대표부의 의견에 동의하지 않고 무시했다.[24] 왜냐하면 이승만은 한국이 독자적 방법으로 일본을 상대하는 것보다는 샌프란시스코강화조약에 정식으로 참가하여 어업 문제, 조선인 법적지위 문제 등을 해결하는 것이 국익에 도움이 된다고 판단했기 때문이다. 그러나 이승만의 기대와는 달리, 한국은 샌프란시스코강화조약에 초대받지 못했고, 미국에 맥아더라인을 유지해달라는 한국 정부의 요청은 양국 간 협상으로 갈음한다며 거부됐다. 이승만은 이러한 국제사회의 태도에 큰 충격을 받았다. 특히 미국이 일본에 대하여 강경 정책 노선을 선회하여 패전국이 아닌 동아시아의 전략 파트너로서 대우한다는 것 자체가 이승만에게는 참을 수 없는 일이었다. 이와 같은 사실은 덜레스와의 대화에서도 잘 나타난다.[25]

… 일본에게 점령당했던 모든 아시아 국가들은 일본인에 의한 만행을 알고 있으며 그것을 잊을 수도 없다. 만약 미국이 그들에게 일본과의 협조를 강요하여 일본의 주도 아래 놓인다고 믿게 되면 대부분의

---

23 지철근, 1992, 『수산부국의 야망』, 한국수산신보사, 126-129쪽.
24 조윤수, 2008b, 207-213쪽.
25 국사편찬위원회 한국사데이터베이스, 「1957. 12. 20 이승만이 올리버에게 보내는 편지」, 『이승만 서한집』; 신욱희, 2005, 「이승만의 역할인식과 1950년대 후반의 한미관계」, 『한국외교사논총』 제1호, 48쪽에서 재인용.

아시아인들은 일본의 통제 아래 강제로 처하기보다는 미국에게 등을 돌리고 공산주의자와 협력하여 미국과 싸우게 될 수도 있다고 이야기 하였다.

한일회담 예비회담에서 일본의 소극적 교섭 태도에 격분한 이승만 대통령은 패전국인 일본이 대한제국 지배에 대하여 책임을 갖고 반성할 필요가 있음에도 불구하고 태도가 상당히 고압적인 것은 미국에게 책임이 있다며 노골적으로 비판했다.

일본의 식민지를 경험했던 한국민들은 일본이 맥아더라인을 침범하여 조업하는 것을 단순한 어업 활동이 아니라 일본이 여전히 조선을 지배하려는 증거로 받아들였다. 강제병합 전부터 조선 연안의 대부분을 일본의 수산회사가 장악했었다는 기억을 가진 한국인들은 또다시 일본에 의한 경제 지배가 조선의 식민지화를 가져오지 않을까 하는 두려움과 불신으로 가득했다. 일본에서 독립한 지 얼마 안 된 한국에게 이는 어쩌면 당연했다. 이러한 상황은 평화선에 그대로 오버랩되어 한국이 반드시 사수해야 하는 절실함의 상징이 됐다.

그러나 국내·국제적 환경 모두 악조건이었다. 특히 한국전쟁이라는 국가 비상상황, 샌프란시스코강화조약 체결의 구성원으로 인정받지 못한 국제적인 환경, 한일회담 체결 과정에서 일본과의 독도 논쟁, 한국 연안에서 일본 어민의 빈번한 조업 활동은 일본이 다시 한국을 침탈할지 모른다는 불안감을 가지게 했고, 미국의 대일 정책 변화는 이승만을 불안하게 했다. 특히 국제사회가 일본의 한국 지배를 묵인했다는 이승만의 기억은 제국주의 일본과 공산주의의 침입으로부터 한국 영토를 보호해야 한다는 강한 위기의식으로 이어졌다. 이승만의 위기의식은 평화선 선언으로 결착됐다. 1953년 1월 5일 이승만 대통령이 비공식적으로 일본을 방문하

였을 때 요시다 수상과의 '평화선'에 대한 대화에서 이승만의 일본에 대한 인식을 알 수 있다.[26]

> 40년간 일본은 한국의 경제자원을 고갈하였을 뿐만 아니라 전후 맥아더라인이 존재했음에도 불구하고 현재에도 일본 어선이 맥아더라인을 침범하여 조업하고 있는 것을 보면, 일본은 현재에도 한국을 독점적으로 사용하려는 생각이 아직까지 남아있다. 이러한 일본의 태도는 한국에게 매우 큰 경계심을 불러일으키기 때문에 이러한 이유로 한국은 '해양주권선언'을 선언했다. 일본은 평화선이 국제법 위반이라고 비판하고 있지만, 국제법을 위반하여 한국을 40년간 불법적으로 점령한 것은 일본이다.

초기 한일회담에서 보여준 이승만의 태도는 일본에 대한 그의 생각이 반영된 결과다. 그는 일본을 여전히 제국주의적 색채가 짙은 '가상 적국'으로 보고 있다. 최고 결정권자의 정체성은 교섭 대표자들에게도 투영되었는데, 어업위원회의 경우 전관수역이라는 해양 영토의 범위를 정하는 문제였기 때문에 한국 대표 위원들의 교섭 태도는 마치 영토를 다시 빼앗길 수 없다는 독립운동가와 같았고 이들의 내셔널리즘은 강했다.

어업위원회에서 활동한 임철호와 장경근, 지철근을 중심으로 살펴보면, 이들은 일제강점기 일본에서 대학을 졸업한 엘리트였으며 조선총독부의 관리로 일한 경험이 있는 사람들이었다.

초기 한일회담 어업위원회에서는 임철호와 장경근이 대표였으며, 평

---

26 국사편찬위원회 한국사데이터베이스, 「요시다 일본총리와의 회담 1953년 1월 18일」, 『이승만 서한집』.

화선을 입안한 상공부 수산국 지철근이 전문위원으로 활동했다. 임철호는 일본 메이지대학(明治大學) 법과를 졸업하였으며 김용식과 마찬가지로 고문사법과에 합격하여 변호사로 활동했다.[27] 임철호는 대한민국 정부 수립 이후 대통령 비서관으로 활동하면서 한일회담 어업위원회 한국 대표를 맡았다. 상경근도 비슷한 경력을 가지고 있었다. 그는 서울 출생으로 도쿄제국대학(東京帝國大學) 법학부를 졸업했다. 1936년 일제강점기 성성지방법원 판사 등을 역임한 그는 해방 후 이승만에게 발탁되어 서울지방법원장, 내무부 차관, 국방부 차관을 역임했다. 그는 제1공화국의 핵심 관료이자 집권당인 자유당의 유능한 이론가였다. 이승만이 종신 집권할 수 있는 길을 열어준 사사오입개헌의 개정안 초안 작업을 담당했고, 1960년 3·15부정선거에 깊이 관여했다.[28] 초기 한일회담에서 그는 일본 국내 사정을 전혀 모르는 양유찬을 대신해 교섭을 주도했다.

이승만은 국내정치에서 활동 중인 일본식 고등교육을 받은 관료들을 한일회담 곳곳에 배치시켰다. 상공부 수산국의 지철근은 홋카이도대학(北海道大學)에서 수산학을 전공한 경험을 되살려 어업위원회에서 기술적 전문지식이 필요한 부분을 맡았다. 샌프란시스코강화조약 체결 이전 일본과의 수산협정 체결에 적극적이었던 인물은 상공부의 지철근이었다. 그는 평화선의 근원이 되는 '어업보호선'을 실제로 작성한 인물이며, 선진화된 일본의 어업기술로부터 한국 어업을 보호하기 위해서는 평화선을 반드시 지켜내야 한다는 신념을 가지고 있었다. 지철근은 일본과의 협상에서 자신이 가지고 있는 모든 지식과 일본인 인맥, 경력을 총동원했다. 제대로 된 해도와 수산 관련 자료가 한국에 전무했기 때문에 모든 자료

---

27 국사편찬위원회 한국사데이터베이스 한국근현대인물자료.
28 김영미, 2010, 166쪽.

는 일본인 지인에게 입수하여 이를 철저히 분석했다. 지철근이 한국 연근해를 보호하기 위해 작성한 '어업보호선'은 일제강점기 일본이 만든 어장도를 참고하여 작성한 것이었다. 이와 같이 지철근은 일본이 제공한 기초 자료를 근거로 교섭에서는 일본과 치열한 전투를 벌였다.[29] 특히 어업 자원을 두고 일본과 치열한 논쟁을 벌일 때 그는 비교적 전문적인 지식이 이론을 가지고 일본을 설득했다.

1차 한일회담을 준비하면서 한국 대표단은 국제법적 지식이 일본과 비교했을 때 턱없이 부족했으나 '어업관할권'에 해당하는 40여 개의 국제법 내용을 검토하고 이를 기초로 전략을 세우는 등 치밀하게 준비했다. 국력의 차이는 있으나 개인은 일본에서 일본인과 동등하게 고등교육을 받아, 일본인 대표자들과 견주어 뒤쳐지지 않을 만큼 전문적 지식과 자신감이 있었다.

한편, 한일회담에 참석한 일본 대표의 한국에 대한 인식은 부정적인 견해가 대부분이었다. 그는 한국 대표와 정부가 회담에서 감정적 대응을 하며 국제법적 선례에서도 상당히 벗어나 있다고 판단했다. 특히 한국이 전승국으로서의 지위를 가지고 교섭에 임하고 있으며, 일본이 한국의 독립을 승인한 것 또한 한국이 제멋대로 한일병합조약이 무효라고 주장하고 있다고 언급했다.

당시 일본의 한국 인식이 일제강점기 상황에서 크게 벗어나지 않았다는 것은 일본 외교문서를 통해서 알 수 있다. 한일회담 준비에 앞서 일본은 조선에 대하여 400억 엔 이상의 청구권이 있으며, 식민지 기간 동안 조선 공업화와 발전에 크게 기여했다고 작성했다.[30] 이뿐만 아니라 일본

---

29 지철근, 1998, 『월해 지철근박사 논설집』, 한국수산신보사, 220쪽.
30 일본외무성개시결정문서, 2008, 1124-2, 「日韓国交正常化交渉の記録」, 1-75쪽.

외무성의 한일회담에 대한 내부 방침을 살펴보면, 일본이 조선을 통치했을 당시 한국인의 경제 및 문화생활이 얼마나 향상되었는지 한일회담 교섭에서 구체적으로 보여줄 필요가 있으며 다른 국가들의 식민지와 비교하여 한국에 보여줄 필요가 있다고 서술하고 있다.[31]

구보타 일본 대표는 1951년 10월 예비회담에서 한국이 식민 통치를 '일본의 폭력에 의한 압정'으로 묘사했을 때 충격이었다고 말했다. 그는 한국 대표 중에는 일본 내지에서 교육받은 사람도 있었기 때문에 한국이 식민지 지배에 대한 배상을 요구할 것이라고는 전혀 생각지 못했다고 회고했다.[32]

일본은 한일회담에 소극적이었다. "한국이 모든 국력을 북한과 전쟁하는 데 사용하고 있으며, 더욱이 정부를 수립한 지 3년이 지나지 않아 전문외교관도 전무한 상태에서 모든 지시가 반일적인 이승만 대통령의 관할하에 놓여 있고 회담에 대한 사무적인 준비가 순조롭지 못하기 때문에 일본이 회담에 적극 임하는 것 자체가 시간 낭비이다"[33]라는 입장이었다. 어업 회담도 동일했다. 일본은 한국과 어업협정을 서둘러 처리할 명분을 찾지 못했다. 협정이 있는 것보다 없는 것이 일본에 유리했기 때문이다. 어업 문제에 대한 일본의 내부 방침에는 "공해에 어업 제한을 받을 수 있는 어업협정은 당분간 없는 것이 좋기 때문에 만일 교섭을 해야 한다면 강화조약 실시 이후 맥아더라인의 폐지를 기다렸다가 하는 것이 좋으며

---

31 일본외무성개시결정문서, 2008, 1124-2, 「日韓国交正常化交渉の記録」, 48-177쪽.
32 일본외무성개시결정문서, 2015, 00518-2, 「久保田貫一郎「第2, 3次日韓会談の回顧」(きく人 西山北東アジア課首席事務官)」, 9쪽.
33 일본외무성개시결정문서, 2015, 00518-2, 「久保田貫一郎「第2, 3次日韓会談の回顧」(きく人 西山北東アジア課首席事務官)」, 11-14쪽.

한국과의 어업협정 체결은 일단 거부한다는 입장을 고수한다"[34]라고 서술했다.

일제강점기 한국 연근해에서 조업 활동을 했던 일본 어민들은 36년 동안 한국 어장을 독점 이용해서 자원을 수탈했다는 한국 대표들과 이승만 대통령의 주장이 매우 의외였고, 이러한 한국의 일본 인식이 충격적이었다. 일본은, 조선총독부의 방침이 대기업보다 중소기업과 영세기업 육성에 중점을 두어 어업에서도 영세 어민을 보호·육성했으므로, 영세 어업자가 많은 조선 어민 보호에 가장 유의했다고 주장했다.[35] 조선총독부가 '1929년 트롤 어업 금지구역'을 조선 해역 주변에 설정한 것은 조선인에 비해 선진적인 동력어선을 가지고 있는 일본인 어선으로부터 조선인 연안 어업자들을 배려하기 위한 조치였고, 이는 1945년까지 계속되었다고 주장했다. 조선의 영세 어업자들은 일본의 어업인들에 의해 식민지 시기 어업기술의 발전이 있어 이전보다 어획량이 다양했기 때문에 일본이 오히려 조선 민중의 생활을 풍족하게 해주었다는 사실을 조선인은 인식해야만 한다는 것이다.[36] 이렇듯 초기 한일회담에서 일본인의 조선에 대한 인식은 일제강점기 조선인과 일본인의 '공존공영' 의식으로 가득차 있었다.

이와 같은 교섭 초기 식민지 지배에 대한 한국과 일본의 평가와 인식의 차이는 그대로 교섭에 투영되었다. 회담 과정 중에도 한국은 평화선의 경비를 강화했고, 이 과정에서 일본 순시선을 나포했다. 3차 회담 결렬 직전 나포어선 문제를 해결하기 위해 한국의 장경근 대표와 구보타 대표가

---

34 일본외무성개시결정문서, 2008, 1124-3, 「日韓国交正常化交渉の記録」, 1-28쪽.
35 穗積真六郎, 1968, 『朝鮮水産の発達と日本』, 財団法人 友邦協会, 44쪽.
36 西田敬三, 1947, 「将来における水産業の提携に就て」, 『朝水』二, 朝水会, 18쪽.

만났다. 구보타 대표는 장경근 대표가 일본에서 대학까지 졸업한 엘리트로 일본의 사정을 잘 알고 일본어도 능통하기 때문에 흉금을 터놓고 대화가 가능하다고 내심 기대했다고 한다. 그러나 비공식회담에서조차 장경근과 홍진기 대표의 태도가 매우 강경했다고 회고했다. 당시 일본에 대한 한국의 분위기를 알 수 있는 대목이다.

2) 후기 한일회담(4~7차): 인식의 전환과 교섭 타결

(1) 한국의 인식 변화가 교섭 타결에 미친 영향

4차 한일회담이 열리는 데 적극적인 역할을 한 인물은 한국의 외무부 출신 교섭자였다. 김용식은 회담 중단 이후 일본과의 비공식회담을 통해 회담이 재개되도록 물밑작업을 했다. 김동조·김용식 등 외무부 관료들은 이승만에게 한일회담이 결렬된 상태가 지속되는 것보다 빠른 시일 내에 회담을 재개하는 것이 좋다고 보고했다. 한국의 평화선 입안에 참여했던 김동조는 자신의 회고록에서 평화선에 대하여 다음과 같이 설명했다.[37]

> 예비회담의 진행에 있어서 일본이 회담에 임하는 태도에 대하여 나의 눈에는, 일본이 강화조약 체결 이후, 그 효력이 발생하는 시점에서 주권을 회복하고, 또한 그 시점에서 맥아더라인이 소멸되는 것이 기정사실화될 때, 어업 문제 해결을 비롯한 한일회담을 진행하는 것이 절대적으로 유리하다고 하는 태도가 분명해 보였다. 따라서 한국 측은 이것에 대응하기 위한 카드로서 어업자원 보호수역의 선언이 절대적

---

37 金東祚 著, 林建彦 訳, 1993, 『韓日の和解:日韓交渉一四年の記録』, サイマル出版会, 39쪽.

으로 필요하다는 것을 통감했다.

김동조는 평화선 기초작업을 했던 상공부와 이승만 대통령과는 다르게 평화선을 한일회담에서 일본과의 교섭을 유리하게 진행하기 위한 교섭카드로 생각했다. 과거 식민지 지배에 대한 일본의 잘못을 따지는 것도 중요하지만, 한일회담은 한국에게는 사활이 걸린 문제라고 판단했다. 전쟁을 통해 악화된 한국의 경제 문제를 해결하기 위해서는 일본의 협력이 중요하기 때문에 외교싸움에서 한국이 일본에게 얻을 수 있는 모든 것을 얻는 것이 현실적 대안이라고 생각했다.

그 배경에는 미국의 대한원조 삭감에 따른 경제적 불안감이 컸다. 식민지 지배, 한국전쟁, 이승만 권위주의체제 속에서 한국은 최빈국에서 벗어나지 못하고 있었다. 이승만 정부가 한일회담을 가해와 피해의 틀로 보고 일본에 식민지 지배와 그에 대한 책임을 인식시키려고 했지만, 결국 4차 한일회담에서 좌절된다. 한국이 일본과 비슷한 수준의 경제력을 가졌다면 한일회담은 전후 피해보상의 성격이 더 드러났을지 모른다. 한국과 일본의 국력 차, 그리고 무능력한 정부, 약소한 경제력은 한일회담을 피해-가해의 틀로 가져가는 데 한계가 있었고 이것을 지탱하는 국내외적·법적 기반 또한 전무했다.

5차 한일회담에서는 한국 정부의 평화선에 대한 인식 변화가 확연하게 드러났다. 일본을 자극하지 않기 위하여 평화선을 침범한 일본 어선에 대한 나포를 최대한 자제하면서 한국에 억류되어 있던 일본 어선도 모두 석방했다. 5차 한일회담은 1차 회담의 실질적 리더였던 유진오가 수석대표를, 변호사 출신의 김윤근이 어업위원회 대표를 맡아 이끌었다. 농림부 수산국장 지철근은 그대로 유임되었다.

박정희정부에서 6차 한일회담, 7차 한일회담이 이루어지는 동안 한국의 국내 정치에서는 한일회담 타결이라는 목표를 두고 국익이 충돌되는 현상이 벌어졌다. 1963년 6차 한일회담이 이루어지고 있을 당시, 일본과의 교섭 타결에서 필수조건인 평화선에 대하여 일본에 어디까지 양보 가능한가를 둘러싸고 한국 국내에서는 치열한 공방전이 있었다. 한국 농림부의 경우 어민들의 사활이 걸린 문제로서 한국 수산업 재건을 위해서는 40해리까지의 양보가 최선이라고 주장했다. 1963년 7월 24일 개최된 어업 문제에 관한 대책회의에서 유병현 농림부차관[38]은 다음과 같이 설명했다.[39]

> (라) 한국의 주요 어장은 대체로 40해리까지 나가 있으므로 대체로 40해리 전관수역의 확보가 필요하며 12해리로 양보하게 되면 아국 어민은 막대한 압박을 받게 된다.
>
> (마) 40해리 해역이 확보될 시에는 야당의 공격을 막고 어민을 납득시킬 수 있는 자신이 있지만 12해리로 양보할 때에는 국내 여론에 대한 대책이 없으며 막대한 국내 정치 문제로 발전하게 될 것이다.
>
> (바) 일본이 말하고 있는 어업차관의 조건(5.75%의 이자로 3~4년 내 상환)은 유리할 것이 없으며 또 어선 수출금지조치 및 수산물 수입제한조치는 한국에 대해서만 실시되고 있는 것이므로 기술협력을 제외한 일본과의 어업협력은 그다지 실효성이 있는 것은 아

---

38 『중앙일보』 조인스 인물정보. 유병현(1924년 출생)은 육군사관학교 출신으로서 1961년부터 1963년 최고회의 농림위원, 1963년 6월부터 12월까지 농림부차관을 역임했다.

39 한국외교문서, 2005, 『제6차 한일회담 제2차 정치회담 예비절충: 어업관계회의 V3(1963-6-9)』, 723.1JA.어1962-64.743, 프레임번호 214-218; 조윤수, 2008a, 157-159쪽.

니다.

(사) 일본은 평화선 내에서 연간 20~30만 톤에 달하는 어획고를 올리고 있으며, 그 전액은 3,000만 불에 해당하는바, 청구권으로 우리가 받는 연간금액이 4,000만 불 정도이므로 청구권 문제를 해결하기 위하여 어업 문제를 타결할 필요성은 없다.

(아) 결론적으로 40해리는 확보해야 하며 이 선을 양보해가면서 타협해가는 것은 좋지 않다.

그러나 한국 외무부는 12해리까지 물러서지 않을 경우 교섭 타결이 어렵다고 보았다. 외무부의 경우 평화선을 유지하는 대가로 한일교섭이 결렬되고 그로 인해 국제적 비판을 받아 외교적으로 고립되기보다는 일본과 타협하여 12해리로 양보하는 대신 일본에게 얻을 수 있는 것을 얻는 것이 훨씬 국제사회에 설득력이 있다고 판단했다. 1963년 8월 6일 중앙청 외무부장관실에서 열린 한일회담 대책회의에 참석한 김용식 외무부장관은 다음과 같이 설명했다.[40]

(1) 일본과의 국교정상화는 현 한국의 경제 사정하에서는 꼭 필요로 하는 것이며, 대일 문제를 연내에 타결함으로써 우리의 이익을 가져올 수가 있다.

(중략)

(3) 어업 문제 중에서 난점은 전관수역의 문제이다. 국제 선례에 의

---

40 한국외교문서, 2005, 『제6차 한일회담 한일회담에 관한 대책회의: 어업문제를 중심으로(1963. 5-9)』, 프레임번호 140-0167; 조윤수, 2008a, 160-161쪽.

하면, 전관수역에 관한 국제적 인정선은 12해리[41]로 되어 있고, 1960년 국제해양법회의에서도 12해리선이 인정되었다.
(4) 만일 12해리 이상의 전관수역 확대를 한국이 주장한다면 국제적 여론을 악화시키고 특히 자유 우방국가 가운데 미국의 환영을 받지 못한다.
(5) 12해리 밖의 수역에 대해서 일정한 규제조치를 취하고 어업협력을 받아들여 어업기술을 향상시킴으로써 실질적으로 어민의 권익을 보호하고 이를 위하여 수산청의 설치 문제도 연구되어야 한다.

농림부와 외무부의 대립을 중재한 것은 한국 중앙정보부였다. 처음 중앙정보부도 반공을 이유로 40해리선을 지지했으나 결국 교섭 타결을 위하여 외무부의 의견에 동의한 것으로 보인다. 평화선을 지키는 것보다 농어촌의 근대화, 어장의 개발을 위해서 일본과 타협하여 일본에게 새로운 기술을 전수받고 근대화하는 것이 훨씬 유리하다고 판단했다.

1963년 8월 26일 청와대에서 개최된 한일회담 어업 문제에 관한 회의록에 따르면, 전관수역 12해리는 거의 확정적이었다. 이 시기 대책회의에서 중점적으로 등장하는 것은 어업협력기금이다. 한국 측 외교문서에는 다음과 같이 적혀 있었다.[42] "아 측이 중점을 두고 교섭하려는 어업협력에 관한 PR을 활발히 하여야 할 것이며 현재로서는 부족하다는 외무부장관의 발언 이후 농림부장관은 아 측이 받을 수 있는 협력의 액수가 어

---

41 한국외교문서 원문에는 mile로 표기.
42 한국외교문서, 2005, 『제6차 한일회담 제2차 정치회담 예비절충: 어업관계회의 V3(1963. 6-9)』, 723.1JA.어1962-64.741-745, 프레임번호 268.

느 정도까지 확실한가를 질문한 뒤, 조건에 따라서는 협력을 받아들일 수 없는 경우도 있을 것"이라고 언급했다. 유병현 농림부장관의 발언에 대하여 박정희 최고의장은 "그러한 태도는 소극적인 것이며 그러한 태도로 임하는 한 한국의 경제 발전은 있을 수 없다"고 하며 비판했다. 이와 같이 안보 문제와 함께 한국의 경제부흥을 위하여 평화선이 소멸되는 한이 있어도 한일교섭은 반드시 타결되어야 한다는 박정희 최고권력자의 의지가 투영되었다고 본다.

이후 농림부장관은 1963년 12월 원용석 장관으로 교체되었다. 원용석[43]은 경성공업고등학교를 졸업한 후 조선식량영단에서 부참사관 및 부이사장, 1951년 농림부 차관, 1963년 경제기획원장을 거쳐 한일회담 시 농림부장관을 역임했다. 전전부터 조선 식량 문제와 관련된 일에 종사했고, 이승만정부 시기 국회의원에 당선되기도 했다. 한·일 간 어업 문제가 평화선 문제로 가장 고조되었을 때 농림부장관으로서 아카기 무네노리(赤城宗德) 농상과 회담했다. 이 회담으로 평화선이 실질적으로 철폐되어 역사 속으로 사라지게 되었다. 그는 일본이 한일회담의 성패를 어업 문제에 중점을 두고 있기 때문에 한국의 전관수역 범위가 확정되지 않는다면 회담 타결은 어렵다고 판단했다. 원용석은 농상회담에 앞서 대한민국의 전관수역 범위를 정하는 기준은 1958년 제네바해양회의에서 채택한 '영해 및 접속 수역에 관한 조약' 24조 2항이라고 밝혔다. 그는 "접속 수역은 영해의 넓이를 측정하는 기준선으로부터 12해리를 초과할 수 없다"라고 규정되어 있기 때문에 한국의 전관수역 범위가 여기에서 출발한다고 설명했다.[44] 즉 교섭 타결을 위해 무조건 일본에 평화선을 양보한 것이 아니

---

43 『중앙일보』 조인스 인물정보.
44 원용석, 1965, 『한일회담 14년』, 삼화출판사, 172쪽.

라 국제표준에 맞추었음을 밝힌 것이다. 한일회담의 성격이 식민지 피해에 대한 배상이 아니라 국가 대 국가의 통상적인 어업협정이라는 성격을 명확히 드러내는 장면이다.

원용석은 평화선이 대한민국 전체의 영해인 것처럼 착각을 하고 있는데, 이는 그릇된 것이며 앞으로 대한민국의 해양에 주권이 미치는 영역을 분명히 획정해두어야 할 시점에 놓여 있다고 했다.[45] 평화선은 한일어업협정 이전 불가피하게 설정할 수밖에 없었고 이를 다시 수정해야 할 시기가 왔음을 지적한 것이다. 또한 한·일 어업 실적이 현격한 차이가 나는 것은 한국의 어업이 후진적이고 어선이 영세하기 때문이므로 일본의 어업기술과 협력을 받아들여 어선과 어업 방식을 근대화하는 것이 실리라고 설명했다. 일본과의 한일회담을 타결시키고 경제를 회복한다는 한국의 인식은 일본의 한국 인식에 영향을 미쳤다.

한국은 한일회담에서 일본이 국제법을 위반한 실력행사로 한국을 불법 지배했다는 것을 인정하게 하고 이에 대한 책임을 지게 하겠다고 계획했지만, 협상 과정에서 오히려 일본의 도움이나 협력 없이는 근대화나 경제발전을 이룰 수 없다는 인식을 주었다. 즉, 한일회담에서 일본이 조선 식민지 지배가 불법이었다고 선언하는 것을 영원히 봉쇄하는 결과를 낳았다.

6차 어업회담에서는 평화선이 유지되어야 한다고 주장하는 대표들이 전격적으로 교체되었다. 1차 회담부터 정권의 교체에도 불구하고 계속 어업위원회에 참석했던 지철근은 1963년 대표직에서 사임했다. 지철근은 소속이 농림부였을 뿐만 아니라 평화선을 입안한 자로서 농림부 내에서도 평화선에 대하여 가장 강경한 자세를 유지해왔다. 외무부는 교섭

---

45 원용석, 1965, 163쪽.

타결을 위해서는 평화선의 철폐가 불가피하다고 보았기 때문에 농림부와 평화선을 둘러싸고 대립해왔다.⁴⁶ 지철근의 뒤를 이어 최세황(崔世璜)이 대표를 맡고, 김명년(金命年) 농림부 수산국 과장이 전문위원으로 어업위원회에 참가하게 되었다. 최세황 대표는 일본 주오대학(中央大學) 전문부 법과를 졸업하고 1957년 국방부 차관을 역임하였으며, 민주공화당 발기위원회에 참가한 사람이었다.⁴⁷ 대표 교체로 볼 때 외무부가 지철근의 강경한 자세를 교섭 타결의 장애요인으로 본 것은 틀림없다.

한일회담 마지막 단계인 7차 회담에서는 주일대표부 대표인 김동조가 수석대표를 맡고, 어업위원회는 주일대표부 공사인 이규성이 대표를 맡아 외무부 관료들이 주요 회담을 이끌었다. 일본 규슈제국대학(九州帝國大學) 법문학부를 졸업한 김동조는 1945년 해방 전까지 후생성 교토부청에서 연수생으로 근무했고, 해방 이후에는 외무부에서 관료생활을 했다.⁴⁸ 그는 7차례에 걸친 한일회담 가운데 예비회담, 1차, 4차, 7차에 이르기까지 가장 많은 회담에 참석한 사람 중 한 사람이다. 김동조는 "외교는 상호 타협의 산물이며, 그 과정에서 국가 이익을 최대한 확보해야 한다"는 철학과 신념을 가진 인물이었다.⁴⁹ 따라서 그는 한일회담을 통해서 한국이 양보할 수 있는 것은 양보하는 대신 일본에게 얻을 수 있는 이익은 최대한 얻는 것이 국익이라는 생각을 가지고 있었다.

---

46 한국외교문서, 2005, 『제6차 한일회담 제2차 정치회담 예비절충: 어업관계회의 V2 (1962. 2-5)』, 723.1JA.어1962-64.741-745, 프레임번호 84.
47 『동아일보』, 1963. 6. 7.
48 金東祚 著, 林建彦 訳, 1993, 3-4쪽.
49 金東祚 著, 林建彦 訳, 1993, 7-8쪽.

(2) 일본의 인식 변화가 교섭 타결에 미친 영향

4차 한일회담이 재개되는 데 결정적 역할을 한 사람은 기시 노부스케(岸信介) 수상이었다. 그는 세조선 대한청구권을 포기하고, 야쓰기 가즈오(矢次一夫)를 특사로 보내는 한편, 한·일 관계 회복에 적극성을 띠었다. 기시 수상은 "과거 일본 군국주의자들의 행위가 한국에 화를 입힌 데 대하여 죄송스럽게 생각하고 있다", "동향인 이토 히로부미의 과오를 씻기 위해 노력하고 있다"[50]는 식의 한국에 대한 사죄 발언을 간접적으로 하여 이승만의 마음을 얻었다.

그러나 이는 진정한 사죄나 반성에 기초한 것은 아니었다. 야쓰기는 기시와의 간담회에서 "나의 또래 누구라도 기시 씨의 또래도 마찬가지라고 생각하나 일본이 한국을 침략했다거나 제국주의 지배를 반성해야 한다는 의식은 없을 것"[51]이라고 했다. 기시는 도조 내각 당시 상공상으로 만주 식민정책의 총책임자였다. 기시 수상에게는 평화선이 없어지고 자신의 선거구인 야마구치현에서 더이상 어선 나포기 이루어지지 않는다년 한일회담을 타결할 필요가 있었다. 또, 그는 남한을 일본 안보 확보의 마지노선으로 인식하여 불안한 남한 사회가 공산화되는 것은 일본에도 치명적이라는 인식이 강했다.[52] 미국이 구상하고 있는 동아시아 안보와 일본의 국익이 부합한다는 것을 최우선으로 고려한 기시 수상에게 한국에 대한 사죄는 일종의 전략이었다.

한국과 일본이 전관수역 12해리안으로 합의하는 데 결정적 역할을 한 인물은 6차 한일회담 어업위원회 대표였던 와다 마사아키(和田正明)였다.

---

50 서울신문사, 1984, 『한국외교비록』, 315-318쪽.
51 岸信介 他, 1981, 『岸信介の回想』, 文藝春秋, 227쪽.
52 일본외무성개시결정문서, 2008, 1793, 「総理訪米(韓国問題)の件」, 3쪽.

그는 일본이 낸 12해리안으로 한국을 설득시키기 위해서는 일본의 대형 어선이 한국 연안에 출몰하여 조업하는 소형 어선을 방해하지 않는다는 보장과 한국에 대한 어업기술 협력과 자금이 필요하다고 판단했다. 와다 대표는 일본 어선을 규제할 어선 규모, 그물망의 크기까지 조정해서 한국에 제출할 안에 담았다.[53] 이 안이 한·일 어업 문제를 풀어가는 실마리가 됐다. 와다 대표의 안을 와다안이라고 부르는데, 이 안을 작성한 계기는 1963년 11월의 한국 시찰이었다.[54]

와다 대표는 1963년 11월 12일부터 19일까지 한국 어업의 실태를 시찰하기 위해 한국을 찾아 서울·경주·포항·구룡포·부산·충무·여수·인천을 시찰했다. 영세한 어민들은 어떻게든 배를 타고 나가야 했으나 평화선이 사라지면 일본 어선과 도저히 경쟁 대상이 되지 않았기 때문에 대적하지도 못한 채 일본 어선에 밀릴 것이라는 불안감이 매우 컸다. 와다는 한국의 평화선 요구가 어쩌면 당연하다는 생각을 품게 되었고, 한국 근해에는 생선들이 죄다 씨가 말라 있었고, 부산어업센터 시장의 생선은 크기가 너무 작았다고 기록했다. 일본도 이 문제를 유연하게 바라보게 되어 서로 양보가 가능했다.[55]

우시로구 도라오(後宮虎郎)[56] 아시아 국장은 12해리 전관수역을 원칙으로 하겠다는 것에 전격적으로 합의를 이끌어낸 원용석 농림부장관과

---

53 일본외무성개시결정문서, 2015, 00518-10, 「川上健三, 日韓漁業交渉の回顧」, 15쪽.
54 일본외무성개시결정문서, 2015, 00518-10, 「川上健三, 日韓漁業交渉の回顧」, 15-19쪽.
55 일본외무성개시결정문서, 2015, 00518-10, 「川上健三, 日韓漁業交渉の回顧」, 16쪽.
56 우시로구 도라오는 도쿄제국대학 졸업 이후 1937년 외무성에 들어가 1962년 아시아 국장을 역임하면서 한·일 국교정상화 교섭을 담당했다. 1972년 한국대사로 부임하여 김대중 사건 등 한·일 관계에 중요한 역할을 담당했다.

아카기 대신의 회담을 한일회담에 있어서 가장 역사적 순간으로 기억하고 있다.[57]

어업 문제뿐 아니라 청구권 문제도 양국이 정치적으로 해결한다는 방침이 정해지면서 양국 모두 유연하게 대응했다. 일본 외무성은 적극적으로 대장성을 설득했는데, 그 과정에서 큰 역할을 한 인물이 오히라 마사요시(大平正芳) 외부대신이었다. 오히라는 매일 같이 일본 어선 나포 사건이 일어나 선원들이 억류되는 사건이 발생하는 것을 막기 위해서는 한·일 어업 문제를 해결해야 하고, 이 문제를 해결하기 위해서라도 한일협정이 필요하다고 설명했다.[58] 오히라는 한일회담이 일본 정부에게는 외무성의 많은 일 중 하나일 뿐이나, 한국은 태도로 보아 정부의 명운이 걸린 큰 문제라고 보았다. 즉, 일본에게는 한일회담을 타결해야 한다는 절실함이 없었으나 한국의 입장에서는 절박하다고 느꼈다. 오히라는 "일본이 지금까지 조선이나 타이완을 지배하고 있다면 재정적으로 매우 비싼 돈을 지불해야 한다"고 했다. 그는 한국이 독립해 독립축하금을 주는 것이 일본에게 이득이라는 논리로 대장성을 설득했다고 회고록에서 언급했다.[59] 오히라의 이러한 태도는 결국 1910년 한국 병합은 스스로 자립할 수 없는 한국을 일본이 도와줬다는 식민지 지배의 정당성에서 출발한 것이다.

오히라의 한국 인식에는 식민지 지배에 대한 책임과 사죄의 마음이 전혀 보이지 않는다. 일본의 외교전략상 한·일 관계를 정상화시키는 것이 필요했고, 한국이 일본에서 독립했으니 축하의 기분으로 축하금을

---

57 일본외무성개시결정문서, 2008, 1126, 「日韓国交正常化交渉の記録(再開第6次会談)」, 18-19쪽.

58 일본외무성개시결정문서, 2015, 00518-4, 「日韓交渉の回顧-大平大臣にきく」, 3-7쪽.

59 일본외무성개시결정문서, 2015, 00518-4, 「日韓交渉の回顧-大平大臣にきく」, 28-29쪽.

준다는 것일 뿐 식민지 문제에서 기인한 사죄의 마음을 표현한 것은 아니었다. 오히려 한국은 일본의 도움 없이는 근대화를 이룰 수 없다는 확신을 가지고 있었다.

7차 한일회담 어업위원회 대부분의 회의에서는 일본어로 회담이 진행됐다. 당시 일본의 입장에서 보면 국제협상에서 일본어가 공식 언어로 채택된 유일한 교섭이었다. 아카기 농림장관은 농림성 내부나 일본 국내 의견을 억누르고 한국에 양보해야 할 사안은 검토해가고 정리했다. 교섭 타결 직전 한국에 대한 사죄 발언 없이 한일회담이 쉽게 타결되지 않을 것을 인식한 시이나 에쓰사부로(椎名悦三郎) 외상은 한국에 대하여 처음 공식적으로 일본의 식민지 지배에 대한 사죄를 표명했다. 시이나 외상의 한국 방문을 위한 실무 교섭에서 일본은 한국이 어떤 선물을 기대한다면 매우 곤란하지만 단순한 친선 방문이라면 용의가 있다는 의견을 표명했다.[60] 특히 당시 일본 외무성의 우시로구 도라오 국장은 시이나 외상이 한국에 사죄한다는 것은 당시 일본의 여론이 납득하지 못할 것이기 때문에 '언어 도단'이라는 표현까지 사용했다.[61]

시이나 외상의 도착성명은 직접 작성한 것으로 보인다. 그는 본인의 성명이 본국에 미칠 파장을 염려해 성명서에 대한 책임은 본인이 직접 지겠다고 했다. 그는 우시로구에게 과거 관계를 사죄할 수 없는 일본이라면 새로운 관계를 맺는 것이 불가능하다고 말한 한국의 말은 이유가 있다고 설명했다.[62] 그는 1965년 2월 방한하여 김포공항에서 "양국 간 역사에 불행한 시기가 있었던 것은 매우 유감이며 깊이 반성한다"는 역사적 연설을

60　일본외무성개시결정문서, 2008, 1127, 「第7次日韓会談の開始」, 11-11~11-15쪽.
61　일본외무성개시결정문서, 2008, 1127, 「第7次日韓会談の開始」, 11-99~11-107쪽.
62　일본외무성개시결정문서, 2008, 1127, 「第7次日韓会談の開始」, 11-7~11-10쪽.

했다. 물론 이것은 일본의 자발적인 의사 표명이라기보다는 한국 정부의 노력에 의한 것에 불과했다. 그렇더라도 시이나 외상은 한국인의 반일 감정을 완화하고 회담을 타결하기 위하여 한국에 대한 사죄가 불가피했다고 판단한 것이 틀림없다. 한일회담 타결이 일본에게 도움을 준다면, 한국에 대한 사죄 문제를 전략적으로 사고해야 한다는 것이 그의 입장이었다.

4. 결론

1951년부터 1965년 6월까지 진행된 한일회담 어업교섭의 사례는 한일회담의 성격을 가장 잘 드러내고 있다. 한국은 한일회담 1차 교섭을 앞두고 식민지 피해에 대한 보상의 성격으로 평화선을 선포하고 어업관할권을 주장했다. 샌프란시스코강화조약에 참여하지 못한 한국이 일본에게 배상을 청구할 수 있는 권리는 사실상 존재하지 않았다. 한일어업교섭 역시 강화조약의 토대 위에서 시작되었기 때문에 식민지 지배에 대한 일본의 책임을 묻고 배상을 요구하는 성격이 들어갈 틈은 애초부터 존재하지 않았다.

한국 정부의 평화선 선언은, 샌프란시스코강화조약 참가 좌절, 샌프란시스코강화조약 체결 전 일본과의 독도 논쟁과 미국을 통한 맥아더라인의 유지가 불가능해졌다는 절실함이 배경이었다. 당시 한국은 유일한 수출 품목인 수산자원을 확보하기 위해 바다에 선을 그어 독자적인 어장을 만드는 것 외에는 어업을 보호할 어떤 방법도 없었다. 국제사회가 약소국의 주권은 배려하지 않는다는 역사적 경험 또한 신생 독립국 한국의 이승만 대통령이 평화선을 선포하게 된 배경이 되었다.

평화선은 '36년간 한반도에서 일본에 압정을 당해온 피해국 한국이 더이상의 피해를 간과할 수 없다'는 선언에서 비롯된, 한일회담 과정에서 한국이 주장한 유일한 권리였다. 한국은 맥아더라인을 침범해서 조업하는 일본 어선을 한국 영토에 대한 재침략으로 인식했고, 이것은 일본에 대한 경계심, 즉 신생 독립국가로서 자기방어적인 표현으로 나타났다. 당시 이승만 대통령은 평화선 선포가 국제법에 저촉된다는 것을 잘 인식하고 있었다. 그러면서도 일본과의 분쟁 방지, 어업 보호, 공산주의자들의 침입 방지라는 정치적인 의미를 강조하여 국제 레짐을 암묵적으로 무시한 것은 단순한 협상상의 혹은 어업 보호라는 전술이기보다는 그 이상의 인식이 있었다고 볼 수 있다.

일본은 한일회담 과정에서 이루어진 이승만의 평화선 선포에 대해 식민지 지배와 종주국이라는 가해와 피해의 틀에서 발생한 한국의 불가피성이라고 이해하지 않았다. 일본은 평화선을 불합리하고 폭력적인 '반일'로 인식했다. 초기 회담에서 한국이 평화선을 폐지하고 한일회담에 임하는 태도가 변화하지 않는 한 협상 타결이 쉽지 않다고 판단했다.

어업교섭 과정에서 대일협상에 임하는 한국 정부의 동기와 행동에는 다양한 요소가 혼재되어 있었다. 한국 정부는 초기에 식민지 피해의 보상 성격으로 평화선의 관할권을 해양질서의 재구축으로 주장하며 일본과 강한 대립을 보이고 있다. 그러나 한일회담에서는 식민지 피해라는 피해의 틀에서 벗어나 실리를 추구하는 자세로 변화하고 있다. 그 이유는 식민지 지배, 한국전쟁, 4·19혁명, 5·16군사정변을 겪으면서 국내 경제가 최악의 상황으로 떨어졌기 때문이다. 1950년대 후반 경제정책은 실패를 거듭했으며, 미국의 원조도 감소했다. 북한과의 경쟁에서도 밀려 한국이라는 존재 자체에 위험을 느끼는 상황이 되었다.

어업 교섭에서 일본은 한국 어업의 발전을 위해 기술력을 제공하고 기금을 제공함으로써 평화선을 실질적으로 소멸시켰다. 한일회담 과정에서 한국에 경제협력자금을 제공하면서 일본 정치인들에게 한국은 일본의 도움 없이 근대화를 이룰 수 없다는 생각을 굳히게 했다.

해방 이후 시작된 한일회담은 단절된 한·일 관계의 유일한 대화 통로로 역사인식이 처음으로 대립하는 장이기도 했다. 양국 언론의 한일회담에 대한 보도는 상대방에 대한 이미지를 재형성하거나 고착시켰다. 1960년대 북한과의 체제 경쟁, 미국의 원조 감소, 최악의 경제상황을 극복하기 위해서 한국은 일본의 협력이 필요했고, 한·미·일 안보체제를 원하는 미국의 강력한 요구는 한일회담 교섭을 촉진시켰다. 국내외적인 환경 변화와 양국의 이익이 결국 한일회담 타결을 가져왔으나 역사인식을 명확하게 합의하는 것은 불가능했다.

이 글은 한일회담이라는 상호관계 속에서 교섭자의 상대방에 대한 인식을 분석했고, 이것이 어떻게 회담에 영향을 미치는지를 살펴봤다. 한일회담 과정에서 일본 정치인의 식민지 지배에 대한 사과 발언이나 한국에 양보해야 한다는 발언은 회담 과정에서 식민지 지배에 대한 일본의 인식이 변한 것이 아니라 교섭 타결을 위해 전략적으로 활용했음을 알 수 있다.

참고문헌

국민대학교 일본학연구소, 2008, 『한일회담 외교문서 해제집』 1~5, 동북아역사재단.
김영주, 2004, 『외교의 경험과 단상』, 인사동문화.
김용식, 1987, 『희망과 도전: 김용식 외교회고록』, 동아출판사.
변영태, 1959, 『외교여록』, 한국일보사.
서울신문사, 1984, 『한국외교비록』.
원용석, 1965, 『한일회담 14년』, 삼화출판사.
유진오, 1963, 『민주정치의 길』, 일조각.
유진오, 1993, 『한일회담 제1차 회담을 회고하면서』, 한국외교안보연구원.
이원덕, 1996, 『한일 과거사 처리의 원점』, 서울대학교출판부.
지철근, 1979, 『평화선』, 범문사.
지철근, 1992, 『수산부국의 야망』, 한국수산신보사.
지철근, 1998, 『월해 지철근박사 논설집』, 한국수산신보사.
김영미, 2010, 「초기한일회담에서 지식인 관료의 역할과 정체성」, 『진단학보』 제109호.
남기정, 2008, 「한일회담시기 한일 양국의 국제사회인식: 어업 및 평화선을 둘러싼 국제법 논쟁을 중심으로」, 『세계정치』 제29권 2호.
신욱희, 2005, 「이승만의 역할인식과 1950년대 후반의 한미관계」, 『한국외교사논총』 제1호.
이원덕, 2005, 「한일회담에서 나타난 일본의 식민지지배 인식」, 『한국사연구』 131호.
장박진, 2011, 「한일회담과 일본의 한국관: '한일관계'로서의 한일회담과 그 영향」, 『일본학』 제33집.
전향숙, 2008, 「한일회담 교섭대표들의 역할에 관한 연구」, 국민대학교 일본학과 석사학위논문.
조윤수, 2008b, 「'평화선'과 한일어업협상」, 『일본연구논총』 제28호.
太田修, 1999, 「한일회담에 관여한 한국 관료의 일본 인식」, 『한국사학보』 제7호.

국사편찬위원회 한국사데이터베이스『대한민국자료집 28~37: 이승만 관계자료집 1~10』.
국사편찬위원회 한국사데이터베이스 한국근현대인물자료.
동북아역사재단 동북아역사넷 한일회담 관련 일본문서.
한국외교사료관, 2005,「한국외교문서 1948~1967」.
『중앙일보』조인스 인물정보.

高崎宗司, 1996,『検証日韓会談』, 岩波新書.
吉沢清次郎 監修, 1973,『日本外交史』28, 鹿島研究所出版会.
金東祚 著, 林建彦 訳, 1993,『韓日の和解:日韓交渉一四年の記録』, サイマル出版会.
岸信介 他, 1981,『岸信介の回想』, 文藝春秋.
李東元, 1997,『日韓条約締結秘話』, PHP研究所.
조윤수, 2008a,「日韓漁業交渉の国際政治:海洋実序の脱植民地化と国益の調整」, 東北大学 박사학위논문.
山内康英, 1995,『交渉の本質:海洋レジームの転換と日本と外交』, 東京大学出版会.
穂積真六郎, 1968,『朝鮮水産の発達と日本』, 財団法人 友邦協会.
赤城宗徳·鈴木孝信 編, 1979,『国会十年の側面史』, 産経新聞社出版局.
藤井賢二, 2004a,「李承晩ラインと日韓会談. 第一次~第三次会談における日韓の対立を中心に」,『朝鮮学報』第183輯, 朝鮮学会.
藤井賢二, 2004b,「李承晩ラインの宣布への過程に関する研究」,『朝鮮学報』第185輯, 朝鮮学会.
藤井賢二, 2006,「公開された日韓国交正常化交渉の記録を読む: 李承晩ライン宣言を中心に」,『東洋史訪』.
西田敬三, 1947,「将来における水産業の提携に就て」,『朝水』二, 朝水会.
前田利一, 1961,「日韓第五次会談再開:財産請求権と漁業問題とをハカリに」,『世界週報』.
後宮虎郎, 1979,「日韓交渉ですぐれた決断指導力外交家椎名悦三郎を偲ぶ」,『世界週報』.

1960~1970년대 한·일 양국의 대일·대한 인식

안도 준코(安藤純子) 후쿠오카대학 준교수

1. 서론
2. 1960년대: 협력과 현상 유지
3. 1970년대: 마찰과 협력
4. 결론

1. 서론

이 글에서는 1960~1970년대 한·일 양국의 대한·대일 인식을 검증해보기로 한다. 1951년의 예비회담을 거쳐 시작된 한일회담은 수차례 중단될 수밖에 없었다. 그 까닭은 서로의 언행이나 행동에 대한 불만이 초래한 신뢰감 결여에 있었다. 이는 36년간에 걸친 일본의 한반도 통치가 조선인에게 유익했다는 '구보타 발언'과 이승만 대통령의 '평화선' 설정에서 드러난다. 이러한 양국의 자세는 협상 정체에만 그치지 않고 반한, 반일의 국민감정을 유발했다.

그 후 1960년 4·19혁명으로 이승만 대통령이 하야하자, 일본 측도 회담에 적극적인 자세를 보이면서 한일회담이 진전되었다. 그 결과 1965년에 한일기본조약이 체결되어 한국과 일본은 국교를 정상화했다. 하지만 어업협상과 독도 문제 등을 둘러싸고 마지막까지 조정이 이루어졌기에 협상 자체가 원활하게 진행되지 않았다. 이는 기존의 수많은 연구들이 규명하고 있는 사실이다.

한·일 국교정상화 이후 1960년대 후반의 양국 관계는 결코 양호하다고 볼 수 없었다. 하지만 한편으로 큰 사건이 터져도 관계가 최악으로는 치닫지 않는, 이를테면 '현상 유지'를 이어가고 있었다. 그런데 1960년대 말 데탕트의 물결에 따른 일본의 대북 접근과 1970년대 전반에 한·일 관계를 뒤흔드는 대형 사건이 잇따라 발생하면서 한·일 관계는 악화되었다. 그러나 1970년 후반에 들어 상황이 급변하면서 한·일 관계가 개선되기 시작했고 이로써 다시 현상 유지 상황이 이어지게 되었다.

이 글에서는 1960~1970년대 이러한 흐름 속에서 한국과 일본, 특히 '반공'의 기치를 내걸면서도 대북 접근을 시도한 일본의 대한 인식이 어떠했는지를 검증한다. 다만, 앞서 언급했듯이 한일회담과 관련해서는 그 교섭 과정에서 대한·대일 인식을 자세하게 분석한 연구가 다수 존재한다.[1] 따라서 1960년대 전반기에 대해서는 간단하게 한·일 관계의 흐름을 개괄하고, 이와 더불어 1960년대에 결성되어 한·일 관계에 커다란 영향을 주었다고 생각되는 한·일 조직체에 대하여 살펴보겠다.

2. 1960년대: 협력과 현상 유지

1) 한일기본조약 체결을 위한 협력

한국에서는 1960년 4월 19일에 일어난 4·19혁명으로 인해 이승만 대통령이 하야했다. 이승만 대통령은 일본과의 대립을 선명히 내세웠으며, 자

---

[1] 한일회담(회담 전체, 청구권, 어업협정, 독도, 문화재 등 분야별 연구들을 포함)에 관한 연구들은 太田修, 2015, 『日韓交渉 請求権問題の研究』, クレイン; 金恩貞, 2018, 『日韓国交正常化交渉の政治史』, 千倉書房; 高崎宗司, 1996, 『検証日韓会談』, 岩波書店; 趙胤修, 2008, 「日韓漁業交渉の国際政治-海洋秩序の脱植民地化と『国益』の調整」, 東北大学大学院法学研究科博士論文; 李元德, 1994, 「日本の戦後処理外交の一研究-日韓国交正常化交渉(1951-65)を中心に」, 東京大学大学院総合文化研究科博士論文; 吉沢文寿, 2015, 『日韓会談1965』, 高文研; 吉沢, 2015, 「戦後日韓関係 国交正常化交渉をめぐって」, クレイン, 조윤수, 2010, 「'평화선'과 한일어업협상 이승만정권기의 해양질서를 둘러싼 한일 간의 마찰」, 국민대학교 일본학연구소 편, 『외교문서 공개와 한일회담의 재조명 2: 의제로 본 한일회담』, 선인; 최희식, 2013, 「분쟁 해결에 관한 교환공문교섭과 영유권문제」, 이원덕·전상숙·장박진 외, 『한일공문서를 통해 본 독도』, 농북아역사재단; 조윤수, 2013, 「한일회담과 독도: 한국, 일본, 미국의 대응을 중심으로」, 이원덕·전상숙·장박진 익, 『한일공문서를 통해 본 독도』, 동북아역사재단; 류미나, 2009, 「한일외교문서로 본 한일 간 문화재 반환 교섭」, 『일본역사연구』 30; 류미나, 2014, 「문화재 반환과 둘러싼 한일회담의 한계: 일본의 한국 문화재 반환 절차를 중심으로」, 『일본사연구』 40; 엄태봉, 2018, 「제6차 한일회담 시기의 문화재 반환 교섭 연구: 교섭 과정과 그 의미를 중심으로」, 『동북아역사논총』 60 등이 있다.

신이 설정한 '평화선'의 폐지를 한일회담의 진전 조건으로 요구하는 일본에 대하여 분노를 표출하는 동시에 일본이 그 예로서 들었던 국제법에 대한 불신을 노골적으로 드러내기도 했다. 또한 일본이 1959년 2월에 재일 조선인의 북송[2]에 관하여 각의 결정을 하자 한국은 한일회담을 중단하고, 평화선을 넘어 어업활동을 한 이유로 억류된 일본 어민들을 돌려보내지 않겠다고 일본에 통보하는 등 강경하게 대응했다. 그러한 강경 자세를 보이던 이승만 대통령의 하야는 한일회담이 새로운 국면에 접어드는 계기가 되었다.

4·19혁명 후인 4월 28일에 한국에는 허정 외무부장관을 수반으로 하는 과도정부가 수립되었다. 허정 장관은 5월에 평화선을 대신하는 신협정을 체결할 의향이 있다고 발언했고, 그 밖에도 일본인 기자단의 입국 허가와 억류된 일본 어민의 송환을 발표했으며, 5월 17일에는 어민 30명을 일본으로 돌려보냈다.

이후 한·일 양국 모두에서 신정권이 탄생했다. 일본에서는 7월 19일, 기시 노부스케(岸信介) 총리가 안보조약 체결로 인하여 퇴진하면서 이케다 하야토(池田勇人)가 총리에 취임하여 이케다 내각이 출범했다. 한편 한국에서는 8월에 총선거가 실시되어 일본과의 국교정상화를 공약으로

---

[2] 일본에서는 '재일조선인 귀환(또는 귀국)사업'이라고 부르나, 한국에서는 '북송 문제'라 부른다. 1950년대부터 1984년에 걸쳐 재일조선인과 그 가족 총 9만 4,000여 명이 일본에서 조선민주주의인민공화국(이하 북한)으로 영구 귀국했다. 그들 중에는 북한과 일본의 일부 문화인들의 북한 예찬에 희망을 품고 북한으로의 귀국을 택한 사람도 많았다. 일본은 표면적으로는 인도적 문제를 내세웠으나, 한편으로는 재일조선인 중 생활난으로 생활보호 수급 대상자가 많았고 또 범죄율이 높았기 때문에 '골칫거리 처리'의 측면이 있었다고 알려져 있다. 상세한 내용은 高崎宗司·朴正鎮, 2005, 『帰国運動とは何だったのか: 封印された日朝関係史』, 平凡社 및 小此木政夫, 2004, 『在日朝鮮人はなぜ帰国したのか-在日と北朝鮮50年』, 現代人文社를 참고하길 바란다.

내건 윤보선이 대통령에, 장면이 국무총리에 취임하면서 신정부가 출범한다. 한·일 양국 정부 모두 한일회담에는 적극적이었으며 특히 외무대신에 취임한 고사카 젠타로(小坂善太郎)는 한국 정부가 놀랄 정도로 적극적으로 움직였다.

한·일 간에 회남 진전을 위한 협의가 시작된 지 불과 10일 후, 한국에서 5·16군사정변이 발생했다. 이 쿠데타로 정권을 잡아한 박정희는 국가재건최고회의 의장이 되어 이듬해인 1962년 3월에는 대통령의 권한을 대행했고, 마침내 1963년 10월에는 정식으로 대통령에 취임했다. 그는 일본 통치기에 만주국 육군군관학교에 입교하여 훗날 일본의 육군사관학교에 유학한 경험의 소유자였기 때문에 일본 정재계 지도자들과 인맥을 형성하고 있었다. 때문에 일본에서는 한일회담 타개, 진전에 대한 기대감이 고조되었다. 실제로 일본은 군사쿠데타를 '합법적'인 것으로 평가하는 동시에 모든 문제가 '군사정권' 아래 '질서정연'하게 '해결'될 것을 확신하며 쿠데타의 '성공'에 큰 기대를 걸고 있다고 표명했다.[3] 한편 박정희도 한일회담에 적극적이었으며 5·16군사정변 이후 중단되었던 회담 재개를 요청했다.[4]

한편 일본의 이케다 총리는 당초 한일회담에는 소극적이었다. 이케다는 '미·일 관계의 긴밀화'와 '경제 발전'을 정책 기조로 내걸고 있었고, 한국과 관련해서는 한·일 문제를 건드렸다가는 남북한의 대립을 일본에

---

3 朝鮮統一問題研究会, 1980, 『シリーズ日韓問題 I 腐敗する政治機構と人脈』, 晚聲社, 29쪽.
4 박정희가 한일회담의 재개 그리고 타결에 적극적이었던 이유는 ① 경제개발 5개년계획을 위한 자금과 기술을 일본에서 확보할 필요가 있었고, ② "6·25동란 당시, 우리들이 경험했듯이 일본을 후방기지로 확보하는 것, 즉 안보적 측면에서 반드시 타결하여야만 한다"고 생각하고 있었고, ③ 민정 이관 후 국회가 열려 야당의 비판이 쏟아질 것으로 예상되었기 때문(高崎宗司, 1996, 117쪽)이라는 3가지 점이 지적되고 있다.

끌어들여 안보투쟁의 전철을 밟을까 우려하여[5] 회담 진전에는 소극적이었다. 한일회담 재개 당시에는 '한국을 싫어하는' '당인파(党人派)'의 고노 이치로(河野一郎)[6]가 추천한 스기 미치스케(杉道助)를 수석대표로 고를 정도였다. 또한 박정희 정권의 군사독재에 대한 거부감과 중국에 대한 친근감, 파벌적 경계심도 있어서[7] 이 또한 그의 소극적인 자세에 박차를 가했다.

이러한 이케다의 소극적인 자세를 바꾼 것은 1961년 6월에 개최된 미·일 정상회담에서 존 케네디(John F. Kennedy) 미국 대통령의 권유와, 기시 전 총리나 이시이 고지로(石井光次郎), 후나다 나카(船田中), 야쓰기 가즈오(矢次一夫) 등의 '친한파'의 후원이었다. '친한파'는 '반공'이라는 관점에서 한국 및 타이완과 긴밀한 연계를 구축하여야 하며, 그것이 지정학적으로 일본의 안보에 긴요하다[8]고 생각하는 그룹이었다. 그들 '친한파'의 정치적 압력[9]까지 더해지면서 이케다 총리의 한일회담에 대한 태도는 서서히 적극적으로 변했다. 1962년 11월, 이케다 개조내각 아래 외무대신에 취임한 오히라 마사요시(大平正芳)와 김종필 중앙정보부 부장 간에 '김·오히라 메모'가 교환되어 청구권 문제는 해결되기에 이르렀다.

---

5 倪志敏, 2012, 『大平正芳と日韓交渉: 大平·金メモ』の議論を中心に」, 『龍谷大学経済学論集』, 99-126쪽.

6 '당인파(党人派)' 고노의 한국 혐오는 고노 자신이 어업 관계자와 관련이 깊어 한국이 어선을 나포한 사건의 분노심에 기인한다. 또 당인파에는 그 밖에 오노 반보쿠(大野伴睦) 등이 있었다. 池田慎太郎, 2011, 「自民党の『親韓派』と『親台派』岸信介·石井光次郎·船田中を中心に」, 李鍾元·木宮正史·浅野豊美 編, 『歴史としての日韓国交正常化 I 東アジア冷戦編』, 法政大学出版会, 151쪽.

7 池田慎太郎, 2011, 152쪽.

8 崔喜植, 2015, 「日韓政策コミュニティーの生成と変化」, 木宮正史·李元徳 編, 『日韓関係史1965-2015 I 政治』, 東京大学出版会, 115쪽.

9 中曽根康弘, 2012, 『中曽根康弘が語る戦後日本外交』, 新潮社, 155-163쪽.

남은 협의는 어업협정과 독도의 경계선 문제에 관한 것이었다. 1964년 7월, 일본에서는 외무대신이 오히라에서 시이나 에쓰사부로(椎名悅三郞)로 교체되었고, 한국에서는 이동원이 외무부장관에 취임했다. 그리고 11월에는 이케다의 뒤를 이어 사토 에이사쿠(佐藤榮作)가 총리에 취임하면서 1차 사토 내각이 출범한다. 사토 총리는 한일회담의 타결을 최우선 과제로 내걸고 시이나 에쓰사부로를 유임하고, 대장성 대신에는 한일회담에 적극적이라고 여겨지던 다나카 가쿠에이(田中角榮)를 앉혔다. 사토는 한일회담의 타결을 최우선 과제로 내걸기는 했지만, 이후 오키나와 반환에 주력한 사토는 최종 단계에 와 있던 한일회담을 더 이상 지연하고 싶지는 않았던 것으로 보인다.

그러나 1965년 1월, 일본 측 수석대표 다카스기 신이치(高杉晋一)가 "조선을 식민 지배 했다고 하지만 일본은 좋은 일도 했다"[10]고 발언한 것을 한·일 양국의 언론이 보도했다.[11] 한국에서는 비판의 목소리가 높아져 회담의 진척이 위태로워졌지만, 2월에 시이나 외상이 가조인을 위해 방한했을 때 일본 외상으로서는 처음으로 과거 역사에 대한 반성의 의사를 표명하여 회담은 계속될 수 있었다.

어업협정을 '보류'하는 것으로 해결하려던 독도를 둘러싼 협의가 타결되면서 1965년 6월, 마침내 한·일 기본조약이 체결되어 한국과 일본은 국교를 정상화했다. 이 조약의 제3조에는 "대한민국 정부가 국제연합 총회의 결의 제195호(Ⅲ)에 명시된 바와 같이 한반도에 있어서의 유일한 합법정부임을 확인한다"고 규정되어 있다.

10　1961년 1월, 한일회담 수석대표 취임 인사 발언.
11　일본에서는 『アカハタ(아카하타)』(1965. 1. 10)가, 한국에서는 『동아일보』와 『경향신문』(1965. 1. 19)이 보도했다.

한편 한일회담의 타결이 보이기 시작한 무렵, 자민당 내부에서는 한일회담과 한·일 관계의 진전을 주장하는 그룹과, 중국과의 관계 진전을 주장하는 그룹으로 양분되는 움직임이 일었다. 전자는 친한파인 이시이 코지로 등이 결성한 아시아문제연구회(A연)이며, 후자는 초기부터 중·일 국교를 주장하던 우쓰노미야 도쿠마(宇都宮德馬) 등이 결성한 아시아·아프리카연구회(A·A연)이다.[12] A연은 중국이 공산주의에 의한 침략 의지를 버리지 않는 한, UN 가입을 인정해서는 안 되며, 중국이 아닌 타이완을 지켜야 하며, 무역은 한국·타이완 등의 자유주의 경제권과의 무역 이외에는 우대하여서는 안 된다고 주장했다. 반면에 A·A연은 중국을 UN에 가입시켜 아시아의 긴장을 완화하여야 하며, 정부 간 접촉을 꾀하고 중·일 무역을 확대해야 한다고 주장하는 그룹이었다.[13] A·A연은 중국과의 관계 개선뿐만 아니라 북한과의 관계 진전에도 힘을 기울였고 우쓰노미야는 1964년, 1965년 2년 연속 북한을 방문하여 김일성 주석과도 회담을 가졌다.

사실 A·A연처럼 북한과의 관계 진전을 위한 움직임은 친한파 안에서도 나타나기 시작했다. 실제로 이시이 코지로는 한국의 경제 발전을 저해하지 않을 정도의 것이어야 한다는 조건을 붙이면서도, 북한과의 경제 교류, 무역은 쌍방의 이익에 부합하므로 북한과의 왕래를 금지한 결정을 수정할 필요가 있다는 견해를 밝혔다.[14] 그 요인으로는 1964~1965년 당시 북한의 경제 상황이 한국보다 나았고, 재일조선인 북송사업으로 일부에

---

12 池田愼太郎, 2015, 「自民党と日韓·日朝関係: 冷戦下の党内対立と議員外交」, 『現代韓国朝鮮研究』 第15号, 52쪽.
13 池田愼太郎, 2015, 52쪽.
14 池田愼太郎, 2015, 52쪽.

서 "북한에서 귀국자를 비롯한 국민들이 풍요롭게 잘 살고 있다"는 정보가 퍼지면서 북한 사회에 대한 찬미 분위기가 확산된 것을 들 수 있다.

한국 정부는 일본의 이러한 대북 접근을 경계했다. 한편 일본은 정부 내부에서도 언젠가는 북한과의 관계를 개선하여 최종적으로는 국교정상화의 실현을 염두에 두고 있었던 것으로 보인다. 북한과의 국교정상화는 곧 북한을 한반도에 있는 '또 다른 국가'로서 인식하고 있다는 하나의 증거다. 1965년 11월, 참의원의 한일조약 등 특별위원회에서 다음과 같은 질문과 답변이 이어졌다.[15]

기우치 시로(木内四郎) 의원 금번의 경제협력과 베트남에 대한 배상을 보면, 베트남의 경우에는 영역 전반에 대한 배상입니다. 이번에는 한국에 대해서만 배상으로 바꾼 이유에 대해서 모르는 것도 아니지만, 이를 바꾼 이유를 모르는 것도 아닙니다만 한국의 헌법에서 영역 전반이 압록강부터 남쪽의 전체 영역에 걸치고 있다고 한다면, 이로써 전부에 대한 것이라는 식으로 해석하고 싶다면 해석할 수 있지도 않을까 생각합니다만, 그 점을 어떻게 보시는지요?
후지사키 마사토(藤崎萬里) 정무위원 한국의 경우에는 애당초 경제협력, 이 경제협력도 그 점에서는 완전히 동일하며, <u>대한민국이 원래 지배하고 있는 지역에만 미치는 것입니다.</u>
시이나 에쓰사부로 외무대신 관할권의 문제에 관해서도 조약에서는 이

---

15 「第50回国会参議院日韓条約等特別委員会」, 1965年11月25日 및 26日, 『国会会議録検索システム』, kokkai.ndl.go.jp/cgi-bin/KENSAKU/swk_dispdoc.cgi?SESSION=38285&SAVED_RID=2&PAGE=0&POS=0&TOTAL=0&SRV_ID=3&DOC_ID=5217&DPAGE=1&DTOTAL=2&DPOS=2&SORT_DIR=1&SORT_TYPE=0&MODE=1&DMY=60777(접속일: 2018년 11월 7일).

른바 유엔 결의 제195호를 원용했고 금번 일본의 상대방인 한국 정부는 이런 성격의 것이라고 정하고 있으며, 그 기본을 구성하는 제195호를 꼼꼼하게 읽어보면, <u>한국의 실제 관할권이라는 것은 현재로서는 휴전선 이남에 한정되어 있다는 것</u>은 분명합니다. 그런데 금번 헌법에서는 제주도, 북은 압록강까지로 이런 식으로 정하고 있습니다만 다만 한국 정부도 영토는 그렇게 되어 있지만 <u>실제 지배권이라는 것은 휴전선 이북에는 미치지 않는다고 잘 알고 있습니다.</u> 그래서 한국은 금번 한일조약에 따라 한국의 헌법에 적힌 취지를 일본이 동의하고 그렇게 조약이 성립되었다는 입장을 취하고 있는 듯합니다만 이는 어떻게 해석해도 일본은 한국의 헌법까지 동의한 기억이 없으므로, 역시 <u>조약의 해석에서 볼 때 휴전선 이남인, 실제 지배력은 관할권이 미치고 있는 곳은 휴전선 이남임을</u>, 그것을 기본으로 청구권 문제나 기타 여러 일련의 사항을 양국이 이 관할권을 기준으로 정하고 있으므로, 한국의 그런 설명은 모순되며 또 정당하지 않다는 것은 분명합니다. (밑줄은 필자 강조)

이러한 발언에서 볼 때 일본은 한일기본조약에서 한국을 '유일한 합법정부'로 규정하면서도 실제로는 그렇게 이해하고 있지 않았다는 것을 알 수 있다. 이 발언을 했던 시이나 외상은 과거사에 대해 반성의 의사를 표명했다. 이러한 점에서 역사인식은 회담을 종결하기 위한 표면적인 말이었다고 볼 수 있고, 또한 역사인식과 '유일한 합법정부'는 완전히 다른 것으로 인식하고 있었다고 간주할 수 있겠다.

2) 현상 유지와 한·일 협력 조직의 설립

한일기본조약 체결 후에도 한·일 관계는 급속한 진전을 보이지는 않았다. 한국에서는 일본의 북한 접근을 경계했고 국민 여론은 기본조약 체결 전부터 '굴욕적인 양보'라며 대규모의 반대시위가 일어났다. 1946년 6월에는 한국 정부가 계엄령을 선포하여 회담을 일시적으로 중단되기도 했고 대일 감정은 결코 좋다고 할 수 없는 상황이었다. 한편 일본에서는 중국과의 관계 진전을 주장하는 그룹이 결성되었고, 일본 정부도 중국이나 북한과의 관계 개선을 위한 움직임에 관하여 발언하기도 했다. 사토 총리도 한일기본조약이 체결되어 한·일 관계가 '일단락'되자 한·일 관계의 진전보다 오키나와 반환에 힘을 쏟기 시작했다. 또한 일본의 여론에도 한일회담에 대한 반대의 목소리가 있었지만, 회담 내용보다는 북한이 아닌 한국을 '유일한 합법정부'로 인정하는 것에 대한 반대였다.

그러한 상황 속에서 한·일 관계를 지탱한 것은 1960년대 후반에 창설된 조직체이다. 1950년대에도 일한친화회(1953)나 일한문화협회(1957)와 같은 조직이 창설되었지만, 이 조직들은 정책에 관여하는 조직이라기보다는 친선·협력을 목적으로 하고 있었다. 정책 관련 조직으로 최초로 창설된 것이 1960년의 일한경제협회로, 이는 일본상공회의소, 일본 게이단렌(經團連, 일본경제단체연합회), 일본 각 업계의 대표 기업들을 모체로 창설되었는데 경제 분야가 주를 이루고 있었다.

정치와 깊은 관련이 있는 조직으로는 한일회담 중인 1964년에 야쓰기 가즈오를 중심으로 '일한협력위원회'가 발족한다.[16] 일한협력위원회

---

16 한일·일한협력위원회의 발족 경위와 이 위원회 및 야쓰기 가즈오에 대한 한·일 양국의 견해는 日本政府外交文書, 『日韓関係(日韓協力委員会)』, 2010-3952, SA, 1, 2, 2에

는 1968년 여름, 한국 정부가 엄민영 주일대사를 통해 협력위원회 설치를 제안하면서[17] 설립되었다고 인식되고 있다. 하지만 '일한·한일협력위원회' 설립준비위원회 위원으로 취임을 요청하는 서한에는 "지난 39년(1964년) 4월, 기시 전 총리를 회장으로 호선하여 설립된 본 위원회는 그 후의 사정으로 휴회 상태였습니다"[18]고 기재되어 있으니 1964년에 이미 설립되어 있었던 셈이다. 하지만 또 다른 설립 주체인 한국에서는 당시 한·일 국교정상화에 반대하는 움직임이 격렬하여 '한·일 친선'의 기치를 내걸 만한 사회, 정치 상황이 아니었기 때문에 준비를 마치지 못해서[19] 결국 휴회 상태였다.

그런데 한일·일한협력위원회는 어떠한 성격의 조직이며, 서로 어떠한 인식을 가지고 있었을까. 한일·일한협력위원회의 중심 멤버인 야쓰기 가즈오에 따르면, 이 위원회는 정치·경제·문화 등에 대하여 '민간 입장'에서 소통하는 장으로, 정부의 정책 결정과는 별개의 것이었다고 한다. 하지만 한국 측의 주요 멤버는 정치인이었으며, 일본은 정치인 외에 민간인이 많았다고는 하나 정부에 막대한 영향력을 가진 실력자가 이름을 올리고 있었다. 가령 기시, 후나다 나카, 시이나 에쓰사부로, 다나카 다쓰오(田中龍夫)와 같은 '친한파'에 더하여 중국통이기는 했으나 훗날 한·일의 '숨은 가교' 역할을 담당한 하세가와 진(長谷川仁)[20] 등이 있다.

멤버 중 기시나 다나카는 야마구치현 출신으로, 평화선으로 나포된 어

자세하게 기술되어 있다.
17 「日韓 "岸証言の詳報"」, 『毎日新聞』, 1977年 5月 2日.
18 日本政府外交文書, 2010a, 『日韓関係(日韓協力委員会)』, 2010-3952, SA, 1, 2, 2, 日韓協力委員会事務局, 「日韓協力委員会委員就任の要請状」, 昭和43年(1968年) 10月 2日.
19 山本剛志, 1983, 「日韓関係と矢次一夫」, 『国際政治』 第75号, 119쪽.
20 池田慎太郎, 2015, 52쪽.

민 중에는 야마구치현의 주민이 많았고 기시는 그들이나 그들 가족이 유권자이기도 한 탓에 자신의 지지층을 확보하기 위해서도 한국과 마주할 수밖에 없는 입장이었다. 기시 본인은 "야마구치현에서 태어나 야마구치에서 자랐기 때문에 한국과는 일의대수의 이웃이어서 … 한국 문제는 이론보다 피부로 느꼈다. 다른 사람이 생각하는 것 이상으로 아주 친근한 문제로 생각되었다. 그래서 시선 자체가 달랐다"[21]고 생각하고 있었다. 또한 후나다는 한일회담이 타결될 때까지 일관되게 한국과의 관계 진전에 주력한 인물로, 일본이 한일기본조약을 비준한 당시 중의원 의장을 맡고 있었다. 그러한 인물들이 모여 있는 한일·일한협력위원회는 실제로 강력한 '압력 단체'[22]였다고 평가되고 있다.

상대편인 한국 측에서는 한일·일한협력위원회에 대한 부정적인 시각도 있었다. 한국 측 대표단이 1969년 2월의 설립 총회에 참석하기 위하여 방일하기 전, "일본제국주의에는 한일합병의 속셈이 있으니 경계하도록"[23]이라는 목소리까지 나올 정도였다.

또한 1968년 11월에 열린 한일·일한협력위원회의 설립준비위원회 회의[24]에서 일본 측이 ① 일본의 한국과의 교류 방식은 타이완과 비교할 때 소극적이고, 미흡하며, 이해도 부족하나, 한국은 타이완과 마찬가지로 일본에 미치는 영향력이 직접적이다. 일한협력위원회가 잘 진행되고 있

---

21 「日韓"岸証言の詳報"」, 『毎日新聞』, 1977年 5月 2日.
22 朝鮮統一問題研究会, 1980, 29쪽.
23 日本政府外交文書, 2010a, 金山政英大使, 「日韓協力委員について」, 昭和 44年(1969年) 2月 21日. 백두진 회장이 2월 18일, 방문한 인물(가미카와)에게 한 말. 실망했다고 말한 쪽은 백두진 회장.
24 日本政府外交文書, 2010a, 北東アジア課, 「木内信胤氏談話(日韓協力委について)」, 昭和 43年(1968年) 11月 19日.

으므로 여기에 한일·일한협력위원회를 추가하여 3국의 긴밀한 제휴관계를 고려하여야 하며, ② 한일·일한협력위원회는 '높은 차원'의 한·일 간 이해를 조성함으로써 문제 해결에 기여하는 조직으로 만들어나가고 싶다고 말했다. 이에 대하여 한국 측은 협력위원회가 설립되어도 성과를 올리지 못하면 문제가 될 것이라는 우려를 표명했는데, 일본 측은 예를 들면서 "'한·일·타이완 공동시장과 같은 구상' 안에서 고민하는 방식으로 진행해 암묵적으로 상대방의 입장을 서로 이해하면 된다고 생각하고 있다"고 응수했다.

일본 측의 발언 중 "한·일 간 이해를 조성함으로써 문제 해결에 기여하는 조직"과 "암묵적으로 상대방의 입장을 서로 이해하는" 조직이라는 점에 착안하면, 한일·일한협력위원회의 큰 역할을 도출해낼 수 있다. 이미 많은 연구들이 지적하고 있지만, 한·일 관계는 한일회담 당시부터 서로의 인맥을 기초로 한 '숨은 가교'를 통해 문제를 해결해왔다. 한일·일한협력위원회는 외교 당국자들의 '표면적 외교'가 벽에 부딪혔을 때, 개인이 아닌 조직으로서 상황을 파악하여 문제 해결을 위해 움직이는 역할을 담당한다는 생각을 가지고 있었다고 간주할 수 있다. 실제로 이후에 창설된 조직체도 한·일 간에 다양한 문제가 부상한 때에 조직이 주축이 되어 문제 해결에 커다란 역할을 한[25] 사례가 있다. 한일·일한협력위원회 이외에도 1968년에는 한일·일한의원간담회가 결성되었다.

1960년대의 한·일 관계를 살펴보면, 전반기에는 한일회담의 타결과 한일기본조약의 체결을 목표로 한·일 양국이 협력하는 자세를 보인다. 그것은 한·일 모두 '반공'이라는 공통 이익이 존재했기 때문이다. 그리고

---

[25] 안소영, 2011, 「한일관계와비정식접촉자(非正式接触者): 국교정상화 성립으로부터 1970년대 초반까지」, 『韓國政治外交史論叢』 제33집 제1호, 61쪽.

일본의 입장에서는 전후 처리 중 하나를 마무리함으로써 다음 과제로 넘어갈 준비를 갖추는 목적도 있었다고 볼 수 있다.

또한 일본에는 한국과의 관계 진전을 추진하면서도 중국이나 북한과의 관계도 진전시켜야 한다고 생각하는 그룹도 있었기에 한국 일변도는 아니었다. 그것은 앞서 인용한 국회에서 시이나 외상의 답변이 잘 말해 준다. 그리고 한국의 입장에서는 '반공'과 함께 자국의 경제 발전을 위해서 일본과의 협력이 필수 불가결했다.

한·일 간에 조직체가 창설된 1960년대 후반, 국제사회는 데탕트 시대로 접어들고 있었다. 하지만 이 시기, 1·21사태(김신조 청와대 습격사건), 푸에블로호 사건, 미정찰기 추격사건 등, 북한의 도발이 발생하면서 한국의 입장에서는 자국의 안보를 한층 더 강화해야만 하는 상황이었다.

1969년에 사토 총리와 닉슨 미 대통령의 미·일 정상회담에서 발표된 공동성명에 '한국 조항'이 포함되었다. 사토 총리는 "한국의 안보는 일본의 안보에 긴요하다"고 밝혔지만, 일각에서 전개되고 있는 북한 접근의 움직임에 대하여 한국이 경계하는 것도 당연했다. 그런 점에서 볼 때, 한일·일한협력위원회를 위시한 조직들은 단순히 양국 간의 협력을 추진하거나 문제 해결을 위한 조직에 그친 것이 아니었다. 이 조직들은 대국적으로 이해할 때 특히 한국의 입장에서는 안보 강화를 위한 수단이라는 측면도 있었다고 간주할 수 있다.

3. 1970년대: 마찰과 협력

1) 미·중과 북·일의 접근

1971년 7월의 닉슨 대통령의 방중 발표와 이듬해 1972년 2월의 방중이라는 전격적인 미·중 접근은 한·일 양국의 대외정책에도 막대한 영향을 미쳤다. 일본은 중국 그리고 북한과의 관계 개선에 본격적으로 나서기 시작했다. 1971년 8월에 열린 한·일 정기각료회의에서 기무라 도시오(木村俊夫) 경제기획청장관은 "북한과의 민간 교류를 추진할 것이며, 그 교류는 한반도의 긴장 완화를 가져다주는 면이 있다."[26]고 발언했다. 이에 부응하듯 북한의 김일성 주석은 『아사히신문』과의 인터뷰에서 일본과의 교류에 의욕을 내비쳤다.[27] 같은 해 11월에는 초당파 국회의원으로 구성된 북일우호촉진의원연맹이 발족했고, 이듬해인 1972년 1월에는 의원연맹 멤버가 방북하여 김일성 주석과 면담했다. 또한 1972년 1월의 미·일 정상회담에서는 '한국 조항'이 삭제되었는데, 이는 중국·소련·북한에 보내는 메시지였다.[28]

한국도 북한과의 관계 개선을 위하여 움직이기 시작했다. 한국은 1972년 5월에 이후락 중앙정보부 부장이 북한을 방문하여 김일성 주석, 김영주 조선노동당 조직지도부장과 회담했다. 이어서 북한에서 박성철 제2부수상이 한국을 방문하여 박정희 대통령과 면담했다. 그 결과 7월

26　池田慎太郎, 2015, 54쪽.
27　『朝日新聞』, 1971年9月27日.
28　南基正, 2012, 「戦後日韓関係の展開 - 冷戦, ナショナリズム, リーダーシップの相互作用」, 『東北大学GEMCジャーナル』No.7, 68쪽.

4일, 북한과 조국통일 3대원칙을 포함한 7·4남북공동성명이 발표된다. 한국전쟁 휴전 이후 날선 대립을 이어오던 남북한이 공동성명을 발표한 것은 장래 통일을 향한 첫걸음이 될 것으로 보였다.[29]

한편 한국은 일본에 대북 접근을 자제하도록 요구하기도 했다. 예를 들어 1972년 초반에 한국은 대일 외교 기본방침[30]을 책정했는데 그 방침은 1972년도 중점 목표로서 북·일 관계를 들었다. 그리고 더 이상 북한과 일본이 관계를 진전하지 않도록, 북한의 무력 증강에 도움이 될 만한 행위를 견제한다는 목표를 들었다. 특히 1971년 10월 발족한 '조일위원연맹'에 대해서는 '견제 내지 무력화'로 했다. 또한 『아사히신문』(1972. 2. 7)이 "한국은 일본에 북한과의 관계를 진전시키지 않도록 '압력'을 가하고 있어서 위원들이나 외무상이 곤혹스러워 한다"고 보도한 것을 주일대사가 한국에 보고했다.[31]

1972년 7월에 열린 한일·일한협력위원회 제8회 상임위원회[32]에서 박정희 대통령은 한국이 가장 걱정하고 있는 점으로서 일본의 북한 접근을 들었다. 그리고 일본의 북한 접근이 심화되는 것은 "북한의 남북 화해에 대한 열의를 시들게"하여, "절대적으로 곤란하다"고 밝히고 있었다. 박정희 대통령으로서는 한국이 강해지면 "북의 부정한 뜻을 꺾어 공정한 평

---

29 한국은 '7·4남북공동성명' 발표 후, 일본의 대한반도 정책에 대하여 한국에는 기존의 기본자세를 유지하고, 북한에는 세력 균형을 깨뜨리지 않는 범위에서 교류 확대를 추진할 것으로 분석하고 있다. 한국정부외교문서, 1972c, 『일본의 대한정책 1972』 4852, 주일대사관, 「남북공동성명과 일본의 대한반도정책」, 1972. 7. 7, 12-13쪽.

30 한국정부외교문서, 1972a, 『한국의 대일정책 1972』 4847, 동북아과, 「대일외교 목표의 시달과 동시행에 관하여」, 1972. 1. 18, 19-26쪽.

31 한국정부외교문서, 1972c, 주일대사 착신전보, 1971. 1. 25, 4-6쪽.

32 日本政府外交文書, 2010b, 『日韓関係第6回定期閣僚会議』, 2010-3963, SA, 1, 2, 2, 後宮虎郎大使, 「キシ元大統領とボク大統領との会談」, 1972. 7. 29.

화를 가져오게" 되므로 일본에 "북의 정치적 지위를 높이거나 전력 증강으로 이어지는 일을 절대로 하지 말아"달라고 요청했으며, 특히 "대북 수출에서 수출입은행을 통하는 결과적으로 정부 원조라는 실태로 이어지므로 자제해달라"고 일본 측에 요구했다. 그리고 "북한의 정식 호칭 사용도 자제해달라"고도 말했다. 정부 내부[33]에서는 북·일의 대북, 대일 정책과 관련하여 "북한이 '평화 공세'를 추진할 때 가장 적절한 곳이 일본이라고 인식하고 있음은 자명하며" 더욱이 "일본에는 강력한 조총련이 있고, 또한 그들을 지원하는 야당 세력과 일부 여론이 있다"고 하고, "북한의 입장에서는 한·일 간 우호협력관계를 방해해 파괴하는 것이 가장 중요한 이해관계 중 하나라고 말할 수 있다"고 분석하고 있었다. 일본의 대북 정책에 대해서는 "일본이 '두 개의 한국'을 기정사실화하는 이른바 등거리 외교정책을 취하는 것은 절대로 있을 수 없으며, 북한을 '정권'으로 인정하거나 대우하는 것은 한·일 간 기본조약에 위배되며, 한국의 국익에 반하는 것으로 한국 정부가 강력하게 반대하리라는 것은 명백하다"고 하면서 북·일의 접근을 강하게 경계하고 있었다.

이러한 한국의 우려와는 반대로 북한과 일본은 관계 개선의 움직임을 보였다. 1972년 9월, 일본이 중국과의 국교정상화를 실현하자, 북한은 일본에 '한일조약 파기'라는 이전까지의 전제 조건을 붙이지 않은 채 관계 개선을 촉구했다. 일본은 10월에 조선국제무역촉진위원회 대표단의 입국을 허가하며, 이듬해에는 북·일 양국에 무역 관련 상사가 설립되어 무

---

33 한국정부외교문서, 1972b, 『한일정기각료회의 제6차, 서울, 1972. 9. 5-6, 전5권(사전준비철)』 4948, 외무부, 「제6차 한일정기각료회의 양국을 둘러싼 국제정세와 한일 양국간 문제(정치관계)에관한 아국의 기본 입장(설명자료)」, 1972. 8. 25, 137-138쪽 및 外務部亜洲局, 「第6次韓日定期閣僚会議에서取할我国의基本立場(政治関係)」, 1972. 8. 28, 222-223쪽.

역액이 증가하는 등 경제 분야의 관계가 확대되었다.

경제적 분야의 관계를 진전시키는 한편, 일본은 정치에서는 북한과의 관계 개선에 신중한 대응을 취하여, 결코 한국과의 관계를 소홀히 하고 있던 것은 아니었다. 예를 들어 1970년부터 정부 간 교섭을 시작해서 1972년에 타결한 한·일의 대륙붕협정 교섭에서는 교섭 타결에 큰 역할을 한 야쓰시 가즈오가 협정 체결의 목적을 '한·일 우호의 상징'이라고 말하고 있듯이, 한·일 관계를 유지하고자 노력했다.[34] 또한 1972년 10월, 기무라 도시오 외무대신이 한국을 방문하여 한·일 관계에 변함이 없음을 밝혔다.

그리고 1973년에는 자민당 의원 중 방북을 계획 중이던 그룹이 결국 방북을 단념했다. 이 방북 계획은 1972년 1월에 의원단이 방북한 당시, '가까운 미래에 자민당으로만 꾸린 방북단 파견'을 약속하면서 이를 실현하기 위하여 계획된 것이었다. 일단 자민당 내에서 방북 허가는 나왔지만, 여당인 자민당이 미승인국인 북한을 방문하는 것에 대한 반대론이 당내에서 확산되어 결국 단념하기에 이른다. 자민당 내부에도 대북 접근에 적극적인 그룹과 소극적인 그룹이 존재했던 셈이다.

이처럼 일본은 정치와 경제를 엄격하게 분리하여 협의하는 태도를 보이면서, 대북 관계에 대한 일본의 입장을 한국에 이해시키고자 했다. 하지만 한국은 일본의 이러한 태도에 대하여 "반쯤 경계"[35]하고 있었다. 한국

---

34 이 협정은 동중국해 대륙붕의 경계 획정을 '보류'하고, 대륙붕을 공동 개발하기로 규정하고 있으나, 천연자원이 없는 양수의 입장에서는 함께 자원을 확보하는 공동 이익을 추구하는 것이며, 이 점에서도 한·일의 협력 유지 자세가 잘 드러난다. 한일대륙붕협정의 교섭 과정에 대해서는 安藤純子, 2015, 「日韓大陸棚協定硏究: 共同利益の槪念と戰後日韓海洋秩序の再檢討」, 국민대학교 박사학위논문을 참고하길 바란다.
35 『朝日新聞』, 1972년 9월 6일.

도 북한과의 관계 개선을 위한 길을 모색하기 시작했다고는 하나, 한반도에 '2개의 정부'가 존재하는 것을 고정화하려는 일본의 대응에 한국이 강한 경계심을 드러내는 것도 당연했다.

실제 북한과 '휴전 상태'에 있는 한국의 입장에서는 일본에 경계심을 드러내는 한편, 자국의 안전을 보장하기 위해서는 일본과의 협력이 필요했다. 여기에는 데탕트로 인한 미·중 접근이 한국의 안전에 불안감을 드리운 배경이 존재했다. 미국은 1971년 3월에 주한미군의 일부 감축을 단행했는데, 한국의 불안을 조장했다. 때문에 이후 감축을 막기 위해서는 대미 외교를 강화하여 미국의 대한 관여 의존도를 높일 수밖에 없었다. 하지만 이것이 실패했을 때의 대안도 모색해야 했다. 또한 한국은 1972년부터 시작된 '제3차 경제개발 5개년계획'을 통해 중화학공업의 발전에 주력하고 있었다. 그러한 상황에서 경제적인 이유도 상대적으로 한국의 일본 접근을 촉진했다.[36] 어쨌든 북·일의 접근, 미·중 화해는 한국의 고립을 심화했고, 박정희 정권이 '자주국방' 정책을 추진하고, 국내 체제의 단속을 강화하여 유신체제를 선포하는 구실이 되기도 했다.[37]

또 상대측인 일본은 북한과의 관계를 진전시키며 외견상으로 한국과의 관계를 중시하지 않는 듯 보였다. 실제로 다나카 가쿠에이 정권에서 기무라 도시오 외무대신이 한반도에서 한국이 유일한 합법 정부임을 부정하는 발언을 하자, 한국은 이에 거세게 반발했다. 그리고 일본 국내에서는 한국에 대한 경제원조와 박정희 '독재'정권에 대한 비판의 목소리가 제기되고 있어, 일반적으로 이 시기의 한·일 관계, 특히 일본의 대한 정

---

36 기미야 다다시, 2011, 「박정희 정권과 한일관계 냉전 인식을 둘러싼 공감과 괴리 사이에서」, 국민대 일본학연구소 편, 『박정희 시대 한일관계의 재조명』, 선인, 40-42쪽.
37 南基正, 2012, 68쪽.

책은 한국과 거리를 둔 것으로 간주되고 있다. 하지만 정치적 측면에서는 신중파가 있었고, 1972년에는 한·일 대륙붕협정의 조기 타결을 이끌어 낸 것처럼, 일본도 한국과의 관계를 희생하면서까지 북·일, 중·일 관계를 개선할 의향은 없었으며, 동북아시아의 국제관계를 급변시킬 준비도 하고 있지 않았다.[38]

2) 김대중 사건을 둘러싼 마찰

북·일 간의 경제관계가 심화되는 한편, 한·일 간에는 한일대륙붕협정 체결처럼 정치관계의 협력을 진전시키는 움직임이 나타나고 있었다. 하지만 한·일 관계의 근간을 통째로 흔드는 사건이 1973년과 1974년에 연속해서 발생했다.

1973년 8월 8일, 백주대낮에 도쿄의 한 호텔에서 한국의 야당 지도자인 김대중이 납치되는 '김대중 사건'이 발생했다. 김대중은 박정희 정권의 독재를 비판하는 활동을 전개하면서 일본의 유식자들에게 한국의 현실에 관심을 갖도록 촉구했으며, 자민당의 A·A연 중에는 김대중의 활동에 관심을 표명하기 시작한 의원들도 있었다.[39] 그는 6일 후에 서울 자택 앞에서 풀려났으나 훗날 그를 납치한 실행범이 주일대사관 관계자임이 판명되었다.

같은 해 8월에는 한국 정부가 1972년 9월 이래 두 번째로 『요미우리신문』 서울지국의 폐쇄와 특파원의 국외추방을 명했다.[40] 일본 국내에서

---

38 기미야 다다시, 2011, 44쪽.
39 南基正, 2012, 67쪽.
40 추방명령의 이유로 문화관광부는 『요미우리신문』이 김대중 사건에 한국 정부기관이

는 정부와 국민이 큰 관심을 보였고 언론들도 대대적으로 보도하면서 박정희 정권에 대한 반대 여론이 분출되었다. 일본은 김대중 사건으로 일본의 주권이 침해되었다며 한국에 사죄를 요구했으나, 한국은 이를 거부했다. 그 후에도 한·일 양국은 상호 비난을 되풀이하여 한·일 관계는 급속히 얼어붙었다. 특히 한국이 일본의 수사 협력 요구를 거절하면서 한국 공권력의 일본 주권 침해라는 한·일 간 외교 문제로까지 비화되었다. 그리고 그 결과 양국 관계는 교착 상태에 빠지면서 국교정상화 이래 최악의 상태로 치달았다. 당초 9월에 열릴 예정이던 제7회 한·일 정기각료회의는 연기될 수밖에 없었다.

사태를 타개하기 위하여 기시 전 총리가 야쓰기와 함께 한국을 방문해 박정희 대통령과 면담했다. 귀국 후 기시 전 총리는 "각료회의는 김대중 사건과는 별개로, 가까운 장래에 회의를 열도록 다나카 총리에게 진언할 생각이다"고 발언했으나, 아이치 기이치(愛知揆一) 외무대신이 "현재는 각료회의를 열 만한 상황이 아니다"라고 말해,[41] 정기각료회의의 개최 전망은 불투명해졌다.

11월 2일, 김종필 국무총리가 박정희 대통령의 친서를 들고 방일하여 사건에 대하여 '진사'하면서 '정치적 결착'으로 해결되었다. 하지만 일본 국내에서는 일본 주권의 침해와 박정희 정권에 대한 비판, 그리고 '정치적 결착'을 본 일본 정부에 대한 비판이라는 2가지 비판이 분출했다. 또 한국 국내에서도 뿌리 깊은 반일감정, 일본의 경제 원조에 대한 국민의

관련되어 있다는 사실을 한국 정부 소식통이 처음으로 인정했다고 보도한 점을 들어 이 보도는 사실무근이라고 지적했음에도 불구하고, 이 신문이 성의 있는 태도로 대응하지 않아 부득이하게 『요미우리신문』의 서울지국을 폐쇄하게 되었다고 발표했다. 尹景徹, 1986, 『分斷後の韓國政治』, 木鐸社, 365쪽.

41 『朝日新聞』, 1973年 10月 10日.

불만 등에 기인하는 일본, 박정희 정권에 대한 불만, 비난이 터져 나왔고 한·일 양국 국민의 상호 불신은 커져갔다.

그 후 연기된 제7회 정기각료회의를 12월 26일에 도쿄에서 열기로 결정하고 회의의 성격은 일본의 희망대로 "대국적 견지에서 공동 관심사를 협의하는 장으로 한다"[42]고 정했다. 일정은 정해졌으나 각료회의 개최를 국민들에게 발표하는 것에는 신중했다. 왜냐하면 일본에서는 "김대중의 출국 문제가 애매한 상태로 추이하고 있는 것에 대한 불만이 뿌리 깊게" 남아 있었기 때문에 그러한 상황에서 한·일 정기각료회의를 개최한다면 국내 여론의 반발을 사는 것은 명약관화했다. 때문에 일본은 그 이후에도 수차례에 걸쳐 한국에 김대중의 출국 문제 해결을 요청했다.[43]

김대중 사건의 해결 방법과 그 후의 대응 그리고 1973년에 발생한 제1차 석유파동으로 인한 경제 불안이라는 상황 속에서, 한국은 제3차 5개년계획 추진을 위해서는 일본의 협력이 필요했다. 하지만 한국 국민의 반일 감정도 있고, 상대측인 일본에서도 박정희 정권에 대한 비판과 불안한 경제 상황 속에서 원조를 이어가는 것에 대한 강한 불만이 제기되는 것은

---

42 한국정부외교문서, 1973, 『한·일본 정기 각료회의 제7차, 동경, 1973. 12. 26-27, 전 5권(V.1 사전교섭)』 5865, 주일대사 착신전보, 106쪽 및 「韓·日閣僚会議(日側提案説明)」, 112쪽.

43 한국정부외교문서, 1973, 주일대사 착신전보, 118-121쪽. 일본은 "각료회의 개최 시, 야당이나 언론의 반발이 커질 것으로 예상되므로, 김대중 사건에 대한 한국 당국의 수사 결과를 일본에 직접 알려달라"(나카에 아시아국 차장), "각료회의의 일정을 발표하기 전에 김대중의 출국 문제를 비롯해 김동운에 대한 수사 진척 현황, 향후 전망을 발표해달라"(마에다 공사)고 요청하다 후자의 발언에 대하여 한국은 "이 사건은 양 정상의 회담에서 외교적으로 이미 결착을 본 상태이며, 각료회의와는 완전히 별개의 문제다", "(그런 문제에 관해) 발표하는 것이 좋다는 조건을 붙이는 듯한 인상을 주는 것은 두 정상 간의 합의와 크게 동떨어진다"고 말하고 있다. '조건'에 대해 일본은 "희망을 말했을 뿐으로, 조건을 붙이는 게 아니다"고 대답하고 있다.

자명했다. 또 일본이 1972년 3월에 관광 개발을 위하여 정부 관계 기관이 파견한 조사단의 보고서에 '밤 관광'을 장려하고 있다고 해석되는 부분이 들어간 것이 알려지면서, 한·일 양국에서 비판이 터져 나왔고 일본 정부는 해명에 쫓기게 된다.[44] 그래서 양국 모두 이 이상의 대일·대한 감정의 악화를 어떻게 해서든 피해야만 했다.

그 결과 정책적 과제와 함께 한·일 양국 정부에 있어서 한·일 양국 국민의 상호 이해도 큰 관심사로 부상하게 되었다. 일본은 양국 국민의 상호 이해 문제와 관련하여 "한국 측에는 한국 안의 일본 문화, 일본어의 영향을 어떠한 형태로 수용할 것인가와 반일 교육의 잔재 문제 등이 있었고, 일본 측에는 일반 일본인의 한국 문제에 대한 이해와 지식의 부재, 뿌리 깊은 편견 등의 문제가 있었다. 이는 모두 장기적으로 볼 때 한·일 관계의 핵심을 이루는 큰 문제"[45]로 파악하고 있었다. 또한 "김대중 사건을 계기로 대일 경제 예속화, 관광객의 행동에 대한 비판 등이 고조되면서 한·일 간의 상호 이해 부족 문제가 돌연 표면화되었으며", "이 문제의 해결을 위해 노력하는 것은 실로 시의 적절하다"[46]고 인식하고 각료회의에

44　『朝日新聞』, 1973年 10月 10日. 문제가 된 보고서는 1972년 3월에 현지를 시찰한 해외 기술협력사업단이 정리하여, 한·일 양국 정부에 제출한 『제주도관광개발계획조사보고서』이다. 이 보고서에서는 관광지로서의 제주도에 대해 카지노, 기생 파티가 가능한 호텔이 있다는 것이 매력적이라고 평가하고, '나이트클럽'이 가능한 시설의 정비가 필요하다고 기술되어 있다. 일본에서는 중의원예산위원회(1973년 10월 9일)에서 이 내용에 대한 논쟁이 벌어져 "한·일 양국의 민족을 모욕하는 내용이며, 세금으로 시찰을 가서 기생 파티를 선전하다니 얼토당토않다"는 비판이 쏟아지면서 각료와 외무성 간부가 사죄, 해명하고 있다. 한국에서도 이 보고서가 문제시되어 서울의 학생들 사이에서는 "한국 여성을 희생양으로 삼는 일본인 관광객의 거부"를 결의했다고 전해졌다.

45　日本政府外交文書, 2010c, 『日韓関係(第7回定期閣僚会議)』, 2010-3967, SA, 1, 2, 2, 後宮虎郎大使, 「対韓政策広報および文化交流(閣僚会議意見具申)」.

46　日本政府外交文書, 2010c, 『日韓関係(第7回定期閣僚会議)』, 2010-3967, SA, 1, 2, 2, 後宮虎郎大使, 「対韓政策広報および文化交流(閣僚会議意見具申)」. 우시로쿠 대사는 상

서 논의하자고 제안했다. 이 회의는 김대중 사건의 해결 방법에 대한 불만과 비난, 석유파동으로 인한 경제 불안 탓에 회의 개최를 반대하는 목소리가 고조된 분위기 속에서 열렸다. 그 결과 '한·일 유착'을 인상 시우는 의제는 일절 공개하지 않는 등, 이전까지의 회의 운영과는 명백히 다른 양상을 보였다.[47] 결국 한국 측이 요청한 경제협력이 큰 폭으로 축소되면서 경제협력 면이 '밀월 교위기'는 많이 낼이겼다.[48]

3) 문세광 사건과 일본의 '유일한 합법정부'로 인한 마찰의 심화

이후 한·일 간에는 잇따라 새로운 사건들이 발생했다. 우선 『아사히신문』이 1974년 2월에 한국 국내의 수입 허가가 취소되며, 같은 시기에 『요미우리신문』도 1972년 이래 두 번째인 서울지국 폐쇄 명령을 받았다. 『아사히신문』의 수입 허가를 취소한 이유에 대하여 한국 정부는 같은 해 1월 31일자 석간에 실린 정경모의 기고문 「한국의 개헌운동과 긴급조치」

호 이해 증진이 목표인 대한홍보문화활동추진정책을 실시하기 위한 구체적인 대책으로 강력한 홍보 실시와 국제교류기금의 협력을 얻는 것을 들고 있다. 그 위에 이를 실시할 때에 일본이 필요한 것으로 한국 정부가 일본 문화 도입에 관한 제한을 조금이나마 완화하고, 일본의 홍보 활동에 이해를 표명하는 것이며, 이에 대한 대가로 한국에 대한 일본 국민의 편견 시정에 협력하겠다고 제안하는 것이 적당하다고 말하고 있다. 또한 홍보문화정책을 추진할 때에는 한국의 국민감정을 고려해 신중에 신중을 기해야 하며, 일부 비판이 있을 것을 가오해야 한다고 지적하고 있다. 한국 국내에서는 각료회의의 의제에 경제에 그치지 않고 정치 문제를 포함시키자는 오히라 대신의 발언이 전해지자, 일부에서는 "일본이 경제에 그치지 않고 정치 지배까지 획책하고 있다"고 풀이하는 의선도 제기되었다.

47 『朝日新聞』, 1973年 12月 27日.
48 한국정부외교문서, 1973, 주일대사 착신전보, 170쪽.

를 문제 삼고 있었다.[49]

또 1974년 4월에는 '민청학련 사건과 일본인 학생 체포' 사건이 발생했다. 1974년 4월 3일, 서울대학교·연세대학교·이화여자대학교 등에서 반박정희체제 – 반유신체제 집회가 열린 것이 사건의 발단이었다. 사실 학생들의 집회 시위는 이전 해의 김대중 사건 이후 이미 시작된 상황이었으며, 1973년 10월 서울대학교에서 시작된 시위는 서서히 한국 최남단인 부산까지 퍼져 12월에는 30여 개 대학에서 열렸다. 학생뿐만 아니라 박정희의 숙적이라 일컬어지던 장준하 민주통일당 최고위원이 주축이 되어 헌법 개정을 위한 '백만인서명운동'을 전개하는 등, 박정희체제에 반대하는 움직임이 활발해졌던 것이다. 1974년 4월 3일에 열린 집회에서는 '전국민주청년학생총연맹(민청학련)' 명의의 전단[50]이 살포되었고 이에 한국 정부는 긴급조치 4호를 발동했다.

긴급조치 4호의 발동 후 이틀이 지난 4월 5일, 민청학련과 공모한 용의[51]로 주간지 프리랜서 기자이자 와세다대학 대학원생인 다치카와 마사키(太刀川正樹)와 서울대학교 대학원에서 유학 중이던 하야카와 요시하루

---

49 『朝日新聞』, 1974年 2月 4日.

50 전단에는 '민주·민족·민주선언'이라는 제목이 붙어 있으며, 전문은 한국역사정치연구회·김용직 편, 2005, 『사료로 본 한국의 정치와 외교』, 493-496쪽 및 『世界』 편집부, 1974, 『世界』, 岩波書店, 153-155쪽에도 실려 있다.

51 실제로 다치카와는 민청학련의 중심 멤버와 접촉해 4월 3일의 집회에 대한 이야기를 들어 당일 서울대학교에서 전단을 입수해 그 취재의 사례로 소액을 건네고 있다. 하야카와는 다치카와에게 반체제 학생을 소개하고 통역을 하고 있다. 이 사건에 대해 논한 후루노(古野)는 박정희 정권이 민청학련과 공산 세력을 엮기 위해 하야카와가 전 일본공산당원이었다는 점(공산당은 4월 25일에 "하야카와 씨는 공산당에 탈당서를 제출해 1971년 5월에 제적된 상태로 당원이 아니다"는 담화를 발표했다. 『아사히신문』, 1974. 4. 26)과, 다치카와가 반박정희 조직인 한민통(한국민주회복통일촉진국민회의 일본 본부)의 곽동의와 친구 관계라는 점을 이용했다고 기술하고 있다. 상세한 내용은 古野喜政, 2007, 『金大中事件の政治決着』, 東方出版, 230-231쪽을 참고하길 바란다.

(早川嘉春)라는 일본인 2명이 KCIA(한국중앙정보부)로 연행되었다. 두 사람은 취조 후 체포되어 구치소에 수감되었다. 이 사건에 더하여 1974년 6월에는 김대중이 1971년 대선 당시 선거법을 위반했다는 죄목으로 체포되면서 일본에서는 한국대사관 앞에서 대규모 집회 등이 열리는 등 항의가 이어졌다. 일본 정부는 내사관을 통해 두 사람을 체포한 치안국과 절충하여 정부 간 협상⁵²으로 두 사람을 본국으로 송환하도록 요구했으나 한국 정부는 이를 거부했다. 그 후 일본은 항의의 뜻으로 주한일본대사를 소환했고 마찬가지로 한국도 주일대사를 소환하는 등 한·일 관계는 김대중 사건 이후 다시 긴장 상태에 빠졌다.

그리고 이러한 긴장 상황, 마찰을 더욱 부추기는 사건이 발생했다. 8월 15일에 발생한 '문세광 사건'이다. 1974년 8월 15일, 서울의 8·15광복절 기념식장에서 재일한국인 2세인 문세광이 축사를 하던 박정희 대통령을 저격했다. 박정희 대통령은 무사했으나 영부인 육영수와 합창대 여대생이 사망했다. 한국 정부는 일본에 영주하고 있는 문세광이 일본에서 암살 계획을 세우고 일본의 위조 여권으로 한국에 입국했고, 사건에 쓰인 권총을 오사카의 파출소에서 훔쳤다는 등의 이유를 들어 문세광의 범행은 일본에 책임이 있다고 주장했다. 또 수사 결과 재일본조선인총연합회(조총련)의 관여 사실이 밝혀지자 일본 정부에 조총련의 활동 단속을 요구

---

52 후루노(古野)는 일본인 학생 체포에 관한 외교문서를 볼 때 한·일 정부의 교섭(한국은 우문기(禹文旗) 외무부 동북아 과장, 일본은 세오 마사키(妹尾正毅) 외무성 동북아 과장)에서 일본 측이 "'군법회의에 회부된 일본인 두 사람이 일본에 돌아와서는 곤란하다'고 말하고 있음은 명백하다. 그리고 일본은 두 사람의 입을 봉하기 어려우므로, 한국 측에서 '대책을 세워달라'고 요청하고 있다. … 이는 '두 사람을 일본에 돌려보내지 말라'는 요청이나 다름없다"고 적고, "일본 정부는 죄 없는 일본인 두 사람을 버렸다"며, 일본 정부의 당시 대응을 비난하고 있다. 인용 부분의 상세한 내용은 古野喜政, 2007, 235-237쪽을 참고하길 바란다.

했다. 한국 국민도 일본대사관과 한국 각지의 영사관 앞에서 극렬한 시위를 벌였다.

한편 일본 정부는 문세광은 한국인이며 위조라고는 하나 한국영사관이 발급한 비자를 소지하고 한국에 입국했으며 공항과 식장도 문제없이 통과하여 한국에서 범행을 실행했기 때문에, 일본은 법적으로나 도의적인 책임이 없다고 주장했다. 또한 조총련의 관여도 인정하지 않았다. 일본에서는 이 사건을 두고 박정희 대통령의 억압적 유신체제에 대한 분노가 표출된 것이라는 논조를 전개했다.

서로의 주장이 정면으로 부딪히는 가운데, 북한의 위협에 대한 인식[53]과 '유일한 합법정부'[54]에 관한 발언으로 한·일 간의 대립은 더욱 격화되어 간다. 1974년 참의원외무위원회에 참여한 의원들의 다음 발언을 검증해보자.

> 덴 히데오(田英夫) 의원 북한의 무력적·군사적 위협이 있다고 일본 정부는 생각하고 있는지 그 점을 묻고 싶습니다.
> 기무라 도시오 외무대신 북한의 위협이 있는지 여부는 남한 쪽이 판단해야 할 문제로 일본 정부로서는 현재 객관적으로 <u>그런 사실이 없다</u>고 판단하고 있습니다.
> 도이 다카코(土井たか子) 의원 한일기본조약 제3조 조문에는 한국이 조선의 유일한 합법정부라고 인정하는 내용이 기재되어 있는데, 세계적

---

53 第73回国会参議院外務委員会, 1974. 8. 29, 国会会議録検索システム, kokkai.ndl.go.jp/SENTAKU/sangiin/073/1110/main.html(접속일: 2018년 10월 25일).

54 第73回国会参議院外務委員会, 1974. 9. 5, 国会会議録検索システム, kokkai.ndl.go.jp/SENTAKU/syugiin/073/0110/main.html(접속일: 2018년 10월 25일).

추이를 볼 때 북한을 지지하는 세력이 더 많아 제3조는 사문화되고 있습니다. 제3조 조문의 내용에 대한 확인이 필요합니다.

마쓰나가 노부오(松永信雄) 외무성 조약국장 저희들도 현재 한국 내지 한국 정부에 대해 <u>한반도 전체의 유일한 정부라는 인식을 가지고 있지 않으며, 남쪽 부문을 유효하게 실효 지배하고 관할하고 있는 나라이며 정부라고 인식하고 있습니다.</u>

기무라 도시오 외무대신 지금 조약국장이 법률적으로 여러 가지를 설명했습니다. 저도 그렇게 인식하고 있습니다.

(밑줄은 필자 강조)

이러한 발언에 대하여 한국 정부는 항의했다. 또한 박정희 대통령은 우시로쿠 도라오(後宮虎郎) 대사와 비공식 면담을 가지고, 일본 정부가 성의를 표명할 것과 일본 국내의 반한운동을 단속할 것, 이 두 가지 사항에 협력하지 않으면 외교관계 단절도 불사하겠다고 경고했다. 한국 국내의 시위도 대형화되어 일본대사관에 불을 지르는 등 격화하는 양상을 보였다. 이에 대하여 일본은 대사관에 대한 파괴 행위를 비난하고 우시로쿠 대사를 소환하는 등의 조치를 취했다. 이로써 한·일 간의 골은 깊어질 대로 깊어져 국교 단절 직전의 상황으로까지 몰렸다.

결국 미국의 중재로 9월 19일, 시이나 에쓰사부로 자민당 부총재가 특사로서 다나카 가쿠에이 총리의 친서를 들고 방한해 사건에 대하여 '유감의 뜻'을 표명하고, 일본의 반한단체에 대한 단속을 강화할 것을 문서와 구두로 약속했다.[55] 이로써 겉으로는 한·일 관계는 단절 위기에서 벗

---

55 다나카 총리의 친서의 요지는 "1. 박 대통령 부인의 비극적 죽음에 대해 거듭 애도의 뜻을 표한다. 2. 박 대통령 저격사건의 수사 사실에서 일본 국내에서 사전 준비가 이루

어난 듯 보였으나 양국의 의견은 결코 일치한 것이 아니었다.[56] 즉 이는 임시변통[57]에 지나지 않았다. 하지만 일본은 시이나의 방한이 한국의 국민감정을 수습하는 데에 효과가 있었다고 생각했던 듯하다. 우시로쿠 대사는 "일정 단계에서 위기적 상황의 증상을 띠기까지 했으나 시이나 특사

어진 점, 일본 정부로서 도의적 책임을 느끼고 있다. 3. 동종 사건이 두 번 다시 되풀이되어서는 안 된다. 일본 정부는 재발 방지에 최선을 다하겠다. 4. 이 사건에 대해 일본 경찰 당국도 열심히 수사에 협력하고 있다. 한국 측의 협력을 받아 사실 규명에 노력할 것이며, 그 결과 법을 어긴 자가 있으면 엄정하게 처벌하겠다. 5. 한국 정부의 전복을 획책하는 범죄 행위 또는 요인에 대한 테러 행위를 엄정하게 단속하겠다. 6. 금번 사건으로 한·일 관계가 위태로워진다면 한·일 쌍방에 불이익이다. 한국 정부는 한·일 관계를 다시 견고한 초석 위에 구축하기 위해 노력해야 한다"는 것이다. 또 시이나 특사의 구두 설명의 골자는 "7. 육영수 여사의 서거에 대해 거듭 애도의 뜻을 표한다. 8. 일본 정부로서는 박 대통령 저격사건의 범인이 일본국 여권을 입수하고 또 일본 경찰로부터 권총을 탈취하는 등, 일본 국내에서 범행을 준비한 것에 대해 나름의 책임을 느끼고 있으며 유감의 뜻을 표한다. 9. 이러한 사건이 다시 되풀이되지 않도록 최선을 다하겠다. 10. 일본 정부는 사건을 면밀히 수사하고 있다. 향후 추가적으로 한국 측의 협력을 받아 사실 규명에 힘써 그 결과에 따라 소요의 조치를 취하고 법을 어긴 자는 엄정하게 처벌할 방침이다. 11. 한국 정부의 전복을 의도하는 범죄 행위 또는 요인의 생명을 노리는 테러 활동 등에 대해서는 조총련 등의 단체로 구성되었는지 여부를 불문하고 범죄 행위를 단속할 방침이다. 12. 일본과 한국의 관계가 위태로워지는 것은 양국 어디에도 이익이 되지 않는다. 양국은 향후 견고한 초석 위에 한·일 관계를 구축하기 위해 노력해야 하며, 한국 정부도 그 뜻을 반영해 협력해달라"는 6개 항목으로 구성되어 있다. 이 내용과 관련해서는 '범죄 행위'라는 표현의 해석을 둘러싸고 의문이 제기된다. 이에 대해 외무성은 '범죄 행위'라는 것은 국내법상 범죄라고 인정되는 것에 한정되며, 그 판단권은 일본 측에 있다고 설명하고, '국내법의 테두리 안에서 단속한다'는 표현을 쓰지 않아도 한국도 잘 알고 있다고 말하고 있다. 하지만 한국의 입장에서 보자면, 친서의 문면에 그러한 해석이 붙어 있지 않은 이상, 통상적으로 조총련의 규제를 약속했다고 풀이되어 한·일의 해석은 일치하지 않았다(『朝日新聞』, 1974. 9. 20 조간). 또 사건의 범인 문세광은 10월에 열린 첫 공판에서 대체적으로 범행을 인정했고, 1심, 2심, 최종심 모두에서 사형을 언도받아 12월에 형이 집행되었다.

56 ヴィクター. D. チャ, 2003, 『米日韓反目を超えた提携』, 有斐閣, 135쪽.
57 『朝日新聞』, 1974年 9月 20日.

의 방한 이후 점차 냉정을 되찾기에 이르렀다"⁵⁸고 보고하고 있다.

이전 해인 1973년의 김대중 사건부터 민청학련 사건과 일본인 학생 체포, 문세광 사건에 이르기까지 세 사건은 1973년부터 1974년이라는 고작 2년 사이에 발생했다. 그리고 그 2년간 양국 관계는 상시 마찰을 빚으며 긴장에 휩싸여 있었다. 한·일 양국 내에서 극렬한 시위가 발생하고 양국 정부도 서로 비난을 주고받는 등 이 사건 모두 양국의 정상적인 관계를 장기간에 걸쳐 단절시키기에 충분했다.⁵⁹ 하지만 최종적으로 양국은 협상을 통해 '정치적 결착'을 꾀하고 사건을 '해결'했다. 한·일 양국이 정치적 결착으로 사건을 해결한 배경에 대하여는 한·일 관계의 약화가 북한에 이익이 된다는 전략적 판단이 작용했다⁶⁰고 분석되고 있다.

4) 한국 조항의 부활과 한·일 재협력

1970년대 후반은 한·일 양국은 국제정세의 격변에 휩쓸리는 상황이 되었다. 가장 큰 변화는 1975년의 '사이공 함락'에 의한 베트남의 공산화이다. 베트남전에서 패한 미국은 계속해서 아시아에 머물겠다고 한·일 양국에 공약했지만, 베트남의 공산화를 목도한 양국에게는 큰 위로가 되지 않았다.⁶¹ 베트남 다음은 한국이라는 위기감, 즉 '부산적화론(釜山赤化論)'이 재부상하면서 일본은 한국의 전략적 중요성을 다시금 인식하기⁶²

---

58 日本政府外交文書, 2010d, 『韓国情勢(1969-1978)(わが国としてとるべき施策)』, 2010-3975, SA, 1, 2.1, 後宮虎郎大使, 「管内情勢報告」, 1975. 1. 28.
59 李庭植·小此木政夫 編, 古田博司 訳, 1989, 『戦後日韓関係史』, 中央公論社, 120쪽.
60 南基正, 2012, 68쪽.
61 ヴィクター. D. チャ, 2003, 149쪽.
62 南基正, 2007, 「韓国民族主義の展開と日韓関係」, 金慶珠·李元徳 編, 『日本の共通認

에 이른다.

사이공 함락 직전인 1975년 1월, 미키 다케오(三木武夫) 총리는 관계 개선이 필요한 국가 중 하나로 한국을 거론하면서 "한국과는 여러 문제들이 있었지만 양국 간 우호관계는 변함이 없으며, 앞으로 양국이 함께 상호 이해의 증진을 위해 노력하지 않으면 안 된다"라고 말했다. 그리고 미야자와 기이치(宮澤喜一) 외상은 "한반도 평화와 안정은 일본뿐만 아니라 전 극동 지역에 있어서 아주 중요하다"고 했다.[63] 이는 미군이 베트남에서 철수하기 시작한 1973년경 이후, '부산적화론'이 서서히 현실화될 수 있다는 가능성을 생각하면서 일본의 안보를 위한 교두보로서 한국을 재인식하는 계기로 이어졌기 때문이라 추측된다. 따라서 베트남의 상황은 앞서 언급한 김대중 사건, 민청학련 사건, 문세광 사건을 신속히 '정치적 결착'시키는 큰 요인으로도 작용했다. 그렇다고 하나 '정치적 결착'은 결코 완전한 화해를 가져다주지는 않았고, 한·일 관계는 여전히 불화의 씨앗을 안고 있었다.

그러나 사이공 함락 후인 1975년 4월, 미야자와 외무대신은 "한·일의 긴밀한 관계가 중요하다. 우리나라는 한국과의 우호관계를 개선하기 위해 대대적으로 노력하겠다"고 발언하여 한국과의 관계 개선 의지를 드러냈다.

또 1975년 8월에 열린 미키-포드(Gerald Ford) 회담에서 일본은 "한국의 안전은 한반도의 평화 유지에 긴요하며, 또 일본을 포함한 동아시아의 평화와 안전에도 필요하다"고 말했다. 1969년의 '한국 조항'이 부활한 것이다. 이에 더하여 미키 총리는 한반도에서 무력 충돌이 재연한 때에는

識:日本は韓国にとって何なのか?』, 東海大学出版社, 68쪽.
63 『每日經濟新聞』, 1975년 1월 24일.

오키나와의 미군기지를 이용할 것을 재확인했다.[64]

이러한 일본의 '한국 재인식'과 한국의 안전보장에 대한 위기감은 한·일 관계의 개신과 한·일 협력으로 이어졌다. 우선 1973년 이후 중단되었던 제8회 한·일 정기각료회의가 재개되었다. 이 회의에서 일본 측 단장인 후쿠다 다케오(福田赳夫)는 "비 온 뒤에 땅이 굳는다"는 속담을 인용하며 장래의 관계가 공고해질 것이라고 말했고, 그 밖에 미야자와 외무대신과 김동조 외무부장관은 한·미·일 3국의 방위협력을 강화하는 것이 이 지역의 불안정한 안보 환경에 극히 중요하다는 입장을 밝혔다.[65]

한·일의 관계 개선은 일본의 대북정책 변화로도 나타났다. 일본은 국제사회의 데탕트 물결에 맞추어 북한과의 관계 개선을 추진했고, 이에 한국이 경계심과 불쾌감을 드러내는 구도가 형성되어 있었다. 하지만 1970년대 후반 이후 일본은 북한과 거리를 두게 되었고, 오히려 한국을 배려하는 자세를 보였다. 1975년의 시정방침 연설에서 미키 총리는 북한과 국교를 정상화할 생각이 없다고 발언하고, 무역 면에서는 수출입은행에 대한 자금 투입 중지를 결정했으며, 또한 1970년대에 한국이 요구했음에도 응하지 않던 조총련에 대한 단속도 시작했다.[66] 그리고 외교 면에 그치지 않고 경제 분야에서도 관계가 개선되었다. 1975년 이후, 한국의 제4차 경제개발 5개년계획에 경제 원조를 실시했고, 대형 차관협정을 체결하여, 한국이 국제부흥개발은행이나 아시아개발은행에 융자를 신청할 때에 지원하기로[67] 결정했다. 또한 정부뿐만 아니라 민간 분야의 경제협

64　ヴィクター.D.チャ, 2003, 157쪽.
65　ヴィクター.D.チャ, 2003, 159쪽.
66　ヴィクター.D.チャ, 2003, 164쪽.
67　ヴィクター.D.チャ, 2003, 162쪽.

력도 진전되었다.

1970년대 후반에는 지금도 현존하고 있는 한·일 협력을 위한 조직체도 창설되었다. 1975년 6월에는 일한의원간친회가 명칭을 바꾸어 한일·일한의원연맹이 발족했다. 일한의원연맹은 일한협력위원회와 함께 한·일 간의 비공식 채널로서 큰 역할을 담당했다. 1978년에는 일한의원안전보장회의가 설립되어 이전 정치·경제 분야의 협력 조직에 더하여 한·일 간에 일종의 금기시되었던 군사 분야의 협력을 목적으로 한 조직도 만들어졌다. 1979년에는 전후 처음으로 일본의 방위청장관이 한국을 공식 방문하는 등 안보 분야의 협력관계도 진전되었다. 1970년대 후반의 한·일 양국은 1970년대 전반과는 사뭇 다르게 외부의 영향에 휩쓸리는 형태이기는 했지만, 다시금 협력하는 관계를 구축했다.

4. 결론

지금까지 1960~1970년대 한·일의 대한·대일 인식을 고찰했다. 1960년대는 한·일 관계에서 한일회담의 타결-한일기본조약의 체결-국교정상화가 가장 중요한 테마였다는 것에 대해서는 누구도 이견이 없을 것이다. 양국은 1960년대 전반에는 1950년대의 회담 때와는 달리 회담의 진전과 기본조약의 체결을 목표로 협력했다. 물론 협상은 아슬아슬하게 이어졌으며, 가령 독도 문제와 같이 최종적으로는 '보류'한 문제도 있다. 그렇다고 하나 결국 한·일의 협력은 기본조약의 체결이라는 형태로 결실을 맺었다. 이 무렵, '다카스기 발언'을 제외하고 일본 측은 한국을 자극하는 듯한 발언을 자제했다. 이를 통해 일본이 한일회담의 조기 타결을 지향한 단면을 엿볼 수 있었다.

한일기본조약 체결 후, 양국 관계는 특별히 진전되지는 않았지만, 일종의 '현상 유지' 상태가 이어졌다. '반공'의 관점에서 일본은 '한국 조항'을 내거는 한편 일부에서는 북한과의 관계 개선을 추진하려는 발언이나 움직임이 등장하기 시작했으며, 한국은 이에 대하여 자국 안보의 불안을 이유로 일본에 경계심을 느러냈다.

1970년대에 들어 그전까지의 협력-현상 유지의 상황이 급변했다. 1960년대 후반부터 시작된 데탕트의 물결에 맞추어 일본의 대중, 대북 접근이 진행되었고 이에 한국은 대통령이 직접 경계심을 표명하기도 했다. 그리고 한·일 간에 큰 마찰을 불러일으킨 김대중 사건과 문세광 사건이 연이어 발생하면서, 한·일 양국은 정부 간뿐만 아니라 국민 상호가 서로의 비난에 열을 올렸다. 이러한 사건들에 더하여 일본의 대북 인식과 '유일한 합법정부'에 관한 인식은 한·일 관계를 이반시킬 수 있는 상황을 조성했다. 결국 양국은 정치적 해결을 선택하기는 했으나, 이 또한 '반공'에 협력하여야 한다고 생각했기 때문으로 추측된다.

정치적 해결 이후, 양국 정부는 1970년대 후반에 들어서는 서로 양보하며 협력관계를 진전시켰다. 그 배경에는 미국이 베트남전에서 패하면서 그다음으로는 한국이 공산화될지도 모른다는 불안감이 존재했기 때문이다. 이러한 까닭에 이 시기에는 서로에 대한 비난이나 일본의 '유일한 합법정부' 인식에 관한 발언도 거의 찾아볼 수 없다. 이러한 한·일의 접근은 1982년, 1983년의 두 정상의 첫 공식 방문을 이끌어내는 큰 포석이 되었다고 볼 수 있다.

1960~1970년대의 한·일 관계는 1970년대 전반의 급격한 악화를 제외하고 협상 과정에서 다소의 충돌이 있었다고는 하나 비교적 평온한 '현상 유지' 시대였다고 말할 수 있겠다. 이 시기 한·일 양국의 서로의 대한 발언을 검증해보면, 역사인식을 드러내는 듯한 발언보다는 북한을 둘

러쌓 안보인식에 관한 발언과 '유일한 합법정부'에 관한 발언이 주를 이룬다. 이처럼 이 시기의 역사 인식에 관한 발언이 많지 않은 이유는 한·일 양국이 역사적 문제를 기본조약의 체결-국교정상화라는 형태로 '정리했다'고 생각했기 때문이 아닐까. 또한 이 시기에는 한·일 협력이 목적인 한·일 양국의 실력자들로 구성된 조직체가 창설되었다. 이 조직체들은 한·일 관계에서 '숨은 가교'로서 큰 역할을 담당했다.

1980년대 이후 들어 다양한 역사인식 문제가 부상하면서 그것을 둘러싸고 한·일은 삐거덕거리는 장면을 많이 연출한다. 그때와 비교하면 1970년대 전반을 제외하고 비교적 평온한 시대였던 1960~1970년대는 한·일이 협력관계를 구축하고자 한 '평화의 시대'였다고 표현할 수 있을지도 모른다.

참고문헌

기미야 다다시, 2011, 「박정희 정권과 한일관계 냉전인식을 둘러싼 공감과 괴리 사이에서」, 국민대학교 일본학연구소 편, 『박정희 시대 한일관계의 재조명』, 선인.
한국역사정치연구회·김용직 편, 2005, 『사료로 본 한국의 정치와 외교: 1945-1979』, 성신여자대학교출판부.
안소영, 2011, 「한일관계와비정식접촉자(非正式接觸者): 국교정상화 성립으로부터 1970년대 초반까지」, 『韓國政治外交史論叢』 제33집 제1호.
한국정부외교문서, 1972a, 『한국의 대일정책 1972』 4847.
한국정부외교문서, 1972b, 『한일 정기각료회의 제6차, 서울, 9. 5-6, 전5권(V1. 사전준비철)』 4948.
한국정부외교문서, 1972c, 『일본의 대한정책 1972』 4852.
한국정부외교문서, 1973, 『한·일본 정기각료회의 제7차, 동경, 12. 26-27, 전5권(V1. 사전교섭)』 5865.
『每日經濟新聞』, 1975년 1월 24일.

高崎宗司, 1996, 『検証日韓会談』, 岩波書店.
高崎宗司·朴正鎮, 2005, 『帰国運動とは何だったのか: 封印された日朝関係史』, 平凡社.
古野喜政, 2007, 『金大中事件の政治決着』, 東方出版.
南基正, 2007, 「韓国民族主義の展開と日韓関係」, 金慶珠·李元徳 編, 『日本の共通認識:日本は韓国にとって何なのか?』, 東海大学出版社.
ヴィクター·D.チャ, 2003, 『米日韓反目を超えた提携』, 有斐閣.
尹景徹, 1986, 『分断後の韓国政治』, 木鐸社.
李庭植, 小此木政夫·古田博司 訳, 1989, 『戦後日韓関係史』, 中央公論社.
小此木政夫, 2004, 『在日朝鮮人はなぜ帰国したのか-在日と北朝鮮50年』, 現代人文社.

朝鮮統一問題研究会, 1980,『シリーズ日韓問題 1 腐敗する政治 機構と人脈』, 晩聲社.

中曽根康弘, 2012,『中曽根康弘が語る戦後日本外交』, 新潮社.

池田慎太郎, 2011,「自民党の『親韓派』と『親台派』岸信介・石井光次郎・船田中を中心に」, 李鍾元・木宮正史, 浅野豊美 編,『歴史としての日韓国交正常化 I 東アジア冷戦編』, 法政大学出版会.

崔喜植, 2015,「日韓政策コミュニティーの生成と変化」. 木宮正史・李元徳 編,『日韓関係史 1965-2015 I 政治』, 東京大学出版会.

南基正, 2012,「戦後日韓関係の展開: 冷戦, ナショナリズム, リーダーシップの相互作用」,『東北大学GEMCジャーナル』7.

山本剛志, 1983,「日韓関係と矢次一夫」,『国際政治』第75号.

安藤純子, 2015,「日韓大陸棚協定研究 – 共同利益の概念と戦後日韓海洋秩序の再検討 –」, 국민대학교 박사학위논문.

倪志敏, 2012,『大平正芳と日韓交渉: 大平・金メモ』の議論を中心に」,『龍谷大学経済学論集』.

池田慎太郎, 2015,「自民党と日韓・日朝関係: 冷戦下の党内対立と議員外交」,『現代韓国朝鮮研究』第15号.

『世界』編集部, 1974,「ドキュメント金大中氏拉致事件」,『世界』, 岩波書店.

日本政府外交文書, 2010a,『日韓関係(日韓協力委員会)』, 2010-3952, SA, 1, 2,2.

日本政府外交文書, 2010b,『日韓関係第6回定期閣僚会議』, 2010-3963, SA, 1, 2,2.

日本政府外交文書, 2010c,『日韓関係(第7回定期閣僚会議)』, 2010-3967, SA, 1, 2,2.

日本政府外交文書, 2010d,『韓国情勢(1969-1978)(わが国としてとるべき施策)』, 2010-3975, SA, 1, 2,1.

『朝日新聞』, 1971年9月27日朝刊.

『朝日新聞』, 1972年9月6日夕刊.

『朝日新聞』, 1973年12月27日朝刊.

『朝日新聞』, 1974年4月26日朝刊.

『朝日新聞』, 1974年9月20日朝刊.

「日韓"岸証言の詳報"」,『毎日新聞』, 1977年5月2日朝刊.

国会会議録検索システム, kokkai.ndl.go.jp (접속일: 2018년 10월 25일, 11월 7일).

전두환 정부하의 역사 문제
1980년대 한·일 역사 문제의 새로운 전개

최희식 국민대학교 일본학과 부교수

1. 서론
2. '65년체제'의 역사 문제 구조
3. 전두환 정부의 등장과 과거사 문제
4. 결론

1. 서론

1965년 한·일 국교정상화 이후 한·일 역사 문제는 일정한 구조로 수렴되었다. 한·일 양국 정부의 기본조약에 대한 이중적 해석을 통해 식민지배가 불법이었는지 합법이었는지에 대한 논의가 애매하게 처리되었다. 또한 일본 정부는 청구권협정으로 모든 식민지 관련 법적 청산이 끝났다는 입장을 표명했고, 반면 한국 정부는 청구권협정으로 "영토의 분리 분할에서 오는 재정상 및 민사상의 청구권"이 해결되었을 뿐 "일제의 36년간 식민지적 통치의 대가"는 아니었다고 다르게 해석했다. 하지만 이러한 다른 해석에도 불구하고 한·일 양국 정부는 이 문제가 정치 이슈화되는 것을 최대한 억제했다.

물론 시이나 외상 성명 형태로 식민 지배에 대한 사죄와 반성을 표명했지만, 대내적으로는 식민 지배를 미화하는 발언이 종종 행해지는 '더블 스탠다드'의 경향이 존재했다. 하지만 한·일 양국 정부는 이를 정치 문제화하는 것을 최대한 억제했다. 자민당과 한국의 권위주의 정권은 '자유진영'의 단결을 전면에 내세우며, 미국을 매개로 특수관계를 형성했던 것이다.

이러한 한·일 양국 정부 사이의 역사 문제 '봉합'은 한국 시민사회의 격렬한 저항에 직면했다. 하지만 박정희 정부는 6·3항쟁에서 보이듯이 이를 강압적으로 탄압했다. 최소한도의 사죄와 역사 문제의 '봉합', 시민사회의 '저항'과 이에 대한 '억압', 이것이야말로 박정희 정부하 한·일 역사 문제의 기본 구조였다.

하지만 전두환 정부의 등장과 더불어 이러한 구조가 흔들리기 시작했다. 우선 1982년 역사교과서 파동은 정통성 위기에 빠진 전두환 정부의 반일감정이 반정부감정으로 전환되는 것에 대한 우려를 증폭했다. 점증하는 민주화운동으로 전두환 정부는 역사 문제에 대한 시민사회의 강력한 저항을 억압하는 것이 아닌 수용하는 형태로 나아갈 수밖에 없었다. 역사교과서 파동 이후 독립기념관 건설을 위한 대규모의 대중 동원은 반일감정을 체제 안정을 위한 에너지로 수렴시키기 위한 정치적 노림수가 있었다는 것은 주지의 사실이다.

또한 새롭게 대두되는 역사 문제(사할린 한인 문제, 한인 원폭 피해자 문제) 등에 대해서도 청구권협정으로 식민 지배의 법적 청산이 끝났다는 일본을 설득해서 이에 대한 전향적 자세를 요구하려는 흐름이 나타났다. 2000년대 한국 정부가 공식화한 '미해결론'과 같은 논리적 주장은 아니었지만, 당시 외교부와 청와대에서는 한일협정에도 불구하고 해결하지 못한 문제가 존재한다는 미약한 의식이 존재했을 가능성을 배제할 수 없다.

시이나 외상 성명보다 진일보한 식민 지배 사죄발언을 이끌어내려는 노력도 가시화되었다. 그 결과 1984년 천황의 '유감' 발언을 이끌어내었다. 이는 1965년 한일협정의 결과 나타난, 역사 문제의 기본 구조에 대한 커다란 수정 작업이었다.

일본 정부 또한 기존의 '더블 스탠다드'에서 탈피해서, 식민 지배에 대한 사죄와 반성을 내재화하기 시작했다. 사할린 한인 문제, 한인 원폭 피해자 문제에 있어, 정부 차원은 아니지만, 한일의원연맹 차원에서 '인도적 문제'로 설정하고 그 대응을 고민하기 시작했다. 한일협정으로 모든 식민 지배의 법적 청산이 끝났다는 형식 논리와 인도적 책임이 상호 결합하는 과정에서 '도의적 책임론'이 예비되어 있었는지도 모르겠다. 또한 근린제국 조항을 담은 미야자와 담화, 야스쿠니신사 공식참배 중지, 망언에 대한 적극적 대처 등 1990년대 한·일 역사 문제의 일반적 패턴이 이 시기에 보이기 시작했다.

이 글은 한일협정에 기반한 박정희 정부 시기의 역사 문제 구조를 일별한 후, 전두환 정부 시기 어떠한 변화가 일어났는지를 분석하는 것을 목표로 한다. 잠정적인 결론은 무라야마 담화, 미해결론, 도의적 책임론, 시민사회의 적극적인 참여, 일본 우파의 망언과 일본 정부의 적극적 대처로 특징되는 1990년대 이후 역사 문제의 구도가 전두환 정부 시기 예비되었다는 것이다. 그런 의미에서 전두환 정부하의 역사 문제는 한·일 역사 문제의 중대한 전환기로 규정할 수 있을 것이다.

2. '65년체제'의 역사 문제 구조[1]

한국과 일본은 1965년 한일기본조약 제2조 "1910년 8월 22일 및 그 이전에 대한제국과 대일본제국 간에 체결된 모든 조약 및 협정이 이미 무효(already null and void)임을 확인한다"는 조항, 청구권협정 제2조 1항 "양 체약국은 양 체약국 및 그 국민(법인을 포함함)의 재산, 권리 및 이익과 양 체약국 및 그 국민 간의 청구권에 관한 문제가 1951년 9월 8일에 샌프란시스코시에서 서명된 일본국과의 평화조약 제4조(a)에 규정된 것을 포함하여, 완전히 그리고 최종적으로 해결된 것이 된다는 것을 확인한다"는 조항에 대해서 다른 해석을 하고 있었다. 한일기본조약 2조는 식민 지배의 법적 성격 문제, 청구권협정 제2조는 식민 지배의 법적 청산 문제에 직결되는 것으로써, 이를 둘러싼 양국의 다른 해석은 식민 지배에 대한 근본적 인식 차이를 드러내는 것이었다.

---

[1] 이 부분은 최희식, 『전후 한일 관계 70년: 우리는 어떻게 갈등을 극복해 왔나?』, 선인, 91-93쪽의 일부를 가필한 것이다.

먼저, '이미 무효(already null and void)'의 구체적 시점과 이에 따른 식민 지배의 법적 성격에 대해 한국과 일본은 상이한 해석을 하면서, 불행한 과거의 완전한 청산은 불가능하게 되었다. 후지사키 마사토(藤崎萬里) 외무성 조약국장은 1965년 11월 25일 참의원 일한조약특별위원회에서 다음과 같이 언급하며, 한일합방조약이 유효했음을 주장했다.

영어의 null and void는 당연히 당초부터 무효였다는 생각도 있는 것 같지만, 전혀 그렇지 않다고 생각합니다. 특히 이미라는 글자가 삽입된 것은 예전에는 유효였다는 것을 확실히 말해주는 것으로, 처음부터 무효였다면 이미 무효라는 것은 성립하지 않습니다. 그리고 무효인 시점의 문제이지만, 일한병합조약은 대한민국 독립일인 1948년 8월 15일에 실효하여, 병합 이전의 모든 조약, 협정은 각각 유효기간의 만료, 혹은 병합까지 존속했던 것은 병합 시에 실효했다고 생각합니다.

이러한 인식은 1965년 11월 5일 중의원 일한조약특별위원회에서 사토 에이사쿠(佐藤榮作) 수상이 "(1910년에 체결된 병합조약은) 대등한 입장에서 또 자유의사로 체결됐다고 생각하고 있다"고 발언한 것과 연장선상에 있었다. 일본은 한일합방조약의 합법성을 넘어 비강제성(자율성)까지 주장하는 것이었다. 샌프란시스코강화조약에서 일본의 한국 독립 승인 규정이 채용됨에 따라 병합조약의 합법성이 간접적으로 인정된 상황은 이러한 일본 입장을 더욱 견고하게 했다.[2]

---

2   장박진, 2009, 『식민지관계 청산은 왜 이루어질 수 없었는가: 한일회담이라는 역설』, 논형, 236-239쪽.

반면 한국은 한일합방조약의 체결 자체가 불법이어서 애초부터 이미 무효였다는 입장을 취하고 있다. 한국 정부는 1965년의 『한일회담 백서』에서 "1910년의 한일병합조약과 그 이전의 대한제국과 일본 제국 간에 체결된 모든 조약, 협정, 의정서 등의 명칭 여하를 불문하고 국가 간의 합의문서는 전부 무효이다. 무효의 시기에 관해서는 무효라는 용어 자체가 별단의 표현이 부대되지 않는 한, 원칙적으로 당초부터 효력이 발생하지 않으며 '이미'라고 강조되어 있는 이상, 소급하여 무효(null and void)이다"라고 기술하며, 원천무효론을 주장했다.[3]

청구권협정에 대해서도 한국 정부는 1965년의 『한일회담 백서』에서 "영토의 분리 분할에서 오는 재정상 및 민사상의 청구권"이 해결되었을 뿐 "일제의 36년간 식민지적 통치의 대가"는 대상이 아니었다고 해석했던 반면, 일본 정부는 식민지배의 합법성에 근거해서 조선의 분리 독립에 따른 양국 및 양국민의 재산, 권리 및 이익과 청구권 등 모든 법적 청산이 이루어진 것으로 해석했다.[4]

이렇듯 식민지배의 법적 성격을 둘러싼 한일 양국의 인식 차이는 "이미 무효(already null and void)"라는 양면 해석이 가능한 문구로 양립할 수 있었다. 전략적 모호성, 혹은 비합의의 합의(agree to disagree)를 통해 양자의 갈등을 봉합했다고 볼 수 있다. 식민 지배의 청산 문제 또한 청구권협정에 대한 해석을 달리하지만 이를 문제 삼지 않고 외교 문제화하지 않는다는 양국의 암묵적 합의에 의해 그 갈등이 봉합되었다.

이러한 '봉합된 역사 문제'는 1965년 2월 시이나 에쓰사부로(椎名悅

---

3 이원덕, 2000, 「한일 관계 '65년체제'의 기본성격 및 문제점: 북·일 수교에의 함의」, 『국제 지역연구』 제9-4호, 47-48쪽에서 재인용.

4 김창록, 2013, 「한·일 과거청산의 법적구조」, 『법사학연구』 제47호.

三郎) 외상 성명에서도 극렬하게 나타났다. 처음 시이나 외상이 준비했던 도착성명 원안은 "36년간의 식민통치에 대한 반성이 표현이 조금도 들어 있지 않았다." 이동원 외무장관이 한국 국민감정에 맞는 역사에 대한 언급이 필요하다며 강력히 요구했고, 한국에 파견되었던 마에다 도시카즈(前田利一) 조사관의 진언에 따라 "양국의 오랜 역사 가운데 불행한 기간이 있었던 것은 매우 유감으로 깊이 반성한다"는 구절로 바뀌게 되었다고 한다. 그러나 위 성명에는 불행한 기간이 무엇을 의미하는지 불명확하고, 반성하는 주체도 구체적으로 언급되지 않은 등 사죄 발언으로 보기에는 무리가 있었다. 실제 1966년 시이나 외상은 이때를 회상하며 "큰마음 먹고 잘못했다고 사과했으면 좋지 않았을까 하는 자도 있다. 이 또한 경솔하고 비굴하게 들린다. 어떻게 하면 좋을 것인가 여러 가지로 궁리해 봤다"고 회상했다.[5]

이렇듯 시이나 성명은 식민통치에 대한 언급 없이는 한국 국민감정을 완화시킬 수 없다는 정치적 고려에 의해 급조된 발언에 불과했다. 오히려 1953년의 구보타 간이치로(久保田貫一郎) 망언에서처럼, 국내적으로는 식민통치가 한국에도 좋은 일이었다는 인식이 강하게 자리잡고 있었다. 실제, 다나카 가쿠에이(田中角榮) 수상은 1974년 1월 24일의 중의원 본회의 답변에서 "긴 합방의 세월 동안 지금도 그 민족의 마음에 남아 있는 것은 일본이 김 양식법을 가르쳐줬고, 나아가 일본의 교육제도, 특히 의무교육제도는 지금까지도 이어지고 있는 훌륭한 것이라고 했다"고 언급하는 등 시이나 외상 성명을 무색하게 하는 발언이 별다른 문제없이 이루어졌다.

---

5 高崎宗司 지음, 최혜주 옮김, 2010, 『일본 망언의 계보(妄言の原形)』, 한울출판사, 238-241쪽.

이렇듯 일본 정부는 한일합방조약의 합법성에 기초하여 교섭을 진행했으며, 최소한도의 사죄만 표명했을 뿐 식민통치에 대한 반성과 거기에 기반한 미래지향적 한·일 관계를 구축하기 위한 의지를 보여주지 않았다.

물론 한국 정부 또한 과거사 청산에 적극적이었다고 말하기 힘들었다. 이승만 시기 이래 한일회담의 목적은 북한과의 체제경쟁에서 승리하기 위한 청구권 문제의 해결이었으며, 이를 위해 '식민지 지배 자체에 대한 청산'이 아니라 '식민지 시대에 일어난 문제들의 처리'를 추구했다. 예를 들어, 1949년 이승만 정부가 작성한 「대일배상요구서」는 식민지 지배 자체의 불법성에 기반한 책임 추궁이 아니라 중일전쟁 이후의 인적·물적 피해, "영토 분리분할에서 오는 재정상 및 민사상의 청구권 해결 문제"에 불과했다. 그나마 배상이라는 단어를 사용했으나 이마저도 청구권 문제로, 그 이후에는 경제협력 문제로 전환되어 갔다.

한일합방조약의 합법성을 전제로 교섭에 임하는 일본 정부의 협상자세는 전쟁의 폐허에서 다시 시작해야 하는 한국에게는 어찌 보면 넘기 힘든 벽이었는지도 모른다. 무엇보다 냉전의 구조적 산물로서 샌프란시스코강화조약은 과거 청산을 강제할 규정을 공백으로 남겨둠으로써 한일회담에서의 과거청산 기회를 낮추었다. 애초 샌프란시스코강화조약에서 일본의 한국 독립 승인 규정이 채용됨에 따라 병합조약의 합법성이 간접적으로 인정된 상황에서, 한국 정부가 병합조약의 무효에 입각한 교섭을 할 수도 없었다. 한국이 샌프란시스코강화조약에 참여할 수 없었다는 것, 즉 전승국 위치를 획득하지 못한 것 또한 배상에 입각한 교섭을 하기 힘든 조건이었다.[6]

---

6   장박진, 2009, 236-239쪽.

이러한 구조적 제약 속에서 박정희 정부는 '반공'과 '경제건설'을 위한 일본의 경제 지원을 얻고자 한일회담에 더욱 현실적인 입장을 취하게 되면서 과거사 청산 문제는 더욱 주변화되어 갔다. 이에 따라 '과거사의 완전 청산'을 요구하는 목소리는 한일협정반대운동의 형태로 나타났고, 박정희 정부는 '6·3항쟁'과 같이 반정부 투쟁으로 확산되어 가고 있던 반대 시위를 극력 저지했다.

이렇듯, 한국 국민은 권위주의체제하에 침묵을 강요당했을 뿐, 과거사 청산에 침묵하는 한·일 양국 정부에 비판적이었다. 한국 국민 누구도 1965년 국교정상화가 과거사를 청산하고 미래지향적 한·일 관계의 토대를 구축했다고 믿지 않았다. 이는 오히려 한국 국민들에게 '사죄하지 않는 일본'이라는 이미지를 각인시키는 계기가 되어버렸다. 결국 역사 문제의 미해결로 양국 사이의 역사적 앙금은 해소되지 못했고, 이러한 불신은 한국의 민주화 과정에서 폭발적으로 드러나게 되었다.

3. 전두환 정부의 등장과 과거사 문제

이렇듯 65년체제하의 역사 문제는 식민 지배의 법적 성격(합법이냐 불법이냐) 문제를 애매하게 처리하고, 식민 지배의 법적 청산에 있어서도 청구권협정에 대한 해석을 달리하며 정치 문제화하지 않는 방식을 취했다. 물론 일본의 형식적인 사죄가 표명되었다. 하지만 일본 내에서는 식민 지배의 사죄가 내재화되지 않았고, 무신경 구조하에 식민 지배가 정당화되기도 했다. 최소한의 사죄와 역사 문제의 봉합, 시민사회의 저항과 억압, 이것이 65년체제의 역사 문제 구조였다.

하지만 1980년대 한국의 민주화 과정에서 이러한 기본 구도가 흔들리기 시작했다. 그 시작은 전두환 정부의 등장이었다. 전두환 정부는 쿠데타에 의한 정권 장악으로 심각한 정통성의 위기에 직면했다. 따라서 한국의 반일운동이 반체제운동으로 확대되는 것을 경계했다. 더군다나 당시 외교부는 '한글세대'로 불리는 전후세대가 외교 현장에서 활약하고 있었다. 이들은 식민시대 교육을 받아 일본과의 특수관계를 형성했던 전(前) 세대와 달리, 역사 문제에 대한 보다 적극적인 해결을 추구하려는 성향이 강했다.[7] 이에 따라 전두환 정부는 박정희 정부와 달리 한·일 과거사 문제에 더욱 적극적인 자세를 보일 수밖에 없었다.

먼저 사건은 역사교과서 문제에서 시작되었다. 1982년 6월 26일, 1981년도 교과서 검정에서 고등학교 일본사 교과서에 중국에의 '침략'이라는 표기가 '진출'이라는 단어로 수정되었다는 보도로 한국 시민사회에서는 반일운동이 활발히 전개되었다. 전두환 정부는 이러한 반일운동의 에너지가 반체제운동으로 전환되는 것을 방지하고자 독립기념관 건립을 위한 대중 모금운동을 전개했다. 결국 정부에서는 건립 부지를 매입하여 제공하고, 국민들의 성금으로 건립에 소요된 자금을 충당하는 방식을 취했다. 이러한 시민사회의 성장, 더 정확하게는 민주화운동으로 인한 저항 시민사회의 형성으로 역사 문제는 국내 문제화되기 쉬운 환경에 빠지게 되었고, 전두환 정부는 이에 적극적으로 대응할 수밖에 없어졌다.

문제는 신냉전과 한국의 경제위기라는 대내외적 환경 변화가 발생했다는 점이다. 이는 안보경협에서 나타나듯, 한·일 협력의 필요성을 증대시켰다. 전두환 대통령은 당시 2차 석유위기로 위기에 처해 있던 한국 경제를 위해 일본에 대규모 원조를 요구할 태세였다. 한국 정부는 여기에서 미국을 먼저 설득하려 했다. 1981년 2월 로널드 레이건(Ronald W.

---

7 당시 외교부의 중진이었던 김석우 전 차관과의 대화에서 확인된다.

Reagan) 미국 대통령과의 회담에서 "일본은 미국이 2개 사단의 병력을 한국에 주둔시키는 데 필요한 만큼의 금액을 방위비 형태가 아닌 경제협력의 방식으로 한국에 지불해야 한다"며 미국의 지지를 부탁했다. 일본의 역할을 강조하던 미국이 한국 입장을 지지하자, 한국 정부는 일본에 60억 달러의 정부 차관, 일본수출입은행 자금 40억 달러, 총액 100억 달러에 이르는 경제협력을 공식적으로 요청했다. 이러한 한국 정부의 대규모 원조 요청에 대해 당시 외무부장관 노신영은 다음과 같이 '방파제'론을 다시금 이용했다.[8]

> 우리 정부와 국민은 한국의 방파제 역할로 인하여 일본이 안정과 번영을 누리고 있으므로 일본은 과다한 방위비 부담으로 어려움을 겪고 있는 한국을 도와야 한다는 생각이었고, 일본의 남북한 등거리 정책이라든가 기회주의적 자세를 못마땅하게 여기고 있었다.

반면 일본 정부는 이러한 정치적 고려에 의한 경제협력은 불가능하며, 경제원조의 구체적 프로젝트를 제시하기를 요구했다. 한국에 대한 경제원조를 반공망의 구축으로 이해한 혁신세력의 반발을 의식했기 때문이다. 한국 정부가 제5차 경제사회발전 5개년계획의 추진에 사용될 것이라며 구체적 프로젝트를 제시하자 경제협력을 둘러싼 한·일 교섭이 시작될 수 있었다. 한국 정부의 제안에 대해 일본 정부는 15억 달러 차관과 수출입은행 자금 25억 달러, 총액 40억 달러 제공으로 맞섰다. 하지만 스즈키 젠코(鈴木善幸) 내각은 경제협력 교섭을 철저히 관료적 방식으로 처리함으로써 교섭은 진전이 없었다. 더군다나 역사교과서 파동으로 한·일

---

8   노신영, 2000, 『노신영 회고록』, 고려서적, 279쪽.

관계가 급속히 냉각됨에 따라 교섭은 중단되었다.

자유진영국가의 일원임을 강조하며, 국제적 역할을 적극 수용하려는 나카소네 야스히로(中曾根康弘) 내각이 들어서자 교섭은 급진전되어, 최종적으로 엔차관 18.5억 달러, 수출입은행 유자 21.5억 달러, 총액 40억 달러로 타결을 보았다. 나카소네 수상은 스즈키 내각에서 갈등 일로에 있었던 미·일 관계를 회복하기 위해서는 미국이 요구하던 국제적 역할을 수용하는 것을 보여주어야 한다고 생각했기에 한·일 안보경협 문제에 적극적으로 임했던 것이다.[9]

결국 전두환 정부는 점증하는 민주화 요구 등 시민사회의 성장, 경제 위기와 신냉전에 대응하기 위한 한·일 협력의 전략적 필요성, 이 양자를 고려하며 대일정책을 강구하지 않을 수 없었다. 이에 대한 전두환 정부의 답변이 새로운 한·일 관계, 즉 '한·일 관계의 신기원'이었던 것이다. 즉, 박정희 정부와는 달리 역사 문제에 대한 일본의 전향적 자세를 견인하면서도, 한·일 협력을 강화하는 전략을 통해 기본 한·일 관계 구조를 재편하는 것이었다. 이를 위해서는 역사 문제, 특히 식민 지배에 대한 천황의 사죄 발언은 불가피했으며, 이를 통해 재일한국인 법적 지위 향상, 사할린 한인 문제 등 새로운 현안 해결 등을 모색하고자 했던 것이다.

---

9 한·일 안보경협에 대해서는 다음 참조. 小此木政夫, 2001, 「新冷戰下の日米韓体制: 日韓経済協力交渉と三国戦略協調の形成」, 小此木政夫·文正仁 編, 『市場·国家·国際体制』, 慶應義塾大学出版会; 손기섭, 2009, 「한일안보경협 외교의 정책결정: 1981-1983년 일본의 대한국 정부차관」, 『국제정치논총』 제49집 1호; 고모다 마유미, 2013, 「한일 '안보경협' 분석: 역사적 전개와 이론적 함의」, 고려대학교 박사학위논문.

1) 새로운 역사 문제에 대한 대응

한국 정부는 1965년 재일동포 법적 지위 협정에도 불구하고, 재일동포의 법적 지위 문제에 여전히 문제가 있다고 생각하며 그 개선을 위해 노력해 왔다. 1969년 1차 한·일 정기각료회담에서 재일한국인 법적 지위 향상 문제를 협의한 이래, 이 문제는 한·일 정부 간 협의에서 매번 중요한 이슈가 되었다.

전두환 정부 등상과 더불어 주목해야 할 것은 법적 지위 문제와 더불어 사할린 한인 문제, 원폭 피해자 문제, 문화재 반환 문제, 한인 유골 반환 문제 등 새로운 역사 문제가 정부 차원에서, 그리고 한일의원연맹 차원에서 논의되기 시작했다는 점이다.

1981년 4월 8차 한일의원연맹 합동총회에서 재일한국인법적지위향상 특별위원회를 설치하여, 재일한국인 법적 지위 문제를 중심으로 사할린 한인 문제, 한국인 원폭 피해자 문제를 논의하기로 했다. 실세 1982년 한일의원연맹은 10차 합동총회를 마친 뒤 공동성명에서 다음과 같이 사할린 한인 문제와 원폭피해자 문제를 해결하기 위해 노력할 것을 합의했다.[10]

> 양국 의원단은 재일한국인의 지위 향상 문제에 관하여 그 간 양측 연맹의 성과를 평가하고, 사할린 억류 한국인의 조기귀환과 한국인 피폭자의 구제 문제를 포함하여 계속 노력할 것을 약속하였다.

1984년 한일의원연맹 법적지위위원회에서는 사할린 교포 문제와 원

---

10 한일의원연맹, 1984, 『한일의원연맹 활동보고서』, 34쪽.

폭 피해자 문제가 구체적으로 논의되었다. 그 회의록에는 다음과 같이 기록되어 있다.[11]

> **사할린 교포 문제** 일본 측은 소련과 북한의 태도가 문제라면서 정부에 대한 계속적인 송환 촉구운동 전개를 다짐. 일본 측은 동 문제 해결을 위해 국제적십자와 국제연합에도 협조 의뢰를 하고 있음을 강조. 이 문제와 관련, 일본 측은 북한 거주 일본인 처 모국 방문 요망에 대한 북한의 폐쇄적 정책을 신랄히 비난.
> **한국인 원폭 피해자 문제** 역사적·인도적 견지에서 적극적인 구제운동을 전개하기로 합의.

여기에서 주목할 것은 '인도적 견지'라는 말이다. 사할린 교포 문제와 한국인 원폭 피해자 문제를 식민 지배 청산 관련 문제로 보지 않고, 인도적 견지에서 보고 있다는 것은 주목할 필요가 있다. 즉 '인도적 견지'라는 말 속에는 1965년 한일협정으로 식민 지배 관련 법적 청산이 모두 끝났지만, 도의적 차원에서 식민 지배 관련 문제를 일본이 전향적으로 대처해야 한다는 논리가 내재해 있는 것이다. 이러한 문제가 전두환 정부 기간 내 한·일 정부 간 교섭보다는 한일의원연맹 내의 교섭으로 전개되었다는 것 또한 이 때문일 것이다.

이러한 노력에 기인하여 1981년부터 일본 정부의 후원 아래 한인 원폭 피해자의 도일(渡日)치료가 실행되었다. 1991년과 1993년에는 일본 정부가 재한 원폭피해자복지기금에 40억 엔을 출연하여 의료사업을 지원했다. 1988년부터는 사할린 한인에 대한 예산도 편성되어, 이후 사할

---

11 한일의원연맹, 1984, 『한일의원연맹 활동보고서』, 18-19쪽.

린 한인 일시귀국과 영주귀국을 지원했다.[12] 점증하는 한국의 요구는 결국 정부 간 교섭으로 전화되었고, 일본 정부가 인도적 견지에서 이에 내응하는 구조가 1980년대 후반부터 나타나기 시작한 것이다.

무엇보다 전두환 정부가 힘을 기울였던 것은 재일동포 법적 지위 문제였다. 1984년 전두환 대통령 방일을 앞두고 '무궁화계획'이 입안되었다. 이 중 가장 중요한 것은 후술하는 천황 사죄 발언이었지만, 동시에 한국 정부는 재일한국인 법적 지위 문제를 집중 거론하여 문제의 해결을 도모했다.

1984년 1월 31일 기안된 무궁화계획에서는 "한반도의 상징적 지도자 이미지 부각과 더불어 재일동포 사기 진작 행사(북한의 대일 침투 기반 약화)"를 목표로 재일한국인 법적 지위 문제를 주된 의제로 상정했다.[13]

실제 같은 해 5월 14일, 김재춘 아주국장은 고토 공사와의 회담에서 "경제 문제나 재일한국인 문제 등은 단시간에 해결될 문제는 아니라 하더라도 우리로서는 중요한 문제로서 이것을 다루지 않는 것은 이상함"이라며 재일한국인 법적 지위 문제에 대한 일본의 전향적 자세를 요구했다.[14] 한국 정부의 구체적인 요구사항은 잠재거주자 일괄구제, 외국인 등록법 개정(지문 날인 제도 및 외국인 등록증 상시 휴대 폐지), 취업 문호 개방, 국민연금법 전면 허용 등이었다.[15]

---

12 정재정, 2014, 『한일의 역사갈등과 역사대화』, 대한민국역사박물관, 95-96쪽.
13 대한민국외교사료관 외교문서, 「무궁화계획(1차안) 1984. 1. 31」, 『전두환 대통령 일본방문, 1984. 9. 6~8 전 19권(V.1기본계획Ⅰ)』(등록번호 11629), 6-7쪽.
14 대한민국외교사료관 외교문서, 「김재춘 아주국장 고토 공사 면담록 1984. 5. 14」, 『전두환 대통령 일본방문, 1984. 9. 6~8 전 19권(V.1기본계획Ⅰ)』(등록번호 11629), 60쪽.
15 대한민국외교사료관 외교문서, 「무궁화기본계획 대일 교섭지침 1984. 5. 29」, 『전두환 대통령 일본방문, 1984. 9. 6~8 전 19권(V.1기본계획Ⅰ)』(등록번호 11629), 76쪽.

이에 대해 일본은 "국적법 개정 등 여러 개선 조치를 취하여왔음. 법무성 등과 협의했으나 더 이상 취할 조치가 없음. 외국인 등록증 상시 휴대 의무, 지문 채취 제도 등은 일본 국내법상 규정되어 있으며, 이의 개정이 용이치 않음. 상기 조치는 조총련 규제 등 대북 관계를 고려 취하고 있는 조치임"이라며 소극적 자세로 일관했다.[16]

반면, 한일의원연맹을 통해 그 해결이 도모되었던 사할린 한인 문제는 전두환 대통령 방일 시 주요 의제는 아니었던 것으로 보인다. 무궁화계획에 사할린 한인 문제는 등장하지 않았으나, 1984년 8월 22일 「대통령 각하 일본국 공식방문 준비 상황 보고」에서 처음으로 '재일한국인 및 사할린 동포 문제'란 단어가 등장했다.[17] 이후 몇몇 문서에서 '사할린 동포 문제'라는 단어가 등장은 하지만 구체적인 교섭 내용은 없었다. 이는 한국 정부가 1965년 한일협정으로 모든 식민지 관련 문제가 해결되었다는 일본 정부의 태도에 직면하여 정부 간 교섭보다는 한일의원연맹을 통해 해결하고자 했기 때문으로 보인다.

문화재 반환 문제 또한 무궁화계획에 등장하지 않았다. 다만 1984년 8월 31일, 조희용 사무관과 스다 1등 서기관 면담에서 "동 회담(정상회담) 의제 관련, 한국 측이 제의한 교과서 문제, 문화재 반환 문제는 이미 양국 간 타결된 문제이며, 관방장관이 소관하는 사항이 아닌바, 동 회담 의제로는 적절하지 않다고 생각함"이라고 기술되어 있는 것을 보아, 한국 정부

---

16 대한민국외교사료관 외교문서, 「무궁화계획과 관련한 일측 의도 및 우리의 대응전략 1984. 7. 12」, 『전두환 대통령 일본방문, 1984. 9. 6~8 전 19권(V.1기본계획Ⅰ)』(등록번호 11629), 116쪽.

17 대한민국외교사료관 외교문서, 「대통령 각하 일본국 공식방문 준비상황보고 1984. 8. 22」, 『전두환 대통령 일본방문, 1984. 9. 6~8 전 19권(V.1기본계획Ⅰ)』(등록번호 11629), 275쪽.

는 최소한 문화재 반환 문제가 어떻게든 새롭게 해결되어야 한다는 인식을 가지고 있었다고 보여진다.[18] 여기서 교과서 문제가 타결되었다는 것은 후술하는 미야자와 담화와 근린제국 조항에 의한 타결로 보인다. 문제는 문화재 반환 문제도 이미 타결된 문제라고 기술되어 있는 부분이다. 그러므로 일본 정부는 1965년 한일협정에서 문화재 문제 또한 최종적으로 해결되었다는 입장을 견지하고 있었고, 이것에 의해 한국의 요구가 기각된 것으로 보인다.

이와 더불어 1990년대 이후 한·일 관계의 중요한 이슈 중 하나였던 한국인 유골 반환 문제도 전두환 정부 시기 새롭게 대두되었다. 이 또한 한일의원연맹의 활동을 통해 일정 정도의 진전이 존재했다. 한일의원연맹은 1987년에 도쿄 메구로 소재 유텐지에 보관되어 있는 제2차 세계대전 시 한국인 희생자 유골(1,140주)의 이전 봉안 문제를 제기하며, 일본 측의 적극적인 협조를 약속받았다. 이 문제의 경위에 대해서는 다음과 같이 기술되어 있다.[19]

> 정남의원이 도쿄 메구로 소재 유텐지에 보관되어 있는 2차 대전 시의 한국인 희생자 유골(1,140주)을 한국 사찰인 경도(京都) 소재 고려사에 봉안하려고 하나, 관리 관청인 일본 후생성이 이를 허가해주지 않고 있다고 밝히고 일본 측의 적극적인 협조를 요망하였음.
> 동 문제에 대해 김숙현 간사장은 현장을 둘러봤으나 유골이 불단 아

---

18 대한민국외교사료관 외교문서, 「조희용 사무관 스다 1등 서기관 면담요록 1984. 8. 31」, 『전두환 대통령 일본방문, 1984. 9. 6~8 전 19권(V.1기본계획I)』(등록번호 11629), 330쪽.

19 한일의원연맹, 1987, 『한일의원연맹 활동보고서』, 18쪽.

닌, 창고에 쌓여 있어 매우 섭섭하다고 말하고, 유골 중 북한 관계자가 있을지 모르며, 나중에 북한 측에서 반환을 요구하면 곤란하게 되니 고려사 이전이 곤란하다는 후생성의 거부 사유는 일반 고려사에 봉안했다가 혹 그런 사유가 생기면 반환하면 되니 문제가 없으므로 지원, 협력을 요망하였음.

이에 대해 일본 측은 모두 놀라움을 표시하였으며, 후생성장관을 지낸 오자와 타쓰오 의원이 즉각 조사를 하여 선처하겠다고 약속하였음.

이렇듯 한·일 국교정상화 이후 줄곧 문제가 되었던 재일동포의 법적 지위 문제는 양국 간 교섭과 한일의원연맹 내 교섭이라는 두 가지 경로를 통해 지속적으로 해결 방안을 추구해왔다. 전두환 정부 이후의 특징은 사할린 한인 문제와 원폭 피해자 문제, 한국인 유골 반환 문제 등 새로운 문제에 대해 한일의원연맹을 통한 해결 방안을 모색했다는 점이다. 그리고 이들 문제는 '인도적 견지'라는 원칙이 부여되었다는 점이다.

2) 전두환 대통령 방일과 천황 발언

전두환 대통령 방일에서 가장 중시된 것은 천황의 발언이었다. 1984년 1월 31일 시안된 무궁화계획에서 전두환 대통령 방일은 천황의 초청에 의한 한·일 관계사 중 최초의 국가원수의 공식방문으로 "한·일 과거사 청산의 상징적 의의"를 가진다고 기술되어 있다.[20] 따라서 한국 정부는 1965년 시이나 외상의 과거사 성명보다 진일보한 발언이 한·일 관계의 발전을 위해 필요불가결하다는 생각을 했던 것이다. 이에 따라 한국 정부

---

20 대한민국외교사료관 외교문서, 「무궁화계획(1차안) 1984. 1. 31」, 『전두환 대통령 일본방문, 1984. 9. 6~8 전 19권(V.1기본계획Ⅰ)』(등록번호 11629), 6쪽.

는 다음과 같이 천황의 과거사 반성이 불가피하다고 보고 있었다.[21]

천황의 과거사 반성
- 방일의 대전제이며 또한 한·일 관계의 미래상 정립의 전제이므로 반드시 있어야 함.
- 과거사와 관련한 국민감정 등을 감안, 최대한 강한 어조의 반성을 확보하여야만 방일 자체에 대한 국민의 납득을 구할 수 있음(과거의 불행한 역사에 대한 솔직한 인성, 유감 표명 및 깊은 반성 내지 책임 통감, 금후의 겸허 자세).
- 공식 발언 문서화 또는 최소한 궁중 만찬 시 만찬사에 포함.

여기에서 한국 정부는 "반성"이라는 단어에 집착함을 알 수 있다. 실제 같은 해 6월 작성된 「무궁화 계획 참고사항」에서 "식민지 시대의 최고 상징인 장본인으로부터 반성을 받아냄으로서 식민지 시대 청산의 상징적 의의 제고"라고 설명되어 있으며, "한·일 관계사의 특수성, 민족감정을 고려할 때, 일·중 관계와 같은 약한 표현이나 유감 표현만으로는 불충분"이라고 기록되어 있다.[22] 1965년 시이나 외상 성명에도 반성이 표명되었으나 그 주체가 불분명했던 만큼, 국가원수의 발언에서 반성이라는 단어를 삽입함으로써 진일보한 발언을 이끌어내고자 했던 것이다.

실제, 한국 외무부는 이러한 과거사 반성이 제대로 이루어졌을 경우

---

21 대한민국외교사료관 외교문서, 「무궁화기본계획 대일교섭지침 1984. 5. 29」, 『전두환 대통령 일본방문, 1984. 9. 6~8 전 19권(V.1기본계획 I)』(등록번호 11629), 75쪽.

22 대한민국외교사료관 외교문서, 「무궁화계획 참고사항 1984. 6」, 『전두환 대통령 일본방문, 1984. 9. 6.~8 전 19권(V.1기본계획 I)』(등록번호 11629), 94쪽.

다음와 같은 전문을 포함하는 「한·일 관계 기조선언(가칭)」을 염두에 두고 있었다.[23]

> 전두환 대통령과 나카소네 수상의 역사적인 상호 방문 실현으로 상징되는 바와 같이 한·일 관계사의 신기원이 열리고 있음에 유의.
> 양국은 각각 고유한 전통과 문화를 지켜오면서 상호 긴밀한 관계를 유지하여온 가장 가까운 隣邦임을 재확인.
> 이러한 양국 간의 장구한 관계사 가운데 일시적으로 있었던 불행한 과거는 올바르게 성찰하여 다시는 되풀이 되는 일이 없도록 하여야 할 책임을 명심.
> (후략)

이러한 「한·일 관계 기조선언(가칭)」은 천황의 과거사 반성을 통해 식민지 지배와 관련된 역사 문제를 일단락하고 새로운 한·일 관계 구축을 시도하려는 노력으로 보인다. 다만 "불행한 과거", "올바르게 성찰", "다시는 되풀이되는 일이 없도록 하여야 할 책임" 등 매우 약한 어조로 되어 있음이 특징이다.

이러한 한국의 기본 입장에 대해 일본 정부 또한 천황 초청에 의한 국빈방문인 이상, 식민 지배 관련 천황 발언은 불가피한 것으로 보고 있었다. 다만 한국 정부는 일본 정부가 1965년 시이나 외상 발언 수준을 고려하고 있다는 사실을 알게 되고, 8월 7일 주일대사를 통해 아베 외상과

---

23 대한민국외교사료관 외교문서, 「가칭 한·일 관계기조선언 1984. 6. 10」, 『전두환 대통령 일본방문, 1984. 9. 6.~8 전 19권(V.1기본계획Ⅰ)』(등록번호 11629), 86쪽.

의 면담 시 시이나 외상 발언 이상의 표현을 요청하게 된다.[24]

이에 대해 마에다 주한대사는 8월 17일 면담에서 "현재 일본 정부 재임하 신중히 검토 중, 적절한 표현 있을 것임을 시사"했다.[25] 문제는 일본 정부가 그 내용을 구체적으로 전달하지 않는 상황에서 "천황 발언이 행해길 경우 이를 평가해"달라고 요구한 것이었다. 따라서 한국 정부는 천황 발언에 대한 요구 수준을 명확히 전달할 필요가 있었다. 8월 28일, 김재춘 아주국장과 타니노 공사와의 면담에서 한국 정부는 천황 사죄 발언이 시이나 외상보다 진일보해야 한다는 사실을 다음과 같이 설득했다.[26]

천황의 과거사 언급이 천황의 만찬사에 포함될 것인지 또는 어느 계기에 이야기 될 것인지 짐작하기 어려운 상황하에서, 일 측의 결과가 나오면 한국 측이 평가해주길 바란다고 요청하는 것은 무리임. 본 건은 정권을 건 커다란 문제인바 최소한 65년 국교정상화 당시의 시이나 외상 발언 내용 이상은 확보되는 것이 금후의 한·일 관계 정립에 절대 필요함.

동시에 문제가 된 것은 같은 해 7월 언론보도에 의한 일본 국내 반발의 확산이었다. 7월 일본 언론은 이원경 외무부장관이 천황의 과거사 사

---

24 대한민국외교사료관 외교문서, 「무궁화계획 check list(정무관계) 1984. 8. 7」, 『전두환 대통령 일본방문, 1984. 9. 6~8 전 19권(V.1기본계획Ⅰ)』(등록번호 11629), 194쪽.
25 대한민국외교사료관 외교문서, 「대통령 각하 방일에 관한 보고 1984. 8. 28」, 『전두환 대통령 일본방문, 1984. 9. 6~8 전 19권(V.1기본계획Ⅰ)』(등록번호 11629), 308쪽.
26 대한민국외교사료관 외교문서, 「김재춘 아주국장, 타니노 공사 면담요록 1984. 8. 28」, 『전두환 대통령 일본방문, 1984. 9. 6~8 전 19권(V.19천황발언)』(등록번호 17744), 70쪽.

죄 발언을 공식적으로 요청했다는 내용을 보도했다. 이를 계기로 일본 내에서는 전두환 대통령의 방일에 부정적인 기류가 확산되었다.

이원경 장관은 7월 6일, 아베 외상과의 회담에서 해당 신문 기사가 오보임을 해명하면서도 "한국 정부와 국민들의 마음속에는 이번과 같은 역사적 계기에 일본국 천황으로서 과거사에 대해 반성하고 유감을 표시하는 말은 있어야 하지 않겠는가 하는 생각을 가지고 있는 것은 사실"이라며 일본 정부의 적극적 대응을 요구했으며 일본 정부 또한 적절한 표현을 약속했다.[27] 이후 한국 정부는 일본 정부가 적절한 표현을 약속한 이상, 천황 발언이 이슈화되는 것을 막기 위해 일본에 대한 외교적 압력을 최대한 자제하며 절제된 자세로 임했다.

결국 천황 발언은 한국의 요구, 일본 국내적 반발, 한·일 관계상의 필요성을 배경으로 나카소네 수상 주도로 처리될 수밖에 없었다. 나카소네 수상은 소극적인 궁내청에 다음과 같은 지시를 했다고 전해진다.[28]

1. 앞으로의 한·일 관계를 생각하면, 메이지 시대의 안건에 대해서도 현 천황이 유감의 뜻을 표해두는 것은 필요하며 타당하다고 생각한다. (중략)
2. 종례의 예를 보아도, 미국 포드 대통령, 인도네시아 수하르토 대통령, 필리핀 가르시아 대통령의 방일, 만찬회에 있어서 각하로부터 유감의 뜻 표명이 있었고, 한국 대통령에 있어 예외를 만드는 것은 적절하지 않다. (중략)

---

27 대한민국외교사료관 외교문서, 「외무장관 간 대화록 1984. 7. 6」, 『전두환 대통령 일본 방문, 1984. 9. 6~8 전 19권(V.1기본계획 I)』(등록번호 11629), 178쪽.
28 服部龍二, 2015, 『外交ドキュメント: 歷史認識』, 岩波新書, 42쪽.

3. 국제국가 일본은 국제적 표준에 서서 공정한 태도를 취해야 한다.

천황 발언을 둘러싼 조정은 궁내청과 외무성 그리고 관저가 몇 차례 실시하여 9월 1일 결정되어 한국 정부에는 5일에 통보되었다. 이 과정에서 식민지 지배를 했던 유럽의 원수가 과거의 식민지를 방문했을 때 어떤 발언을 했는지 조사했다. 결국 나카소네 수상은 "불행한 과거는 정말로", "다시금 되풀이되어서는 안 된다"는 표현을 직접 결정했고, '유감'이라는 단어도 넣었다고 한다.[29] 결국 이러한 나카소네 수상의 노력으로 다음과 같은 천황 발언이 행해졌다.[30]

회고해보면 귀국과 우리나라와는 일의대수의 인국으로 그간에는 옛날부터 여러 분야에 있어서 밀접한 교류가 행해져왔습니다. 우리나라는 귀국과의 교류에 의해 많은 것을 배웠습니다. 예를 들면, 기원전 6~7세기 우리나 국가형성의 시대에는 다수의 귀국인이 도래하여 우리나라 사람들에게 학문, 문화, 기술 등을 가르쳤다는 중요한 사실이 있습니다. 긴 역사에 걸쳐 양국은 깊은 이웃관계에 있었던 것입니다. 이와 같은 사이에도 불구하고 금세기의 한 시기에 있어서 양국 간에 불행한 과거가 있었던 것은 심히 유감이며, 다시 되풀이되어서는 안 된다고 생각합니다.

이러한 천황의 발언은 한국 외무부의 「한·일 관계 기조선언(가칭)」과

---

29 전규환, 2017, 「일본의 황실외교와 한·일 관계」, 『일본연구논총』 제46호, 215쪽.
30 평화문제연구소, 1984, 「시론-전두환 대통령의 방일을 결산한다: 지난날의 불행했던 역사를 딛고 동반시대 개막의 새 전환기 마련」, 『통일한국』 제12호, 21쪽.

도 큰 차이를 보이지 않았다. 다만 이 천황 발언에는 반성이라는 단어가 들어가지 않았다. 이를 보완하기 위해 나카소네 수상은 방일 전 8월 22일 한국 언론인단과의 회견에서 "과거에 있어서 폐를 끼치고 참해를 입힌 것에 대해 깊이 반성하고 다시 일어나는 일이 없도록 결의하고 있다"는 발언을 했다. 동시에 전두환 대통령 방일 오찬사 중에서 나카소네 수상은 이하와 같은 발언을 하며 반성을 표명했다.[31]

> 우리나라가 귀국에 힘입은바 많았던 일·한 양국 교류사 중에서 유감스럽게도 금세기의 한 시기에 우리나라가 귀국과 귀국 국민에 대하여 다대한 고난을 입힌 사실을 부정할 수 없음. 본인은 정부 및 우리 국민이 이러한 잘못에 대하여 깊은 유감의 뜻을 되새김과 동시에 장래에 이런 일이 없도록 굳게 결의하고 있음을 표명하고 싶음. 일본 정부와 일본 국민은 전후 이러한 과거의 반성 위에 서서 성의를 갖고 새로운 양국 관계를 구축하기 위한 노력을 해왔음. 작년 본인의 귀국 방문도 마찬가지로 이러한 반성에 입각한 것이며 일한 양국 간 새로운 시대의 막을 열고자 하는 국민의 염원에서 실행된 것임.

이 발언 내용을 하루 전에 일본으로부터 통보받은 외교부는 다음과 같은 논평을 준비했다.[32]

금세기 한·일 관계의 과거사에 관한 천황의 발언은 천황이 직접 우리

---

31   평화문제연구소, 1984, 22쪽.
32   대한민국외교사료관 외교문서, 「과거사 발언 내용 및 브리핑 1984. 9. 5」, 『전두환 대통령 일본방문, 1984. 9. 6~8 전 19권(V.19천황발언)』(등록번호 17744), 80쪽.

국가원수를 대면해서 과거에 대한 반성을 했다는 데 의의가 있다. 한·일 양국 관계는 과거에 대한 반성을 토대로 미래를 개척해나감이 중요하므로 금번 일본 천황에 의한 진지한 과거사 반성은 한·일 양국이 앞으로 밝은 미래를 지향해나가는 데 있어서 중요한 지표가 될 것이다. 이러한 반성의 정신은 한·일 양국의 미래사에 구현될 것으로 확신한다.

외교부의 논평은 천황의 유감 표명이 당초 반성을 요구하던 입장을 만족시키지 못한 것이었음에도 불구하고, '유감' 표명을 '반성'으로 해석하고 있는 것이 특징이다. 이러한 반응은 나카소네 수상의 반성 발언을 포함하여 종합적으로 평가한 것으로 보인다. 실제 한국의 관변 단체들은 전두환 대통령의 방일에 있어 과거사 발언에 대한 평가를 그대로 반복했다. 가령 「통일한국」은 다음과 같이 전두환 대통령의 방일 성과를 평가했다.[33]

요컨대 일본이 한·일 두 나라의 불편하고 불행했던 과거와 일본의 과오를 솔직히 인정하고 이를 토대로 유감을 표명하고 반성의 뜻을 보인 것은 만시지탄의 감이 없지 않으나 이 문제 관한 한 결국 어느 시기 어느 지도자에 의해서건 반드시 이루어져야 한다는 측면에서 보면 가해 당사국을 방문한 바로 이 시기가 가장 적절한 시점이 아닌가 하는 점이다. (중략) 히로히토 일본 천황의 유감과 반성의 뜻을 허심탄회하게 받아들였고 또한 전 대통령과 히로히토 천황의 역사적 만남이 상징해주듯 한국과 일본 사이에는 결코 뛰어넘지 못할 장벽이란 있을

---

33 평화문제연구소, 1984, 20쪽.

수 없다고 확언한 발언 등은 대단히 획기적인 발언이다. 따라서 한·일 양국 관계의 원상회복과 실질적인 협력관계에 장애가 되는 소원한 관계를 불식시켰고 새로운 장을 여는 한일 협력 시대의 전환기를 맞이했다고 보겠다.

기실 이러한 예견된 전두환 대통령의 방일, 특히 과거사 문제에 대한 긍정적 평가는 앞에서 살펴본 대로 한국 외무부의 「한·일 관계 기조선언(가칭)」 등 무궁화계획 진행 단계에서 예상되었다.

하지만 한국 정부가 천황 등 일본 정부의 과거사 사죄 발언에 집착했던 이유는 한국 정부가 박정희 정부처럼 과거사 문제의 '완결'이 아닌 지속적 해결을 독려하기 위해서였다는 '전략 감각'에 대해서는 유념할 필요가 있다. 특히 한국 정부는 천황의 발언을 재일한국인 법적 지위 문제와 무역 역조 문제 해결을 위한 일련의 '과정'으로 인식했다는 것은 다음의 문건을 통해 확인할 수 있다.[34]

아 측의 교섭 과정에서 천황의 반성 방안을 거론할 시는 천황에 의한 발언으로 과거가 완전히 청산되는 것은 아니며, 그에 따른 일 측의 구체적 행동이 뒤따라야 한다는 점을 강조함. 즉, 과거사의 산물인 재일한국인 문제의 해결을 위한 일본의 성의 있는 태도와 조치, 일본 국민의 대 아국 편견 해소를 위한 노력 등이 있어야 함. 아울러, 국교정상화 이후 19년간 계속 누적되어 온 대일 무역 역조로 인해 한국민의 반일 감정이 상존하고 있다는 점을 강조, 그 해소를 위한 일 측의 적극적

---

34 대한민국외교사료관 외교문서, 「일측의 의도분석 및 아측의 대응전략 1984. 7」, 『전두환 대통령 일본방문, 1984. 9. 6~8 전 19권(V.1기본계획 I)』(등록번호 11629), 114쪽.

인 조치를 촉구함.

이 외교문서에서도 알 수 있듯이, 전두환 정부와 외교부가 천황의 식민지 관련 사죄 발언에 집착했던 이유는 과거사 반성 발언을 통해 일본이 과거사 문제에 대해 성실하게 대응하는 '행동'으로 이어지게 하는 것이었다. 이러한 '전략감각'은 역사 문제가 1965년 한일협정으로 일단락되었다는 기존 인식과는 결을 달리하는 것으로, '한글세대'로서의 새로운 대응을 보여준다 하겠다.

3) 역사갈등에 대한 대응

1980년대는 광주민주화운동 이후 민주화운동이 활발히 전개되던 시기였다. 이 와중에 한·일 간 역사 문제는 새로운 국면을 맞이하게 되었다. 시민사회의 활성화와 더불어, 일본의 역사 문제에 대한 시민사회의 불만이 폭발적으로 제기되었고, 한국 정부는 이를 억압하기보다는 이를 바탕으로 일본 정부에 전향적인 대응을 강력히 요구하는 방식을 취하게 되었다. 이는 이미 언급했듯이, 반일운동이 반체제운동으로 전환되지 않도록 하기 위함이었다.

먼저 사건은 역사교과서 문제에서 시작되었다. 1982년 6월 26일, 1981년도 교과서 검정에서 고등학교 일본사 교과서에 중국에의 '침략'이라는 표기가 '진출'이라는 단어로 수정되었다는 보도로 한국과 중국이 이에 항의하면서 외교 문제가 되었다. 사건의 실제는 각 교과서마다 '침입',

---

35 Kwak, Jin-O and Kang, 2008, "Cheolgu, From Conflict to Rapprochement: the Limits of ROK-Japanese Rapprochement in the Early 1980s," 『분쟁해결연구』 제6-1호.

'군사행동', '진출' 등 다양한 용어가 사용되어 이를 '진출'로 통일하도록 하는 의견서를 문부성이 제시한 것이었다.[35] 결국 일본은 1982년 8월 26일,「역사교과서에 관한 미야자와 기이치(宮澤喜一) 관방장관 담화」, 이른바 미야자와 담화를 발표하여 교과서 검증 시에 "근린 아시아 제국과의 관계에서 근현대 역사적 사실을 취급함에 있어 국제이해와 국제협조의 견지에서 필요한 배려를 할 것", 즉 근린제국 조항을 신설할 것을 천명하며 일단락되었다. 구체적인 담화의 내용은 다음과 같다.

1. 일본 정부 및 일본 국민은 과거에 있어 우리나라(일본)이 한국 중국을 포함한 아시아 국가에 다대한 고통과 손해를 주었다는 사실을 깊게 자각하고, 이러한 일이 다시금 반복되지 않아야 한다는 반성과 결의 위에 평화국가로서의 길을 걸어왔다. 우리나라는 한국에 대해서는 1965년 한·일 공동성명 중에 "과거의 관계는 유감이었으며 깊게 반성한다"는 인식을, 중국에 대해서는 중·일 공동성명에서 "과거에 있어 일본국이 전쟁을 통해 중국 국민에 중대한 손해를 주었다는 책임을 통감하고 깊게 반성한다"는 인식을 표명했으며, 이것은 전술한 우리나라의 반성과 결의를 확인하는 것으로 현재에 있어서 이 인식은 변화가 없다.
2. 이러한 한·일 공동성명, 중·일 공동성명의 정신은 우리나라의 학교 교육, 교과서 검정에 있어서도 당연히 존중되어야 하지만, 최근 한국, 중국 등에서 이러한 점에 관련된 교과서 기술에 대해 비판을 가하고 있다. 우리나라로서는 아시아 근린 제국가의 우호, 친선을 위해 이러한 비판에 충분히 귀를 기울여 정부가 책임을 지고 시정할 것이다.
3. 이를 위해 금후 교과서 검정 시에는 교과서 도서 검정조사 심의회

를 거쳐 검정 기준을 개정하여, 전기의 취지가 충분히 실현되도록 배려한다. 이미 검정이 이루어진 것에 대해서는 금후 빨리 위와 같은 취지가 실현되도록 조치하며, 그동안의 조치로써 문부대신이 소견을 밝혀 전기의 취지를 교육의 장에서 충분 반영시킬 것이다.
4. 우리나라로서는 금후에도 근린 국민과의 상호 이해의 촉진과 우호 협력의 발전에 노력하며, 아시아 더 나아가서는 세계의 평화와 안정에 기여해갈 생각이다.

여기에는 한일의원연맹의 역할이 크게 작용했다. 1981년 교과서 문제가 발생하자, 한일의원연맹은 9월 17일 합동총회에서 일본 교과서의 사실 왜곡 부분을 지적하고 구체적인 자료까지 제시하며 수정을 요구했다. 1982년 7월 일본 교과서 왜곡 문제가 본격적으로 한·일 간의 문제가 되자, 이재형 회장은 강력한 항의와 즉각적인 시정을 요구하는 서한을 발송하는 한편, '일본 교과서 왜곡 문제 시정대책 특별위원회'를 구성하여 정부 각 부처와 긴밀한 협조하에 즉각 시정 조치를 요구했다. 일한의원연맹도 한국의 활동에 맞춰 '교과서 특별위원회'를 설립하고 신속한 대응을 하면서, 시정 촉구를 위해 2차례의 성명서를 발표하고 자국 실력자들을 설득했다. 이러한 노력에 기인하여 8월 26일 관방장관 담화가 발표되었으며, 이른바 근린제국 조항이 신설되었다. 이에 대한 후속 조치로서 9월 15~16일에는 일한의원연맹 파견단이 방한하여 일본 정부 책임하에 이를 시정하겠다는 약속을 조기 실현하는 방안 등에 대해 합의했다.[36]

1986년 6월에는 일본을 지키는 국민회의가 편집한 고등학교 교과서 『신편 일본사』가 문제가 되어 한국 및 중국이 이에 비판하면서 두 번

---

36 한일의원연맹, 1982, 8-10쪽.

째 교과서 파동이 일어났다. 당시 나카소네 야스히로(中曾根康弘) 수상은 이에 발 빠르게 대응하여, 수상이 직접 문부성에 '충분한 배려'를 지시하여 수정이 이루어졌다. 실제『신편 일본사』의 채택률 또한 최고점이었던 1989년 1%에 불과했다. 두 사건 모두 일본 정부의 발 빠른 대응으로 사건이 수습되었고, 근린제국 조항이라는 제도를 유산으로 남기면서 일본의 역사인식을 심화하는 계기가 되었던 것이다.

다음으로 야스쿠니신사 참배 문제다. 1960~1970년대 일본 유족회를 중심으로 보수우익세력은 야스쿠니신사 국립화 법안을 1969~1974년까지 5회에 걸쳐 국회에 제출했으나 사회당의 반대로 법안이 폐안이 되자, 1970년대 이후 수상과 천황의 야스쿠니신사 참배운동으로 전환하게 되었다. 이러한 우익운동에 굴복하여 1975년 8월 15일 종전기념일에 야스쿠니신사를 처음으로 참배한 수상이 자민당 좌파로 불리는 미키 다케오(三木武夫)였다는 점은 일본 내 '더블 스탠다드'가 얼마가 강인하게 자리 잡고 있었는지를 잘 보여준다. 물론 미키 수상은 종전기념일에 개인 자격으로 참배하며 국내적 비판을 피해가려 했다. 그러나 사회당 등 혁신세력이 이에 반대했고, 수상의 야스쿠니신사 참배가 정교분리 원칙에 어느 정도 자유스러운 사적 참배인가 공적 참배인가라는 논쟁을 일으켰다. 그 결과 공용차를 사용하지 않고, 다마쿠지료(玉串料)를 사비로 지출하고, 수상 직위판을 사용하지 않으며 공직자를 수행하지 않으면 사적 참배에 해당한다는 암묵적 룰이 형성되었다. 이후 수상은 사적 참배임을 강조하며 이러한 비판을 피해가려 했다. 따라서 후쿠다 다케오(福田赳夫) 수상과 스즈키 젠코(鈴木善幸) 수상은 종전기념일에 참배했지만 사적 참배라는 이유로 국내외 문제가 되지 않았다.[37]

---

37   若宮啓文, 2006,『和解とナショナリズム』, 朝日新聞社, 178쪽.

이러한 터부를 타파하고 공식 참배에 문을 연 수상은 바로 나카소네 야스히로였다. 그는 수상이 되자 1985년 8월 14일 신식 참배가 아니라 생략된 형태의 참배라면 각료의 공식 참배는 정교 분리 원칙에 반하지 않는다며 지금까지 정부의 공통된 견해를 변경했다. 이를 바탕으로 다음 날 수상으로서는 처음으로 야스쿠니신사에 공식 참배했다. 이는 중국과 한국의 강렬한 반발을 불러일으켰다. 결국 나카소네 수상은 주변국을 배려한다는 명목하에 이후에 야스쿠니신사 참배를 중지했다. 이후 이 경험 속에서 하시모토 류타로(橋本龍太郎) 수상이 1996년 7월 29일 참배한 것을 제외하고 고이즈미 준이치로(小泉純一郎) 내각까지는 사적 참배 및 공적 참배를 막론하고 수상의 야스쿠니신사 참배는 없었다. 나카소네의 야스쿠니신사 공식 참배 또한 일본의 발빠른 대응으로 수습되었고, 이후 수상의 참배를 제한하는 중요한 '선행 학습'이 되었던 것이다.

다음으로 각료들의 망언이 본격적으로 정치 문제가 되어 갔다. 보수주의자로 평가받던 나카소네 수상은 역사인식에서 가장 진일보한 견해를 피력하는 등 국제주의자의 면모를 보여주기도 했다. 가령 1984년 10월 나카소네 수상은 중의원 예산위원회에서 "중국에 대해서는 침략의 사실도 있다고 말씀드릴 수 있다. … 역시 침략적 사실은 부정할 수 없다고 생각한다"고 발언하며, 전후 수상으로서는 처음으로 중일전쟁의 침략적 측면을 인정했다. 이전 수상이 중일전쟁에 대해 "후세의 역사가가 평가할 것이다"며 답변을 회피하는 방식을 택했지만 나카소네 수상은 정면 돌파를 추진했던 것이다. 동시에 1984년 9월 전두환 대통령이 방일했을 시, 천황은 "양국 간에 불행한 과거가 있었다는 것을 매우 유감스럽게" 생각한다는 발언을 했는데 이러한 천황의 발언을 이끌어내는 데 나카소네의 역할이 컸다. 비록 '유감' 발언에 머물렀지만 국가원수인 천황으로 하여금 전후 최초로 식민지 지배에 대한 사죄성 발언을 하도록 유도했다는 점은 특기할 만하다.[38] 이는 미야자와 담화 및 근린제국 조항에 보이듯이, 일본 정부의 역사인식이 조금씩 심화되어 가고 있음을 보여준다.

문제는 이에 대한 반발로 각료의 망언이 시작되었다는 점이다. 어찌 보면 1980년대 일본 정부의 역사인식이 '더블 스탠다드'에서 벗어나 대외적 사죄 표명이 대내적으로도 정착되어 가는 과정에서, 예전에는 무심코 당연히 여겨졌던 발언이 '망언'으로 인식되기 시작했는지도 모르겠다. 1986년 『문예춘추』 10월호의 인터뷰에서 "전쟁에서 사람을 죽여도 살인죄에 해당하지 않는다", "한국병합은 합의하에 형성된 것으로 일본뿐만 아니라 한국에도 책임이 있다"는 후지오 마사유키(藤尾正行) 문부상의 발언이 문제가 되어 한·일 간의 갈등을 불러왔다. 나카소네 수상은 이 문제에도 발 빠르게 대응하여, 발언의 철회와 자진 사퇴를 거부하던 후지오 문부상을 파면해 문제를 진화했다. 이 사건을 계기로 각료가 식민지 지배 및 아시아 침략을 정당화하는 '망언'을 할 경우, 정부의 공식 견해에 반한다는 이유로 사임 압력을 내외적으로 받게 되는 구조가 정착되어 갔다.

4. 결론

전두환 대통령은 쿠데타에 의한 정권 장악이라는 원죄로 인해 정통성 문제에 직면했다. 이에 따라 박정희 정부와는 달리 한·일 역사 문제에 대한 적극적 자세를 보일 수밖에 없었다. 반일운동이 반체제운동으로 발전되는 것을 차단하기 위해서였다. 그 과정에서 재일동포 법적 지위 문제를 중심으로, 문화재 반환 및 사할린 한인 문제를 거론하여 이를 해결하려고

---

38 吉田裕, 1995, 『日本人の戦争観: 戦後史のなかの変容』, 岩波書店, 168-170쪽.

한 것으로 보인다.

그러나 문화재 반환은 청구권협정으로 모든 문제가 종결되었다는 일본 정부의 입장에 막혀 어떠한 진전도 없었다. 사할린 한인 문제와 한인 원폭 피해자 문제는 한·일 정상회담 의제로 삼으려고 했던 흔적이 보이지만 실제적인 교섭은 없었다.

다만 이들 문제는 사실상 정부 간 기구인 한일의원연맹을 통해 해결하려는 입장을 보였다. 반면 전두환 정부는 천황의 반성 발언에 집중했으나, 이 또한 유감 표명에 머물러 성과를 보지 못한 것은 사실이다. 다만 나카소네 수상에게서 반성 발언을 이끌어내었다는 점에서는 평가할 수 있다. 2000년대 한국 정부가 공식화한 '미해결론'과 같은 논리적 주장은 아니었지만, 당시 외교부와 청와대에서는 한일협정에도 불구하고 해결하지 못한 문제가 존재한다는 미약한 의식이 존재했다는 점은 부정할 수 없다.

한국 정부의 과거사에 대한 적극적 문제 제기에 일본 정부의 대응으로 일본 사회는 기존의 '더블 스탠다드'에서 식민 지배에 대한 사죄와 반성을 내재화하기 시작했다. 사할린 한인 문제, 한인 원폭 피해자 문제에 있어, 정부 차원은 아니지만, 한일의원연맹 차원에서 '인도적 문제'로 다루기 시작했다. 한일협정으로 모든 식민 지배의 법적 청산이 끝났다는 형식 논리와 인도적 책임이 상호 결합하는 과정에서 '도의적 책임론'이 예비되어 있었는지도 모르겠다. 또한 근린제국 조항을 담은 미야자와 담화, 야스쿠니신사 공식 참배 중지, 망언에 대한 적극적 대처 등 1990년대 한·일 역사 문제의 일반적 패턴이 이 시기에 보이기 시작했다. 그런 의미에서 1980년대 전두환 정부하의 한·일 역사 문제는 1990년대를 예비했다고 볼 수 있다.

실제 이러한 '식민지 지배 반성 사죄'에 입각한 일본 정부의 과거사

정책 변화는 1990년대부터 본격적으로 나타나기 시작했다. 1990년 5월 한·일 정상회담에서 가이후 도시키(海部俊樹) 수상은 "과거 일시기, 한반도가 우리 국가의 행위에 의해 견디기 힘든 어려움과 슬픔을 체험한 것에 대해, 겸허하게 반성하고 솔직히 사죄의 심정을 말씀드립니다"라며 식민지 지배에 대해 사죄했다. 동시에 사할린 한인 문제의 해결에 적극 나설 것을 확약했으며, 한인 원폭 피해자에 대한 의료지원을 위해 40억 엔을 지원할 것을 표명했다. 1988년 한국원폭피해자협회가 요구한 23억 달러의 보상과 사죄 요구에 대해 1965년 한·일 협정으로 끝난 문제라고 일축했던 입장에서 선회한 것이다.

1993년 역사적 정권교체를 이루어낸 호소카와 모리히로(細川護熙) 수상 또한 8월 23일 시정방침 연설에서 "과거 우리나라의 침략행위와 식민지 지배 등이 많은 사람들에게 참을 수 없는 고통과 슬픔을 안겨준 점"에 대해 반성과 사죄의 뜻을 표명했다. 동시에 8월 25일, 호소카와 수상은 "전쟁책임과 전쟁보상을 분리해서 생각할 방침"이라고 말하며 식민지 관련 보상 문제는 해결이 끝났다는 입장을 고수하면서도, 인도적 차원에서 사할린 잔류 한국인의 영주귀국 문제에 대해 적극적으로 대처하여 이후 일시귀국과 영주귀국을 지원하는 사업이 구체화되었다.

고노 담화, 아시아여성기금에서 나타난 '도의적 책임론', 무라야마 담화는 이러한 변화의 최절정을 이루는 것이었다. 식민 지배의 합법성을 견지하면서도 식민 지배에 대한 가장 명확한 사죄와 반성을 표명한 무라야마 담화, 1965년 한일협정으로 식민 지배의 법적 청산은 최종적으로 해결되었다는 입장을 견지하면서도 책임의식을 느끼고 그 문제에 대응하겠다는 도의적 책임론은 이러한 1990년대 일본 정부의 역사 문제에 대한 정책을 가장 극명하게 보여주는 것이었다.

참고문헌

高崎宗司 지음, 최혜주 옮김, 2010, 『일본 망언의 계보(妄言の原形)』, 한울출판사.
노신영, 2000, 『노신영 회고록』, 고려서적.
장박진, 2009, 『식민지관계 청산은 왜 이루어질 수 없었는가: 한일회담이라는 역설』, 논형.
정재정, 2014, 『한일의 역사갈등과 역사대화』, 대한민국역사박물관.
최희식, 2016, 『전후 한일관계 70년: 우리는 어떻게 갈등을 극복해 왔나?』, 선인.
고모다 마유미, 2013, 「한일 '안보경협' 분석: 역사적 전개와 이론적 함의」, 고려대학교 박사학위논문.
김창록, 2013, 「한·일 과거청산의 법적구조」, 『법사학연구』 제47호.
손기섭, 2009, 「한일안보경협 외교의 정책결정: 1981-1983년 일본의 대한국 정부차관」, 『국제정치논총』 제49집 1호.
이원덕, 2000, 「한일 관계 '65년체제'의 기본성격 및 문제점: 북·일 수교에의 함의」, 『국제지역연구』 제9-4호.
전규환, 2017, 「일본의 황실외교와 한·일 관계」, 『일본연구논총』 제46호.
평화문제연구소, 1984, 「시론-전두환 대통령의 방일을 결산한다: 지난날의 불행했던 역사를 딛고 동반시대 개막의 새 전환기 마련」, 『통일한국』 제12호.
대한민국외교사료관 외교문서, 『전두환 대통령 일본방문, 1984. 9. 6~8 전 19권(V.19천황발언)』(등록번호 17744).
대한민국외교사료관 외교문서, 『전두환 대통령 일본방문, 1984. 9. 6~8 전 19권(V.1기본계획Ⅰ)』(등록번호 11629).
한일의원연맹, 1982, 『한일의원연맹 활동보고서』.
한일의원연맹, 1984, 『한일의원연맹 활동보고서』.
한일의원연맹, 1987, 『한일의원연맹 활동보고서』.

吉田裕, 1995, 『日本人の戦争観: 戦後史のなかの変容』, 岩波書店.

服部龍二, 2015, 『外交ドキュメント: 歴史認識』, 岩波新書.

小此木政夫, 2001, 「新冷戦下の日米韓体制: 日韓経済協力交渉と三国戦略協調の形成」, 小此木政夫・文正仁 編, 『市場・国家・国際体制』, 慶應義塾大学出版会.

若宮啓文, 2006, 『和解とナショナリズム』, 朝日新聞社.

Kwak, Jin-O and Kang, 2008, "Cheolgu, From Conflict to Rapprochement: the Limits of ROK-Japanese Rapprochement in the Early 1980s," 『분쟁해결연구』 제6-1호.

'위안부' 문제에 관한 관방장관 담화의 책정 요인
외교적 요인과 정치외교이념을 중심으로

도가시 아유미(冨樫あゆみ) 도요에이와여학원대학 전임강사

1. 서론
2. 선행 연구
3. 담화 발표의 경위와 쟁점
4. 제1차·제2차 가토 담화와 고노 담화 및 한·일 관계
5. 결론

1. 서론

1990년대 초엽, '미래지향'이라는 구호 아래 한·일 관계는 새로운 시대를 맞이한다. 1980년대 말엽부터 1990년대는 경제·기술 그리고 안보와 같은 분야에서 협력관계를 구축하고, 더 나아가 확대하기로 확인하는 등 실로 한·일 관계 협력 시대의 막이 올랐다고도 표현할 수 있는 시기였다. 한편 '위안부' 문제나 강제징용 문제와 같은 이른바 '과거사 문제'가 한·일 간의 외교 문제로 제기되기 시작한 때도 이 시기였다.

    1990년에 한국정신대문제대책협의회가 결성되고, 1991년에 김학순 할머니가 '위안부'였음을 세상에 알린 이후, 한국의 반일감정은 격화된다. 1992년 1월에 미야자와 기이치(宮澤喜一) 전 일본 총리가 한국을 방문하자 소위 '반일 시위'에서 사망자가 나오기도 했다. 이처럼 '위안부' 문제는 한·일 간의 중요 현안으로 떠올랐다. 이 문제를 둘러싼 한·일 양국 정부의 마찰은 고노 담화와 그에 이어 무라야마 담화가 발표되면서 일단 진정된다. 그 후 2000년대에 들어 일본군'위안부' 문제는 다시 한·일 간의 정치적 쟁점으로 부각되었는데, 2015년 12월, '위안부 문제는 최종적이고 불가역적으로 해결되었다'는 이른바 한일위안부합의가 발표된다. 하지만 한·일 양국 간에는 위안부합의를 둘러싸고 새로운 마찰을 빚는 등 '위안부' 문제는 여전히 한·일 간의 외교 현안으로 남아 있다.

    이 글의 연구 대상인 가토 담화와 고노 담화는 한·일 양국이 새로운 관계 구축을 지향하고 있던 1992년과 1993년, 일본 정부가 발표한 것이다.[1] 이들 담화는 "마음으로부터의 사죄와 반성의 심정"을 표명함으로

---

[1] 가토 담화는 일본 외무성 홈페이지에 '가토 내각관방장관 발표'로 표기되어 있지만 관습적으로 '가토 담화'로 표기된다. 이 글에서도 '가토 담화'로 통일한다.

써 '위안부' 문제를 해결하고자 하는 일본이 주체가 된 외교 행위였다. 따라서 담화의 특이성은 일본 정부의 과거사 문제 전반에 대한 자세들 그것이 계승 여부로 평가하는 이른바 '정치 이데올로기의 시금석'으로 존재한다는 점이다. 이러한 상황에서 왜 담화가 발표되었는가 하는 근본적 물음은 오늘날의 한·일 관계 연구에서 반복해서 고찰하여야 하는 과제 중하나이기도 할 터이다.

이 글의 문제의식은 다음 두 가지로 집약된다. 우선 1990년대 초엽, '위안부' 문제를 둘러싸고 한·일 관계가 악화일로를 걷던 그 시기에 가토 담화와 고노 담화가 발표된 요인을 한·일 관계의 테두리에서 어떻게 읽을 수 있을까. 가토 담화와 고노 담화를 둘러싼 논의에서 착안하여야 할 점은 그 담화들이 '위안부' 문제에 대처하는 일본 정부의 외교정책 중 하나이기도 했다는 점이다. 이 글에서는 담화가 발표된 배경을 당시의 한·일 관계와 한·일 양국의 외교정책에서 탐색하겠다. 다음으로 그 담화들이 일본이 주체적으로 발표한 요인을 복합적으로 검토하기 위하여, 당시 일본 정부 내부의 정치 주도자로 시점을 옮기겠다. 2014년에 발표된 고노 담화 책정 과정에 관한 검토팀 보고서인「위안부 문제를 둘러싼 한·일 간 조정 경위~고노 담화 작성부터 아시아여성기금까지~(慰安婦問題を巡る日韓間のやりとりの経緯～河野談話作成からアジア女性基金まで～)」에서는 가토 담화부터 고노 담화가 발표되기까지 한국과 사전 절충이 있었다고 밝히고 있다.[2] 사전 절충이 있었다고 하나, 담화가 일본 정부의 주체적 행위였다는 점에는 변함이 없다. 이 글에서는 담화가 외교적 행위였다는 측면에서 미야자와 내각이나 가토 고이치(加藤紘一), 고노 요헤이(河野洋平)

---

2 그러나 담화 작성 과정에서 한·일 간에 협의가 있었다는 것은 고노 담화 발표 직후 『아사히신문』도 보도하고 있다. 『朝日新聞』, 1993. 8. 5.

표 1 가토 담화 및 고노 담화의 개요

담화명	발표 시기	주요 내용
제1차 가토 담화	1992년 1월 13일	한반도 출신 종군위안부와 관련하여 종군위안부의 모집과 위안소 운영 등에 구 일본군이 관여했음을 인정한다.
제2차 가토 담화	1992년 7월 6일	한반도 출신 종군위안부와 관련하여 위안소를 설치하고 위안부를 모집하는 자의 단속, 위안 시설의 축조·증강, 위안소의 경영·감독, 위안소·위안부의 위생 관리, 위안소 관계자에 대한 신분증 등의 발급 등에 정부가 관여했음을 인정한다.
고노 담화	1993년 8월 4일	위안소는 당시의 군 당국이 요청하여 설영된 것으로, 위안소의 설치, 관리 및 위안부의 이송에 구 일본군이 직접 또는 간접적으로 관여했음을 인정한다. 위안부 모집은 군의 요청을 받은 업자가 담당했고, 감언이설, 강압 등 본인들의 의사에 반하여 강제로 모았으며, 관헌 등이 여기에 직접적으로 가담했음을 인정한다.

* 1992년 7월 6일 가토 내각관방장관 발표, 1993년 8월 4일 위안부 관계 조사 결과 발표에 관한 고노 내각관방장관 담화를 토대로 필자 작성.

와 같은 당시의 정치 지도자가 가지고 있던 외교정치이념과 역사인식에 착안한다.

2. 선행 연구

'위안부' 문제에 관한 담화에 관한 선행 연구는 담화의 발단이 되었다는 '당사자'라는 인식에서 지금까지는 주로 한국에서 다양한 학계를 중심으로 발표되어 왔다. 가토 담화 및 고노 담화에 관한 지금까지의 선행 연구를 정리하면 다음과 같이 분류할 수 있다.

첫째, 일본 정부의 역사인식 변화에 착안한 연구이다. 이 선행 연구들은 고노 담화를 지표로 설정하여 해당 담화를 둘러싼 역대 정부의 견해 변화나 일본 정부의 '우경화'와 같은 정치 이데올로기 변화에 주목하고 있다고 말할 수 있다. 가령 2014년, 아베 정권하에서 정리된 고노 담화 책정 과정에 관한 검증 보고서「위안부 문제를 둘러싼 한일 간 조정 경위 ~고노 담화 작성부터 아시아여성기금까지~」에 대한 분석을 들 수 있다. 남상구는 아베 정권하의 고노 담화 수정파의 논거를 검증하고 비판하고 있다.³ 이 선행 연구의 목적은 고노 담화라는 이른바 '과거'와의 대치를 통하여 일본 정치지도자의 정치 이데올로기 변화를 탐색하는 것이었다. 또한 일본 정부의 역사인식이 어떻게 형성되는가에 대한 연구도 이 범주로 분류할 수 있다.⁴

둘째, 고노 담화나 무라야마 담화에 관한 시민사회나 국제적 네트워크의 역할과 같은 시점에서의 분석을 들 수 있다. 조윤수는 고노 담화 발표 요인을 자민당에 대한 지지 기반이 약화되면서 연립여당을 구성하기 위해서는 사회당의 지지를 확보할 필요가 있었다고 분석했다. 그리고 그에 입각하여 '위안부' 문제가 교착 상태에 빠진 이유에 대하여 무엇을 기준으로 문제가 해결되었다고 볼 것인가를 둘러싸고 정부와 시민단체 간에 합의가 형성되지 않았기 때문이라고 고찰했다.⁵ 한편 정진성은 '위안부' 문제 해결 운동을 페미니즘운동으로 이해하고, '위안부' 문제 해결 동향을 국제 연대의 형성과 변천이라는 시점에서 논하고 있다.⁶ 그리고 다와

---

3 남상구, 2014,「고노 담화 수정론에 대한 비판적 검토」,『한일관계사연구』제49권, 443-473쪽.

4 이종국, 2016,「일본 정부의 역사인식의 '합의' 형성과 한계」,『한일군사문화연구』제21권, 61-85쪽.

5 조윤수, 2014,「일본군 '위안부' 문제와 한일관계: 1990년대 한국과 일본의 대응을 중심으로」,『한국정치외교사논총』, 제36집 제1호, 69-96쪽.

라기 하루미는 고노 담화에 대한 일본 국내의 찬성파와 부정파 양쪽의 논거를 제시하고 분석하고 있다.[7]

셋째로, 고노 담화를 한·일 관계의 테두리나 국제 정세의 시점에서 분석한 것이다. 이원덕은 고노 담화가 발표된 요인으로 김영삼 정권의 과거사 문제에 대한 자세와 그에 대한 일본 정부의 대응을 지적하고 있다. 이원덕은 과거사 문제에 대한 한국 정부의 방침이 물질적인 것에서 도덕적 가치로 기반을 옮기는, 정신적 반성과 사죄를 요구하는 것으로 변화했고, 이러한 한국 정부의 새로운 태도를 일본 정부가 수용하면서 고노 담화가 발표되었다고 분석하고 있다.[8] 또 제니퍼 린드는 냉전 종결이라는 외적 환경의 변화에 착안하여 미국의 아시아 관여 정책이 변화할 것을 예측한 일본의 정치지도자가 한·일 관계의 강화를 지향한 결과가 고노 담화였다고 분석한다.[9]

이러한 선행 연구 중에서도 특히 세 번째 시점은 이 글과 중복된다. 이러한 문제의식에 더하여, 이 글에서는 담화가 일본의 주체적인 외교 행위였다는 측면도 함께 고찰하겠다. 이어서 담화 책정의 경위와 쟁점을 밝힌

---

6 정진성, 2002, 「한국, 일본, 아시아 및 서구시민단체(NGO)의 협력과 갈등: 군위안부 문제에 관련한 운동단체들의 가치 지향을 중심으로」, 『국제·지역연구』 제11권 1호, 21-40쪽. 또 석주희·최은봉, 2015, 「일본 무라야마담화의 상징성과 내재화의 간극: 국내 사회 지지 단체 – 반대 단체의 세력화와 동학」, 『일본연구논총』 제42권, 31-58쪽은 무라야마 담화 책정에 대한 시민단체의 역할을 분석하고 있다.

7 俵木はるみ, 2015, 「日本軍「慰安婦」問題における 河野談話をめぐる爭点に關する考察 – 日本國內における否定する側と肯定する側の論点を中心に – 」, 『일본근대학연구』 제47권, 287-306쪽.

8 이원덕, 2016, 「한일관계와 역사마찰: 김영삼 정권의 대일역사외교를 중심으로」, 『일본연구논총』 제40권, 241-268쪽.

9 ジェニファー・リンド, 2015, 「村山コンセンサスの形成と課題」, 『戰後保守は終わったのか』, 角川新書.

뒤, 가토 담화 특히 고노 담화가 발표된 요인을 당시의 한·일 관계를 배경으로 한 외교적 성질과, 담화에 관여한 정치지도사의 정치외교이념과 역사인식이라는 두 측면에서 분석해나가겠다.

3. 담화 발표의 경위와 쟁점

우선 고노 담화가 작성되기까지의 경위와 그 쟁점을 정리해보자. 첫째, 가토 담화와 고노 담화는 자민당의 미야자와 기이치 내각하에서 발표되었다. 미야자와 내각은 1991년 11월 15일에 출범하여 그 후 1992년 12월의 내각 개조를 거쳐 1993년 8월 9일에 총사퇴한다. 내각 총사퇴는 고노 담화를 발표한 지 고작 닷새 후였다. 미야자와 내각이 총사퇴하면서 자민당 일당의 장기 집권 이른바 '55년체제'는 종언을 맞이하게 되었는데, 미야자와 총리의 방한과 사죄, 두 번의 가토 담화와 고노 담화는 겨우 1년 9개월 사이에 작성된 셈이다.

2014년 아베 정권이 주도한 고노 담화 작성 과정 등에 관한 검토팀은 가토 담화 및 고노 담화의 작성 과정에 관한 보고서 「위안부 문제를 둘러싼 한일 간 조정 경위~고노 담화 작성부터 아시아여성기금까지~」를 제출했다. 이 보고서에 따르면, 고노 담화 작성을 촉발한 것은 1991년 8월, 한국에서 김학순 할머니가 전 '위안부'였다고 증언한 것이었다. 1991년 12월, 김학순 할머니를 포함한 '위안부' 9명이 도쿄지방재판소에 소송을 제기했는데 이에 일본 정부는 "국가 간의 문제로서는 외교적으로 거론할 수 없다"는 견해를 밝혔다.[10] 동시에 가토 고이치 관방장관은 "정부가

---

10 第122回国会参議院予算委員会第3号, 1991. 12. 13.

직접적으로 관여했다는 자료는 아직 발견되지 (않았다)"고 표명하는[11] 등 1991년 말 시점까지만 해도 일본은 정부로서 '위안부' 문제를 국가가 대응하여야 하는 사안이 아니라고 인식하고 있었다. 이러한 흐름 속에서 한국 측은 1992년 1월의 미야자와 기이치 총리의 방한 시 '위안부' 문제가 회담의 우려 사항이 되지 않도록 일본 측에 사전 조치를 해주도록 요구했다.[12] 그 후 일본 외정심의실을 중심으로 경찰청·방위청·노동성·외무성과 같은 관련 부처와 함께 조사를 진행해나갔다.

1992년 1월, 『아사히신문』이 방위청 산하의 방위연구소에서 군의 관여를 보여주는 서류가 발견되었다고 보도했다. 이에 정권 출범 2개월 후인 1월 14일, 가토 고이치 관방장관은 '위안부' 문제에 대한 구 일본군의 관여를 인정하고 공식 사죄하는 관방장관담화를 하고, 미야자와 총리의 방한 시에도 같은 사죄를 표명하겠다고 발표했다. 훗날 가토 고이치는 군의 관여에 대하여 어릴 적부터 중국에 출정한 사람에게서 '위안부'의 존재를 들어 알고 있어서, "자료가 발견되었을 때에 군의 관여를 부정할 수

---

11 第122回国会参議院予算委員会第2号, 1991. 12. 12. 가토는 일본군 '위안부'의 존재를 인정하면서도 해당 문제를 국가 간 현안으로 인식하지 못했다.

12 河野談話作成過程等に関する検討チーム, 2014, 「慰安婦問題を巡る日韓間のやりとりの経緯~河野談話作成からアジア女性基金まで~」, 1쪽. '위안부'에 관한 민간 차원의 조사는 1970년대부터 시작되었으나, 정치 차원에서 '위안부' 문제가 제기된 것은 1990년으로 거슬러 올라간다. 이시하라 노부오 전 내각관방부장관에 따르면, 1990년 6월의 제118회 국회 참의원 예산위원회에서 시미즈(清水傳雄) 노동성 직업안정국장이 "종군위안부란 … 민간 업자가 그분들을 군과 함께 끌고 갔"으므로 정부 차원의 조사에 부정적인 견해를 표명한 것에 대하여, 한국의 거센 반발을 샀다고 회고하고 있다. 하지만 이시하라 내각관방부장관은 1990년 당시, 일본 정부 내에는 위안부 문제가 정부 차원에서 대처할 문제라는 인식이 없었다고 말했다. 財団法人平和のためのアジア女性国民基金, 2007a, 「インタビュー石原信雄」, 『オーラルヒストリーアジア女性基金』, 37쪽.

없다"고 생각했다고 밝히고 있다.[13]

제1차 가토 담화가 발표된 지 3일 후인 1월 17일, 취임 후 첫 외유지로 한국을 선택한 미야자와 총리는 방한하여 노태우 대통령과 정상회담을 가졌다. 정상회담에서 미야자와 총리는 '위안부' 문제에 대한 구 일본군의 관여를 인정하고 이와 함께 "필설로 다할 수 없는 고통"에 대하여 공식 사죄하고 사실 관계를 조사하겠다는 의사를 표명했다.[14] 그 후 관련 부처의 조사에 더하여 전 '위안부'에 대한 청취 조사를 시작하는 등, 일본의 독자적인 조사와 병행하는 식으로 '위안부' 문제를 둘러싼 한·일 절충이 계속되었다.

일본 정부의 '위안부' 문제 조사 결과로 1992년 7월 6일, 가토 고이치 관방장관의 2차 담화인 '한반도 출신자의 이른바 종군위안부 문제에 관하여(이른바 가토 담화)'가 발표되었다. 1992년 7월에 발표된 제2차 가토 담화에서 미야자와 내각은 '위안부'의 모집 등과 관련하여 구 일본군의 관여에 더하여 정부의 관여를 인정하기에 이른다. 한편 '위안부' 모집의 강제성에 대해서는 자료를 발견할 수 없었다며 부정했다. 그 후 1993년 8월에 발표된 고노 담화는 일반적으로 강제성을 인정한 것으로 평가되나, 그 작성 흐름상, 두 번에 걸친 가토 관방장관의 담화를 계승하고 있다.

2014년에 발표된 '고노 담화 작성 과정 등에 관한 검토팀'의 「위안부 문제를 둘러싼 한일 간 조정 경위~고노 담화 작성부터 아시아여성기금까

---

[13] 服部龍二, 2015, 『外交ドキュメント歴史認識』, 岩波書店, 101쪽. 가토 고이치는 2016년에 서거했으나, 생전 핫토리의 가토에 대한 인터뷰에 따르면, 미야자와는 '위안부' 문제에 대한 대응을 자신과 이시하라 전 관방부장관에게 맡겼다. 마찬가지로 다니노 전 외정심의실장도 고노 요헤이 관방장관이 위안부 문제에 관해 열심이었다고 회고하고 있다. 谷野作太郎, 2015, 『外交証言録アジア外交回顧と考察』, 岩波書店, 245쪽.

[14] 『朝日新聞』, 1992. 1. 17.

지~」는 고노 담화 작성 과정에서 한·일 간에 비공식 사전 절충이 있었다고 규명하고 있다. 이에 따르면 '위안부' 문제를 둘러싼 한·일 간 절충의 핵심은 '위안부' 모집의 '강제성'과 군의 '지시'의 승인 유무였다.

가토 담화가 발표되기 직전인 1992년 6월, 서울에서 개최된 한·일 외무장관회담에서 한국 측은 '위안부' 문제에 대하여 ① 명확한 강제성의 인정, ② 위안부에 대한 전면 조사, ③ 역사의 교훈으로 삼는다는 3가지 원칙을 제시했다.[15] 일본 정부와 군의 관여를 둘러싸고 담화에 '강제성'을 담아야 한다고 요구하는 한국과 '위안부 전체에 대하여' 강제성이 있었다는 것을 부정하는 일본의 입장은 대립하고 있었다.[16] 고노 담화 책정에 관여한 이시하라 노부오(石原信雄) 전 내각관방부장관의 증언에 따르면, 한국 정부의 가장 큰 관심사는 일본이 '위안부'에 대하여 강제성을 인정하지 않는 부분에 있었다.[17] 또한 담화를 둘러싼 절충은 군의 '지시' 유무에서도 진행되었다. 군이 '지시'한 것을 명확히 밝히고 싶은 한국 측에 반하여 '요청'이었다는 일본의 방침 간에는 역시 큰 간극이 존재했다. 한국 정부는 가토 담화 발표 직후인 7월 31일, 「일제하 군위안부 실태조사 중간보고서」를 발표하고 사실상 강제동원을 인정하는 등 '위안부' 문제를 둘러싼 한·일의 인식은 충돌하고 있었다.

그 후 고노 담화와 제2회 조사 결과는 '위안부'의 모집, 이송, 관리 등

---

15 한국 국회의사록, 1992, 「제14대 제162회 1차 외무통일위원회」, 8쪽.
16 '위안부' 문제에서 정부나 군의 '관여'를 제기한 것은 일본이었다. 木村幹, 2014, 『日韓歷史認識問題とは何か』, ミネルヴァ書房, 155쪽. 한국이 제시하는 강제성이란 '위안부' 모집에 대한 것이며, '관여'는 위안소의 설치와 모집에 관한 군의 관여였다. 河野談話作成過程等に関する検討チーム, 2014, 11쪽.
17 財団法人平和のためのアジア女性国民基金, 2007a, 39쪽.

에 관하여 "본인들의 의사에 반하여 이루어졌다"고 발표되었다.[18] 담화 발표 후의 기자회견에서 고노 관방장관은 기자이 강제동원 사실 유무를 묻는 질문에 "그런 사실이 있었다고 봐도 좋습니다"고 답하고 있는데, 일반적으로 고노 관방장관의 이 발언으로 고노 담화가 강제성을 인정했다고 평가되고 있다.[19] 이에 한국은 이를 고노 담화가 '위안부' 전체에 대하여 강제성을 인정한 것으로 보고, 어느 정도 평가하는 성명을 발표했다.

　담화에 관한 선행 연구나 각 연구자의 평가, 견해는 광범위한 한편, 이 글에서 주목할 점은 한·일 관계라는 테두리 안에서 그리고 일본의 외교 행위로서 담화를 어떻게 이해할 수 있을까 하는 점이다. 담화가 책정되는 과정에서는 '위안부' 문제를 두고 대치하면서도 담화를 발표함으로써 적어도 '위안부' 문제를 둘러싼 한·일의 알력을 해소하고자 하는 일본 측의 의사를 읽을 수 있다. 실제로 고노 담화의 문안은 미야자와 기이치 총리

---

18 「慰安婦関係調査結果発表に関する河野内閣官房長官談話」, 1994. 8. 4.

19 『読売新聞』, 2014. 10. 22. 훗날 고노 본인은 강제성에 관하여 뒷받침하는 자료는 미흡했던 한편 전 '위안부'에 대한 청취조사를 토대로 언급했다고 밝히고 있다. 財団法人平和のためのアジア女性国民基金, 2007, 31쪽. 고노에 따르면, '위안부' 모집 경위에 대한 자료를 발견할 수 없어 문서 자료보다 전 '위안부'의 청취 조사로 전환했다. 그리고 그는 "재일한국인 전 '종군위안부' 사죄·보상청구소송"에 관하여 강제노동조약이나 추업(醜業)조약에 반하는 행위를 인정한 2000년의 고등재판소 판결을 지적하며, 사법부가 인정한 '위안부'에 관한 '사실관계'는 자신의 청취조사와 모순되지 않는다고 주장하고 있다. 또 강제성을 보여주는 자료가 발견되지 않은 점에 대해서는 전후 다량의 공문서가 소각 처분된 경위와 함께 애당초 명령으로서 공문서를 남길 만한 성질의 것이 아니었다고 주장한다. 河野洋平, 2015, 『日本外交への直言』, 岩波書店, 204쪽. 또한 다니노 사쿠타로 전 외정심의실장에 따르면, 고노 담화는 '위안부'를 "모집 단계에서 강제적으로 여성을 끌고 간" 것을 적시한 것이 아니라, "대체로 본인들의 의사에 반하여 이루어졌다"고 인정한 것이었다. 谷野作太郎, 2015, 244쪽. '관여'에 대하여 이시하라 전 관방부장관 역시 '위안부'를 모집하는 과정에서 일본 정부 또는 군이 직접적으로 지시했다고 인정하는 것은 아니라는 인식을 드러내고 있다. 第186回国会衆議院予算委員会第12号, 2014. 2. 2.

와 김영삼 대통령에게 직접 전달되었다.[20]

　무엇보다 담화는 어느 특정 정치지도자가 발표한 문서가 아니라, 외정심의실이 주축이 되어 미야자와 총리나 고노 관방장관뿐만 아니라 외무성이나 노동성과 같은 관계 부처와 조율한 결과인 '내각의 총의'로서 발표된 것이었다.[21] 그렇다면 그 목적은 무엇이었을까. 두 번에 걸친 가토 담화와 고노 담화가 '정치적 사죄'로 불리는 연유는 강제성을 보여주는 자료에 근거한 사죄이기보다는 한·일 관계를 비롯한 외교적 요소를 고려한 정치적 판단이 작용했다는 점 때문이기도 하다.[22] 이 글에서는 담화의 외교적 배경과 담화 작성 당시 일본 정부의 주요 정치 주도자였던 미야자와 기이치, 가토 고이치 그리고 고노 요헤이 관방장관의 정치외교이념과 역사인식에 착안하여 고찰을 이어나가겠다.

20　河野談話作成過程等に関する検討チーム, 2014, 11-12쪽. 이 보고서는 고노 담화의 문안에 대하여 김영삼 대통령이 일정 평가를 내렸다고 언급하고 있다. 한편 다니노 사쿠타로는 한국 정부와 담화 문안을 "문언에 이르기까지" 일일이 대조하지는 않았다고 증언하고 있다. 谷野作太郎, 2015, 244쪽.

21　財団法人平和のためのアジア女性国民基金, 2007a, 41쪽. 외정심의실은 내각관방 산하에 설치되어 "각의와 관련한 중요 사항에 관한 종합 조정 기타 행정 각부의 시책에 관한 그 통일 유지상 필요한 종합 조정에 관한 사무 중, 주로 대외 관계와 관련한 사항(내각안전보장·위기관리실 및 내각홍보관실의 소장에 관한 것은 제외한다)을 담당하고 있었다. 「内閣官房組織令」第4条.

22　이에 대하여 외정심의실장으로 고노 담화 작성을 맡은 다니노 사쿠타로(谷野作太郎)는 고노 담화는 외정심의실이 주축이 되어 면밀한 자료 조사와 전 '위안부'에 대한 청취조사의 결과라고 반론한다. 谷野作太郎, 2015, 岩波書店, 244쪽.

4. 제1차·제2차 가토 담화와 고노 담화 및 한·일 관계

미야자와 기이치 정권에서는 두 번의 가토 담화와 고노 담화 총 세 차례에 걸쳐 '위안부' 문제에 관한 정부 담화가 발표되었다. 담화에 대한 평가에 내재된 복잡성 중 하나는 담화에서 "위안부로서 많은 고통을 겪고 심신에 걸쳐 치유하기 어려운 상처를 입은 모든 분들에 대해 마음으로부터 사죄와 반성"을 표명하는 한편, 동시에 한·일 관계 더 나아가 아시아·태평양 지역과의 협력관계라는 테두리 안에서 이 담화들이 수행하는 외교적 역할에 거는 일본의 기대가 숨어 있다는 데에 있다. 그럼 담화의 외교적 측면을 어떻게 풀이할 수 있을까.

1) 담화 발표의 배경: 한·일 협력의 필요성

제1차·제2차 가토 담화와 고노 담화는 일본이 작성해 발표했다는 점에서 일본의 주체적 행위이나, 한·일 관계라는 테두리 안에서는 '위안부' 문제 해결을 둘러싼 외교 협상의 대상이기도 했다. 결론부터 말하자면 1992년과 1993년에 발표된 가토 담화와 고노 담화는 새로운 한·일 협력 관계의 구축이라는 외교 목적이 선행된 말하자면 "선외교"적 측면이 강조된 결과이기도 했다고 평가할 수 있다.[23] 이 담화들의 외교적 목적을 고찰하기 위해서는 1990년대 초반의 한·일 관계와 미야자와 내각의 외교

---

23 반면 한국에서는 상황이 다르다. '위안부' 문제를 비롯한 '과거사 문제'는 한국에서는 협상 대상이 아니다. 일본과는 반대로 협상 대상이 아닌 국내(정치)적 요소를 포함하는 것이었다. 그래서 과거사 문제를 둘러싼 한국의 방침은 정권 교체나 국내 정치 정세의 변화에 영향을 받아왔다.

정책을 살펴볼 필요가 있다.

일본의 대한 엔차관과 무상자금협력은 1990년도를 끝으로 종료되었고, 1990년대에는 '미래지향적 협력관계의 구축'이라는 구호 아래 한·일 양국이 공여국과 수혜국의 관계에서 벗어나 다층적 협력관계 형성을 모색하기 시작한 전환기였다. 한·일 관계사의 시점에서도 1990년대 초반은 한·일 관계가 새로운 국면에 돌입한 시기였다고 말할 수 있겠다.

상징적인 예가 노태우 대통령의 일본 국회 연설이었다. 1990년 5월, 노태우 대통령은 일본을 국빈방문하고 한국 대통령으로는 최초로 일본 국회에서 연설했다. 그는 국회연설에서 본인이 "과거 어두운 시대의 응어리"라고 비유한 과거사 문제에 대한 이해와 청산의 중요성을 역설하면서 "과거의 속박을 끊을 수 있다"고 하여, 미래지향적 협력 관계 구축을 위한 노력이 필요하다고 강조했다.[24] 이듬해인 1991년 1월, 노태우 대통령과 가이후 도시키(海部俊樹) 총리는 한·일 정상회담을 하고 전년도의 흐름을 이어받아 "아시아 지역의 번영을 위하여" 한·일이 다방면에 걸쳐 대화를 이어나가기로 확인했다.[25] 이러한 흐름은 새로운 한·일 관계의 개막을 알리는 신호탄이었다.

한·일 양국이 관계를 한층 더 높이려고 하는 시도는 냉전 종결과 무관하지 않았다. 즉 냉전 종결이라는 국제 정치의 변혁기 속에서 '한강의 기적'이라 불리는 경제 성장을 이룩하여 민주화를 실현한 한국과 일본이 긴밀한 협력 관계를 구축할 필요가 있다는 사실을 한·일 양국의 두 정상이 인정한 셈이었다. 이러한 상황에서 일본은 아시아·태평양 지역과 한국에 대한 외교활동을 적극적으로 전개해나간다. 1991년의 정권 출범 이후 미

---

24 『朝日新聞』, 1990. 5. 26.
25 『朝日新聞』, 1991. 1. 10.

야자와 내각은 아시아·태평양 지역 특히 한국을 중시하는 외교를 전개하는데, 그 목적을 파악하기 위해서는 당시 내각이 어떠한 외교 전략을 그리고 있었는지를 알아야 한다.

미야자와 내각은 냉전 종결 이후의 국제 정세를 "역사 전환기 특유의 불안정한 시기"로 파악하고, 국제사회와의 협조가 필수불가결하다고 인식하고 있었다.[26] 1992년에 발간된 외교청서에서는 일본의 역할을 군축과 지역 분쟁, 세계 경제의 성장과 같은 제반 문제를 극복하여 "세계의 평화와 번영을 확보하는" 것에서 구하고 있다.[27] 특히 미야자와 내각은 냉전 종결이라는 국제 정치의 변혁기를 맞아 아시아·태평양 지역에 외교적 초점을 맞추고 있었다. 보다 구체적으로 설명하면, 미야자와 내각은 냉전 후의 국제 정치를 "새로운 세계 평화 질서를 구축하는 시대의 시작"으로 파악하고, 이러한 '신시대'에 급성장하고 있는 아시아·태평양 지역을 일본이 관계를 강화하여야 하는 새로운 파트너로 판단하고 있었다.[28]

이러한 외교적 목적을 달성하기 위해 미야자와 총리는 1992년 5월, 아시아·태평양 지역과 일본의 관계를 논의할 '21세기의 아시아·태평양과 일본을 생각하는 간담회'를 발족했고, 12월에는 「21세기의 아시아·태평양과 일본: 개방성의 추진과 다양성의 존중」이라는 제목의 보고서를 발표했다. 보고서에서는 아시아·태평양 지역이 지향하여야 할 이념을 '평화와 번영'으로 정의하고 정부가 취해야 할 정책을 다음과 같이 제언했다. 이 보고서는 첫째 아시아·태평양 지역 국가들과 안보 대화를 추진하고, 둘째 경제협력을 내실화하는 정책을 책정하여야 할 필요성을 강조

---

26 『外交青書』, 1992.
27 『外交青書』, 1992.
28 第123回国会衆議院本会議第1号, 1992. 1. 24.

했다. 한 달 후인 1993년 1월, 미야자와 총리는 ASEAN 국가들을 순방하고, 일본의 새로운 아시아·태평양 정책인 이른바 '미야자와 독트린'을 발표했다. '미야자와 독트린'은 보고서를 반영하여 발표된 것으로, 역내 국가들과의 정치 안보 대화 촉진과 역내 경제자유화라는 두 가지 골자로 구성하여 아시아 중시 외교 자세를 선명하게 드러내는 것이었다.

특히 미야자와 내각은 아시아 중에서도 한국 중시 정책을 전개하고 있었다. 1992년 1월 미야자와 총리는 방한에 즈음하여 한국 국회에서 '아시아 속, 일본 속의 한·일 관계'라는 제목으로 연설했다. 일본 총리가 한국 국회에서 연설하는 것은 한·일 관계 역사상 최초였다. 그는 연설에서 냉전 후의 세계 질서 구축에서 한·일 양국이 수행하여야 할 주도적 역할을 강조하고, 범지구적 관점에서 신뢰관계에 기반을 둔 한·일 협력관계의 구축을 호소했다.

즉 미야자와 외교에서의 아시아·태평양 지역 관계 강화 정책은 냉전 종결이나 걸프전과 같은 국제정세의 과도기 속에서 등장한 일본의 신 외교 전략이었다. 새로운 국제질서 속에서 일본이 역할을 수행하여야 할 지역이야말로 아시아·태평양 지역이며, 그곳은 '새로운 일본 외교의 프런티어'였다.[29] 미야자와 내각의 대한 중시 정책은 이러한 맥락에서 풀이된다. 미야자와 총리는 취임 후 첫 외유국으로 한국을 찾았는데 그 이유를 "아시아·태평양 국가와의 협력, 신뢰관계가 극히 중요하다고 생각했기" 때문이라고 밝힌 바 있다.[30]

---

29 村上友章, 2016, 「第3章 宮沢喜一 – 冷戦を越えた「吉田路線」」, 増田弘 編, 『戦後日本首相の外交思想』, 352쪽. 무라카미는 일본이 UN 상임이사국에 진출하기 위해서도 '새로운 일본 외교의 프런티어'였다고 하고 있다.

30 「21世紀のアジア・太平洋と日本を考える懇談会, 1992, 『21世紀のアジア・太平洋と日本 – 開放性の推進と多様性の尊重 – 』, データベース, 『世界と日本』, 미야자와는 간담회

이에 더불어 일본이 1990년대 초반에 한국과의 협력 강화를 추구한 배경에는 안보적인 요청이었다는 점, 즉 안보정책으로서의 측면이 존재했다는 것도 착안할 필요가 있다. 1992년 1월에 발표된 '미·일 글로벌 파트너십에 관한 도쿄선언'에 따라 미·일 동맹의 필요성이 글로벌 테두리 속에서 재정의되면서 한반도의 안정이라는 지역 질서의 관점에서 미야자와 내각은 정치경제협력뿐만 아니라 안보를 포함하는 포괄적 한·일 관계의 강화가 중요하다고 판단하고 있었다.[31] 당시 일본 국내에는 지속적으로 핵미사일을 개발하는 북한에 대한 불안이 감돌고 있었기 때문이다.[32]

1980년대 후반부터 1990년대 초엽에 걸쳐 핵미사일 개발을 이어 오고 있던 북한은 일본의 안보를 위협하는 존재로 부상한다. 1992년 일본방위백서는 동북아 지역의 불안정 요인은 북한이라고 지적하기에 이

이외에도 시정방침연설을 비롯한 국회 답변에서 동일한 발언을 하고 있다. 第123回国会衆議院本会議第2号, 1992. 1. 28 참조.

31　第123回国会衆議院本会議第1号, 1992. 1. 24.

32　같은 시기 미야자와 내각은 한국과의 관계 강화를 추진하는 한편, 북·일 관계 개선에도 힘쓰고 있다. 1990년 9월, 가네마루 신(金丸信) 중의원을 단장으로 하는 일본 국회 의원들이 북한을 방문한 당시 발표한 '3당 합동선언'을 이어받아, 일본 정부는 1991년부터 북·일 국교정상화 교섭에 들어간다. 1992년 11월에 베이징에서 열린 제8차 회담으로 북·일 교섭은 결렬되고 마나, 북·일 국교정상화 교섭에 대하여 미야자와 내각은 국교정상화는 "전후 북·일 간의 비정상적인 관계를 고치는 것"이 목적이라는 인식을 드러내고 있다. 언뜻 대한 중시 정책과 북·일 국교정상화는 상반되는 정책으로 비치나, 주목할 점은 미야자와 내각이 북·일 교섭을 한·일 우호관계의 테두리 속에서 이해하고 있었고, 그 틀 안에서 북·일 관계를 조정하는 것이야말로 한반도의 평화와 안정에 기여한다고 판단했다는 것이다. 북·일 국교정상화 교섭에 관해 노대우 정권은 1999년에 일본을 국빈방문한 당시 열린 기자회견에서 북·일 관계의 개선은 한국과의 긴밀한 사전 협의가 필요하다고 말하고 있다. 冨樫あゆみ, 2017, 『日韓安全保障協力の検証－冷戦以後の「脅威」をめぐる力学』, 亜紀書房, 61쪽. 북·일 수교의 목적에 관해서는 第123回国会衆議院本会議第2号, 1992. 1. 28 참조.

른다. 북한의 위협을 배경으로 한·일 안보협력의 틀을 구축하기 위한 움직임은 이 무렵 가속화되며,[33] 1993년 3월에는 한·미·일 삼국이 북한의 핵 개발을 둘러싸고 한반도 유사시를 내다보고 위기관기체제라는 틀 속에서 정보를 교환하고 있다.

한·일 협력 강화의 필요성은 김영삼 정권도 인식하고 있었다. 김영삼 정권은 외교 전략을 '신외교'로 정의하고, 외교의 세계화와 다각화, 지역협력과 미래지향을 가치관으로 내걸고 동북아시아 지역의 안보협력 확대와 APEC 등, 아시아·태평양 지역의 협력 강화를 꾀하고 있었다. 이에 더하여 김영삼 정권은 미국·중국·러시아·일본과 협력관계 강화를 지향하는 이른바 '능동적 아시아·태평양' 전략인 4강 외교를 전개한다고 표명했다.[34] 즉 북한 핵 개발을 둘러싸고 한반도의 긴장 상태가 고조되고 있는 상황에서 지역 평화의 구축을 위해서는 한·일 간의 협력관계가 필요하다는 시점은 김영삼 정권이나 미야자와 내각이나 같았다.[35]

이와 함께 경제 관계에 대해서도 김영삼 정권은 미야자와 내각과 동일한 대아시아·태평양 외교 비전을 가지고 있었다고 말할 수 있다. 김영삼 정권도 냉전 이후 앞이 보이지 않는 국제관계 속에서 급속한 경제 발전을 달성하고 있는 아시아·태평양 지역의 중요성을 인식하고, 이 지역의 번영을 위해서는 한·중·일의 협력관계가 중요하다고 보고 있었다.[36]

---

33 冨樫あゆみ, 2017, 68쪽.
34 미국과는 동맹관계, 중국과는 실질적인 협력관계, 러시아와는 선린협력관계, 일본과는 우호협력관계를 발전시키는 것이었다. 한국은 1992년 8월에 중국과 수교를 맺었다.
35 실제로 1993년 5월 31일에는 한승주 외무부장관이 동북아 지역의 안보협력 구상을 제안한 바 있다.
36 「김영삼 대통령 내외분 일본 방문」, 1994, 대통령기록관, pa.go.kr/research/contents/speech/index02.jsp(검색일: 2018년 10월 9일).

더욱이 김영삼 대통령은 한·일이 정치 논리가 아닌 경제 논리에 근거한 협력관계를 구축하여야 한다고 발언한 바 있다.[37]

1990년대 초엽, 44년에 이르는 냉전 구조가 국제 정치서으로 붕괴되는 한편, 한반도의 남북 분단과 북한의 핵미사일 개발이라는 냉전의 슬픈 유산은 한·일 양국의 외교안보정책전략을 좌우했다. 경제적으로는 대미 무역 마찰, 대한 무역 불균형 문제로 흔들리면서도 국제 질서의 변혁기 속에서 일본은 아시아·태평양 지역과의 관계 강화, 더 나아가 한·일 관계의 새로운 방향성을 모색하고 있었다. 마찬가지로 북한의 핵 개발 문제라는 안보 위기에 그치지 않고 경제 발전이라는 테두리에서도 한국은 일본과 새로운 협력관계를 구축할 필요성을 인식하고 있었던 셈이다.

이러한 구조적 배경을 보았을 때 한·일 간의 현안인 '위안부' 문제의 해결은 미야자와 내각의 중요한 과제였다. 미야자와 총리는 1992년 1월 한국 국회 연설에서 한·일이 견고한 신뢰관계를 구축하기 위하여 '역사의 한 시기'에 일본과 한국이 가해자와 피해자였던 것을 인정하고 '위안부' 문제를 사죄했으며 '위안부' 문제의 해결을 지도한 것이었다.[38] 김영삼 정권도 '위안부' 문제 해결 방침과 함께 한·일 관계의 강화를 모색하고 있었으며 '위안부' 문제 해결 3원칙을 제시한 1993년 6월의 한·일 외무장관회담 이후에도 과거사 문제에 대하여 객관적이면서도 합리적인 해결과, 미래지향적 한·일 관계의 구축을 병행해나가겠다고 표명한 바

---

37 「김영삼 대통령 내외분 일본 방문」, 1994, 대통령기록관, pa.go.kr/research/contents/speech/index02.jsp(검색일: 2018년 10월 9일).

38 「宮澤喜一内閣総理大臣の大韓民国訪問における政策演説(アジアのなか, 世界のなかの日韓関係)」, 1992, データベース, 『世界と日本』, 東京大学東洋文化研究所田中明彦研究室, www.ioc.utokyo.ac.jp/~worldjpn/documents/texts/APEC/19921225.O1J.html(검색일: 2018년 10월 4일).

있다.³⁹

 이러한 맥락에서 담화의 외교적 배경을 단적으로 보여주고 있는 예가 일본이 실시한 '위안부'에 대한 청취조사이다. 당초 일본은 '위안부'에 대한 청취조사에 부정적이었는데 방침을 전환한 이유에 대하여 이시하라 전 관방부장관은 교착 상태에 빠진 한·일 협상과의 관련성을 지적하고 있다.⁴⁰ 그는 당시 한·일 절충의 중심에는 '위안부' 모집의 강제성을 둘러싼 논의가 존재하는 한편, 일본 측의 조사에서는 그것을 증명할 자료가 발견되지 않은 상황이었고 청취조사는 이러한 상황을 타개하기 위한 것이었다고 증언하고 있다.⁴¹ 이시하라 전 관방장관의 이 증언에서도 고노 담화의 외교적 배경을 알 수 있다.

 또한 담화와 관련하여 일본이 강제성을 인정하는 대신에 한국이 보상 요구를 포기했다는 식의 외교정치적 거래가 있었다는 지적도 있다. 이를 둘러싼 논쟁에서도 담화의 외교적 성격을 지적할 수 있다.⁴² 이러한 지

---

39 한국 국회의사록, 1992, 「제14대 제162회 1차 외무통일위원회」, 8쪽.

40 1993년 4월부터 본격적으로 시작된 전 위안부 청취조사에 대하여 보고서 「위안부 문제를 둘러싼 한·일 간 조정 경위~고노 담화 작성부터 아시아여성기금까지~」는 '일본 측의 성의를 강하게 표시하는 절차 중 하나'로 보는 한국 측의 발언을 담고 있다. 河野談話作成過程等に関する検討チーム, 2014, 8쪽.

41 財団法人平和のためのアジア女性国民基金, 2007a, 40쪽. 일본 정부는 1993년 7월 26일부터 30일에 걸쳐 전 '위안부'를 대상으로 청취조사를 실시했다. 강제성을 보여주는 자료가 발견되지 않은 상황에서 이시하라 노부오는 한국이 선정한 16명의 전 '위안부'에 대한 청취조사는 한국 측의 요청에 의한 '괴로운 선택'이었다고 회고했다. 第186回国会衆議院予算委員会第12号, 2014. 2. 20.

42 무라타 료헤이(村田良平) 전 외무사무차관은 정치적 거래의 존재를 지적하며 고노 전 관방장관에게 담화 철회를 요구한 바 있다. 森田良平, 2008, 『森田良平回想録 下巻』, ミネルヴァ書房, 356쪽. 모리타는 정치적 거래의 존재를 들었다고 기술했으나, 그 전거를 언급하지 않았다. 또한 이 증언에 대하여 다니노 전 외정심의실장은 무라타 씨는 거래 유무를 알 수 있는 입장이 아니었다고 일축하고 거래 존재를 부정한다. 谷野作太郎, 2015, 244쪽. 기타 고노 요헤이 본인도 담화를 둘러싼 한국과의 거래를 "있을 수

적에 대해 이시하라 전 관방부장관은 보상을 둘러싼 한·일 간의 거래를 부정하면서도 "뜻에 반하는 형태로 위안부가 된 사람들이 있다"는 점을 고노 담화로 인정하는 대신에 한국은 과거의 문제를 다시 제기하지 않고 '미래지향'적 한·일 관계를 구축하기로 한·일 양국이 합의했다고 회고한다.[43]

담화의 외교적 성격은 국제사회와 일본의 관계에서도 엿볼 수 있다. 미야자와 내각이 '위안부' 문제를 다룰 필요성을 강조한 배경에는 '위안부' 문제가 인권 문제로서 국제사회가 주목하기 시작했다는 경위를 간과할 수 없다. 1992년 2월, 한국정신대문제대책협의회는 '위안부' 문제를 UN 인권위원회에 제출했고, 8월에는 시찰단이 한국과 북한에 파견되었다. 1993년 2월 19일에는 노태우 정권의 한국인권위원회가 '위안부' 문제에 대한 일본 정부의 자세를 공개적으로 비판했고, 4월 30일에는 한국 외부무가 일본 측이 '위안부' 문제의 진상 규명에 나서도록 국제법학자회(International Commission of Jurists)에 요구했다. 이와 함께 한반도 출신자뿐만 아니라 인도네시아 재류 네덜란드인이나 필리핀인, 타이완인과 중국인 '위안부' 문제도 표면화되었다. 즉 '위안부' 문제가 한·일 양국의 문제에서 범지구적 인도적 문제로 질적으로 전환되는 과정에 있던 때도

없다"고 부정한다. 핫토리 류지는 정보 공개 개시 청구 결과, 이러한 밀약의 존재를 보여주는 증거는 없었다고 밝혔다. 服部龍二, 2015, 119쪽.

43　第186回国会参議院国の統治機構に関する調査会第2号, 2014. 4. 2. 이시하라 전 관방부장관은 국회에서 다음과 같이 증언하고 있다. "한·일 관계가 아무래도 이 문제에 계속 집착해서는 미래지향적 관계로 이행할 수 없다고 판단해, 고노 담화를 책정하여 이른바 그들이 뜻에 반하는 형태로 위안부가 된 사람들이 있다는 것을 인정하면 한국 측도 이로써 이 문제를 과거의 문제로서 일단 선을 긋고 미래지향적으로 나아가는 조건이 마련된다는 식으로 말했고, 우리도 그것을 믿고 그 담화를 발표했습니다." 이 이시하라 전 관방부장관의 증언은 아베 정권이 가토 담화 책정 과정을 검증하고 있던 시기에 이루어졌다.

같은 시기였다. 1992년 7월에는 구 일본군이 인도네시아에 억류된 네덜란드인 여성을 '위안부'로 강제동원한 사건이 드러나면서 UN 인권위원회에서도 증언이 이루어지고 보고서가 제출되었다. 같은 해 9월에는 UN 인권위원회 소수민 차별 방지 및 보호에 관한 소위원회(UN 인권소위원회)가 종군위안부문제 조사 특별 보고관을 일본에 파견하는 등, '위안부' 문제에 대한 UN의 조사가 본격적으로 시작되었다.

이러한 상황에서 1992년 2월에 UN 상임이사국 진출을 희망하던 미야자와 내각은 한·일 관계뿐 아니라 국제사회와의 관계에서도 '위안부' 문제를 파악하게 된다. 고노 전 관방장관은 국제사회가 '위안부' 문제를 인권·인도적 문제로 인식하고 있는 상황에서 "이미 해결되었다"는 일본의 태도를 국제사회가 용납하지 않을 것이라고 생각하고 있었다.[44] 고노 전 관방장관은 '위안부' 문제가 "도저히 부정할 수 없는 사실"이며, 담화를 발표하여 솔직하게 사죄하고 관련 국가들과 화해를 추진하여 일본의 명예를 회복하는 것이 담화의 목적 중 하나였다고 회고했다.[45]

물론 두 번의 가토 담화나 고노 담화가 한·일 관계의 외교·경제 그리고 안보 전략의 요청만으로 발표된 것이라고 단순화하여 이해할 수는 없다. 하지만 1990년대 초반, 냉전 이후에 국제정치의 새로운 역동성이 등장하려는 시기에 한·일 양국이 서로를 전략적 중요 국가로 자리 매김하고 '미래지향'이라는 새로운 협력관계를 모색하고 있었다는 사실은 담화의 외교적 측면으로서 주목할 만한 가치가 있다.

44　河野洋平, 2015, 108쪽.
45　河野洋平, 2015, 206쪽.

2) 역사인식과 정치외교이념

일본은 대국적 견지에서 한국과의 관계 구축을 중시하고, '위안부' 문제의 해결을 모색하고 있었다. 하지만 한·일 양국 관계 특히 한·일 국교정상화 교섭과의 관계에서 보자면 '위안부' 문제에 대해 일본 정부가 취할 수 있는 정책이 백지상태인 것은 아니었다. 비록 1990년대에 들어 '위안부' 문제가 양 정부 사이에 새롭게 제기되기는 했으나, 일본 정부는 한일청구권·경제협력협정으로 해결이 끝났다고 인식하고 있었기 때문이다.[46] 공식 입장이 이러함에도 가토 담화와 고노 담화가 발표된 원인을 파악하기 위해서는 담화에 내재된 '인도적 목적'을 경과할 수 없을 것이다.

결과적으로 말하자면 담화의 발표가 가능했던 이유 중 하나는 그 목적을 인도적 차원에서 설정했기 때문이었는데, 이는 담화 발표를 주도한 정치 지도자들의 역사인식과 정치외교이념과 무관하지 않았다. 따라서 고노 담화의 외교적 측면을 복합적으로 이해하기 위하여 담화 책정에 종사한 당시 정치 지도자들(미야자와 기이치, 가토 고이치, 고노 요헤이)이 어떤 역사관(여기서는 역사인식이라 한다)과 이에 따른 정치외교이념을 지니고 있었는지 역사의 흐름과 함께 살펴보겠다.

---

46 기무라 간은 미야자와나 고노와 같은 정치지도자가 '위안부' 문제나 식민지 지배에 대하여 수차례 사죄의 뜻을 표명한 전제 조건으로 그들이 "1965년의 한일기본조약과 그 부속협정에 따라 … 추가 보상을 할 책임은 발생하지 않는다"고 인식하고 있었다는 점을 지적한다. 木村幹, 2014, 163쪽. 또한 '위안부' 문제와 조약과의 관계에 대해 일본 측은 한국과도 이러한 인식을 공유하고 있었다고 보고 있다. 고노 요헤이 전 관방장관은 담화 발표 전까지 이어진 한국과의 절충을 회고하며, '위안부' 문제 해결의 목적에 대하여 당시 한국의 목적은 전 '위안부'의 '명예 회복'이었으며, '한일기본조약과 관련한 안건으로 삼지 않는 것'에 한·일의 인식이 일치했다고 증언했다. 河野洋平, 2015, 110쪽.

(1) 정치지도자의 역사인식과 정치외교이념

제2차 세계대전 이전에 태어난 미야자와 기이치는 대장성 관료 출신이며, 정치가로 전향한 이후에는 경제통으로 유명했다. 정치외교이념으로는 자민당에서 비둘기파 및 호헌파로 분류되었으며, 소속 파벌은 고치카이(宏池會)였다. 이케다 하야토(池田勇人) 전 총리가 만든 고치카이는 자민당이라는 보수 집단에서 전통적으로 호헌파로 통한다. 미야자와 기이치는 1986년에 고치카이의 회장에 취임했고 1991년 11월에는 자민당 총재, 내각총리대신 자리에 오른다. 고치카이의 회장이 정권 수장에 오른 것은 1981년의 스즈키 젠코(鈴木善幸) 내각 이래 약 10년 만이었다. 1차 미야자와 내각의 가토 고이치 관방장관, 2차 내각의 고노 요헤이 관방장관 역시 고치카이의 핵심 멤버이었다. 즉 두 사람 모두 미야자와파에 속해 있었으며, 일반적으로는 '비둘기파'로 불리는 보수계 리버럴파로 분류된다.

그중에서 고노 요헤이는 태평양전쟁을 "군국주의, 제국주의적 지도자가 자행한 잘못된 행위"라며 침략전쟁으로 평가하고 국제사회에 대한 일본의 군사적 공헌과 헌법 개정에는 일관되게 부정적인 입장이었다.[47] 이러한 그의 역사인식과 외교이념을 검토할 때에 자민당 내부에서 결성된 아시아·아프리카문제연구회(이하 A·A연)를 빠뜨릴 수 없다.

1965년에 결성된 A·A연은 중국과 한반도의 제반 문제에 힘을 기울이는 조직으로, 아시아 외교를 중시하는 소위 자민당 내의 지중파·지한파로 유명했으나 당시 자민당에서는 비주류이기도 했다. 고노 요헤이는 이 A·A연의 설립 초기부터 핵심 멤버였다. 한편 A·A연 설립 1주일 전에

---

47 『每日新聞』, 1995. 8. 22. 미야자와와 마찬가지로 제2차 세계대전 이전에 태어난 고노 요헤이의 아버지는 자민당 창당 멤버 중 한 명인 고노 이치로(河野一郎)다.

결성된 '매파'의 아시아문제연구회(이하 A연)는 외교이념, 안보정책, 역사 인식에서 A·A연과 대척점에 서 있었다. 반공산주의를 내건 A연은 당시의 외무성과 외교 노선이 같은 자민당 내의 주류파이기도 했다.⁴⁸

고노 요헤이가 소속되어 있던 A·A연은 설립 초기부터 중·일 국교 정상화와 한국의 민주화에 관심을 기울인 데 반하여, A연은 냉전기에 반공, 친타이완파로 이른바 '두 개의 중국'론을 내걸고 있었다. 자민당 내부의 A·A연과 A연은 1960년대에 들어서는 UN에서의 중국대표권 문제를 둘러싸고, 1970년대에는 중·일 국교정상화를 둘러싸고 대립하며 치열한 논쟁을 전개했다. 이 대립의 중심에서 고노 요헤이는 매파와 대치되는 자민당 비둘기파의 대표격이기도 했다. 그의 외교적 관심은 아시아에 쏠려 있었고 한국이 박정희 정권하에 있던 시절부터 김대중과 친교를 맺고 있었다. 1973년의 김대중 납치사건 당시, A·A연은 다나카 가쿠에이 내각에 대하여 일본 정부로서 적극적으로 대처해야 한다는 성명을 발표했다.⁴⁹

하지만 1976년, 고노 요헤이는 다나카 세이치(田川誠一), 우쓰노미

---

48 福井治弘, 1969, 『自由民主党と政策決定』, 福村出版, 318쪽. 관료 출신자 중 46.5%가 A연에 소속되어 있던 한편, A·A연 구성원의 전직은 언론 관계나 실무가였다. 福井治弘, 1969, 319쪽.

49 A·A연의 중심 멤버였던 고노 요헤이는 당시 A·A연은 자민당 내에서 미묘한 입장에 있었다고 회고했다. A·A연의 정치외교이념에서 볼 때, 한국의 민주화나 한반도 통일 문제에 적극적으로 발언해야 하는 입장이었던 한편, 일본 정부는 군사쿠데타로 집권한 박정희 정권을 한반도의 유일한 정권으로 인정하고 있어 이러한 상황에서 당시 한국과의 교류 방식이 A·A연의 과제였다. 河野洋平, 2015, 54쪽. 또한 그는 김대중이 A·A연을 일본의 활동 파트너로 간주하고 있었다고 증언했다. 河野洋平, 2015, 52쪽. 고노 요헤이와 김대중은 1973년의 납치사건 이전부터 친분이 있었으며, 자신의 저서 『일본 외교에의 직언(日本外交への直言)』에서는 존경하는 정치인으로 김대중을 꼽고 있다.

야 도쿠마(宇都宮德馬)와 함께 록히드 사건을 계기로 자민당을 탈당한다. 주요 멤버가 자민당을 탈당한 이후, A·A연의 활동은 그 기세가 꺾이고 만다.⁵⁰ 탈당 후 그는 포괄안보(comprehensive security)와 아시아·태평양 적극 외교를 주창하는 신자유클럽을 결성했고, 10년간의 활동을 거쳐 1986년에 자민당에 복당한다. 당시 스즈키파에서 미야자와파로 세대교체가 이루어진 고치카이에 들어가 미야자와 정권에서 내각 입성을 달성한다. '비둘기파'로서의 자신의 원점을 1967년의 중의원 초선 당선 이후에 찾은 사이판 방문이었다고 회고하며,⁵¹ 외교의 목적을 "전쟁을 일으키지 않는 것"이라고 단언한다.⁵² 그리고 전후 일본인의 마음속에는 "민족이 저지른 잘못을 두 번 다시 되풀이하지 않겠다는 강한 자책감과 진심으로 평화를 바라는 심정"이 있다고 말했다.⁵³

　외무성의 중국과인 소위 차이나스쿨 출신 가토 고이치는 고이치카이(오히라파)에 속하여 의원 활동을 하고 있었다. 가토는 '고이치카이의 프린스'라 불리며 오히라 내각에서는 내각 관방부장관을, 나카소네 내각에서는 방위청장관을 역임했다. 또 고노 요헤이가 자민당에 복당할 당시에는 미야자와파 고이치카이의 사무총장을 맡고 있었다. 한·일 국교정상화 교섭과 일·중 관계 개선에 힘썼던 오히라 마사요시(大平正芳)를 '나의 스승'이라며 섬겼던 가토 고이치는 냉전 이후의 아시아 외교 틀을 중·일이 주축이 되어 구축하여야 한다고 보고, 아시아 외교 중시 정책이야말로 일

50　2004년, 당시 중의원장직에 있던 고노 요헤이의 촉구로 A·A연은 활동을 재개하고 있다.
51　『読売新聞』, 2012. 9. 25.
52　河野洋平, 2015, 215쪽.
53　第20回国会衆議院本会議第4号, 1983. 1. 28.

본의 이익으로 이어진다고 생각했다.[54]

그도 역시 자신을 리버럴파라 평가하고, 배타적 내셔널리즘과 확실히 게 선을 그으면서 소위 일본의 전쟁책임론에 대하여는 긍정적이었고, 야스쿠니신사 참배에는 부정적인 입장을 견지하는 등, 한국이나 중국과 같은 주변 국가들에 배려하는 자세를 일관되게 유지해왔다.[55] 이에 더하여 그도 역시 '이전의 전쟁은 틀리지 않았다'는 '투쟁하는 내셔널리즘'에는 일말의 반성도 없다고 비난하면서[56] 일본의 전쟁책임을 반성하고 일본은 대한 외교, 대중 외교 등 같은 아시아 외교에서 그 반성을 표시하는 정책을 전개해야 한다고 생각하고 있었다.[57]

그렇다면 한국을 비롯한 아시아 중시 정책을 전개한 미야자와 기이치는 어떤 역사인식과 정치외교이념을 지니고 있었을까. 사실 미야자와 내각이 내건 외교 슬로건인 '품격 있는 국가'에서 그의 역사인식과 정치외교 이념을 엿볼 수 있다. 미야자와 본인의 말을 빌리면, '품격 있는 국가'

---

54 『毎日新聞』, 1990. 11. 20. 고노 요헤이와 비교하면, 가토 고이치는 지한파라기 보다 지중파라 하는 편이 옳다. 따라서 가토 고이치는 중국 경유로 북한과의 연결 고리를 가지고 있었다고 알려져 있다. 가토 고이치는 1995년에 와타나베 미치오(渡辺美智雄)를 단장으로 하는 국회의원의 방북을 실현시킨 일등공신이었다. 여담이나 같은 고이치카이에 속한 가토 고이치와 고노 요헤이는 그 당시 포스트 미야자와의 자리를 둘러싸고 대립하고 있었다.

55 고이즈미 준이치로 총리는 선거공약으로 8월 15일의 야스쿠니신사 참배를 명언했다. 이에 대하여 가토 고이치 자민당 전 간사장과 야마자키 다쿠 자민당 간사장이 앞당기도록 설득했다. 『読売新聞』, 2001. 8. 14. 고노 요헤이는 2005년, 중의원 의장에 재임 중이던 시절 고이즈미 준이치로 총리의 야스쿠니신사 참배에 대하여 나카소네 야스히로, 호소카와 모리히로(細川護熙), 모리 요시로(森喜朗), 무라야마 도미이치(村山富市), 미야자와 기이치와 같은 역대 총리들의 "신중에 또 신중을 기해야 한다"는 총의를 고이즈미 총리에게 전달했다.

56 『琉球新聞』, 2006. 8. 25.

57 『동아일보』, 2005. 11. 2.

란 "국제사회에서 명예로운 지위를 점하며, 국민이 자긍심을 느낄 수 있는" 국가를 뜻한다.[58] 중요한 것은 미야자와 총리는 '품격 있는 국가'가 되기 위해서는 "'과거사 문제'에 대해서도 지역 국민들의 심정을 이해하려는 노력"이 필요하다고 생각했다는 점이다.[59] 국제사회 속 일본의 지위라는 시점은 고노 담화 책정 당시 키포인트가 된다.

미야자와 내각이 아시아·태평양 및 한국 중시의 외교를 전개한 것은 전술한 바와 같으나, 역사인식과 관련하여 주목할 점은 아시아·태평양 지역과의 관계 강화를 위해서는 일본의 과거 행위를 '직시'할 필요가 있다고 인식하고 있었다는 것이다. 전술한 간담회 보고서에도 일본이 아시아·태평양 지역 외교를 전개할 때 필요한 것은 "계속해서 성실하고 겸허한 태도로 끈기 있게 이러한 (전쟁 중 일본의 행위 – 필자 주) 문제를 마주 보고 피해국 국민들을 계속해서 접촉하려는 태도"라고 기술했다.[60] 이러한 태도를 조건으로 역내 국가들과의 상호 이해를 확대하여 일본이 '신뢰받는 국가'가 될 수 있으며, '아시아·태평양 지역 전체에 공헌'하는 것이야말로 일본의 이익이라고 역설하고 있다는 것이다.[61] 미야자와 역시 이

---

58 第122回国会参議院予算委員会第2号, 1991. 11. 8.
59 「21世紀のアジア・太平洋と日本を考える懇談会, 1992, 『21世紀のアジア・太平洋と日本 – 開放性の推進と多様性の尊重 – 』, データベース, 『世界と日本』, 東京大学東洋文化研究所田中明彦研究室, www.ioc.utokyo.ac.jp/~worldjpn/documents/texts/APEC/19921225.O1J.html(검색일: 2018년 9월 13일).
60 「21世紀のアジア・太平洋と日本を考える懇談会, 1992, 『21世紀のアジア・太平洋と日本 – 開放性の推進と多様性の尊重 – 』, データベース, 『世界と日本』, 東京大学東洋文化研究所田中明彦研究室, www.ioc.utokyo.ac.jp/~worldjpn/documents/texts/APEC/19921225.O1J.html(검색일: 2018년 9월 13일).
61 「21世紀のアジア・太平洋と日本を考える懇談会, 1992, 『21世紀のアジア・太平洋と日本 – 開放性の推進と多様性の尊重 – 』, データベース, 『世界と日本』, 東京大学東洋文化研究所田中明彦研究室, www.ioc.utokyo.ac.jp/~worldjpn/documents/texts/

와 같은 인식과 이념을 본인의 시정방침 연설에서도 보여주었다.

> 우리나라가 이러한 역할을 담당할 때 유의할 점은 과거의 역사인식 문제입니다. 아시아·태평양 지역의 국민들은 과거의 한 시기에 우리나라가 자행한 행위로 인하여 참을 수 없는 고통과 슬픔을 겪으셨습니다. 저는 여기서 다시 한번 깊은 반성과 유감의 뜻을 표명하는 바입니다. 우리들은 과거의 사실을 직시하고 역사를 올바르게 전하여 두 번 다시 이와 같은 잘못을 되풀이하지 않겠다는 경각심을 더욱 고취하여 국제사회의 일원으로서 그 책무를 다해 나가야 합니다.[62]

이러한 인식과 이념이 뚜렷하게 나타난 것은 미야자와 총리가 1993년 1월에 발표한 '미야자와 독트린'이다. 미야자와의 역사인식과 외교정치이념과 관련하여 이 구상에서 주목할 점은 일본과 ASEAN 국가들의 협력관계를 구축하는 전제 조건으로 일본은 두 번 다시 군사대국이 되지 않겠다는 소위 후쿠다 독트린의 계승을 공표하고 있다는 것이다.[63] 한국을 축으로 한 아시아·태평양 지역에는 "과거의 역사나 일본의 큰 존재감에 뿌리를 둔 불안감이 여전히 존재"[64]하며, 그것들을 불식하기 위해서는 두 번 다시 군사대국이 되는 것을 일본이 직접 부정할 필요가 있었으며, 이러한 자세를 표명함으로써 역내 국가들과의 신뢰관계를 구축하고자 했던 셈이다.

APEC/19921225.O1J.html(검색일: 2018년 9월 13일).

62 第123回国会参議院本会議第1号, 1992. 1. 24.

63 『朝日新聞』, 1993. 1. 17.

64 第123回国会参議院本会議第1号, 1992. 1. 24.

그러한 흐름 속에서 미야자와 총리는 아시아 국가들에 사죄해야 한다고 인식하고 있었다.[65] 냉전 이후의 불안정하고도 불투명한 국제 정세 속에서 한국을 비롯한 아시아·태평양 지역과의 관계 강화를 내걸고 있는 이상, 그 실현을 위해서는 과거에 일본이 자행한 행위에서 눈을 돌릴 수는 없다고 판단한 셈이다. 미야자와 본인의 이러한 역사인식은 과거사 문제를 둘러싼 제반 문제에 대한 대응에서도 잘 드러나는데 그중에서도 가장 두드러진 예가 '위안부' 문제였고 가토 담화와 고노 담화였다고 말할 수 있다.

요컨대 고노 요헤이와 가토 고이치, 미야자와 기이치의 공통된 역사인식과 정치외교이념을 정리하면 과거에 대한 반성과 자숙을 기반으로 두면서 친한적·친아시아적이었다고 할 수 있다. 이러한 이념은 '위안부' 문제는 해결된 것으로 하는 일본 공식 입장과의 갈등 속에서 담화에 내재된 '인도적 목적'과 결합된다.

(2) 담화의 인도적 목적

가토 담화와 고노 담화에 내재된 '인도적 목적'이란 '위안부' 문제를 해결된 것으로 보는 정부 공식 입장을 견지하면서도 담화를 통하여 '사죄와 반성의 심정'을 표할 수 있게 하는 원동력이었다. 여기서 정부 공식 입장을 견지한다는 것은 일본 정부로서 금전적 보상의 제공을 인정하기 어렵다는 것을 의미하는데 이러한 전제 조건 아래 담화의 목적을 '인도적' 입장에서 설정함으로써 발표가 가능했다.

---

65 미야자와는 저서에서 "아시아 근린국가들에 참을 수 없는 고통을 안겨주었다는 것은 의심의 여지가 없으며, 비인도적 행위가 있었다는 것도 명백하므로, 그에 대해 사죄하는 것이 당연하다고 생각하고 있습니다"고 썼다. 宮澤喜一, 1995, 『新·護憲宣言』, 朝日新聞社, 172쪽.

1992년 1월 17일에 열린 한·일 정상회담에서 '위안부' 문제에 대해 '마땅한 조치'를 요구한 노태우 정권은 이튿날인 18일에 "철저한 진상 규명과 이에 수반하는 적절한 보상"을 요구하겠다는 방침을 일본 측에 통보했다.[66] 이에 가토 관방장관은 '위안부' 문제와 관련한 개인 보상은 한일기본조약에 따라 해결이 끝났으므로, 정부가 추가 보상을 하기란 어렵다고 강조하는 한편, 인도적 견지에서 "위안부 문제는 단순히 그것으로 수렴되지 않는 심적 상처의 문제"[67]라는 점에 입각하여, 보상 대신 "사죄를 표명하는 일정 조치"를 검토할 의향을 밝혔다.[68] 이후 일본 정부는 이 '일정 조치' 방식의 검토에 들어가 7월에는 '위안부' 문제에 대한 일본 정부의 간여를 인정한 제2차 가토 담화가 발표되었다.[69]

1993년 2월, 김영삼 정권의 출범과 함께 한국은 '위안부' 모집에 관한 강제성의 진상 규명을 강하게 요구하는 한편, '위안부' 문제에 관하여 금전적 보상을 요구하지 않겠다는 기존 방침을 유지할 자세를 보였다. 이에 4월 20일에는 가지야마 세이로쿠(梶山靜六) 자민당 간사장이 미야자와 총리의 친서를 들고 김영삼 대통령을 면담하고 '위안부' 문제에 대하여 청취조사를 포함한 성의 있는 대응을 하겠다고 표명했고, 8월에 강제성을 인정한 고노 담화가 발표되었다.[70] 즉 이 '사죄를 표명하는 일정 조치'

---

66 『朝日新聞』, 1992. 1. 21.
67 第123回国会衆議院予算委員会第2号, 1992. 2. 3.
68 『朝日新聞』, 1992. 1. 22. 이 '일정 조치'는 한반도 출신 전 위안부에 국한되지 않았으며, 중국, 타이완, 필리핀과 인도네시아도 고려 대상이었다.
69 그 후 1992년 12월, 제2차 미야자와 내각이 출범하면서 관방장관이 가토 고이치에서 고노 요헤이로 교체되었는데 이러한 기본자세를 계승했다. 이 인식은 정부 고위관료도 마찬가지였다. 第126回国会衆議院外務委員会第4号, 1995. 6. 11.
70 『毎日新聞』, 1993. 4. 21. 김영삼 대통령과의 면담에는 내각 개조로 관방장관에서 간사장으로 자리를 옮긴 가토 고이치도 동석했다.

와 '성의 있는 대응'이야말로 가토 담화와 고노 담화였던 셈이다.

고노 전 관방장관은 한·일 정부 간의 관계 악화를 피하기 위하여 담화를 발표했다는, 즉 담화가 정치적 판단이었다는 견해를 부정하고 "인간으로서 그리고 여성의 입장에서 … 책임을 지겠다는" 이른바 인도적 견지에서 담화를 발표했다고 회고했다. 그리고 '위안부' 문제의 본질에 대하여 '위안부' 문제가 인권과 존엄성을 짓밟힌 "인권 문제이며, 양성평등의 문제이다"고 단언한다.[71] 이러한 자세는 많은 국회 답변에서도 확인할 수 있는데 다음 언급은 그 상징적 일례다.

> 종군위안부 문제는 같은 인간으로서 마음의 고통을 금할 수 없습니다. 얼마나 고통스러웠을지를 생각하면 우리들이 그 심적 고통을 어떠한 형태로 표현할 것인가를 고민해야 합니다.[72]

제2차 가토 담화의 책정에 이르는 일련의 흐름에서는 '위안부' 문제는 외교적으로 해결이 끝났으나, 다른 한편 인도적 견지에서 사죄하여야 한다는 미야자와 정권의 중추 정치인들의 자세를 지적할 수 있다. 일본이 국가로서의 금전적 보상은 불가능하나 사죄의 심정을 표명한다는 기본 방침은 "필설로 다할 수 없는 고통을 겪은 분들에게 우리들이 이 심정을 어떠한 형태로 표현하여야 하는가에 대하여 … 검토하고 있는 중이다"는 미야자와 총리의 국회 답변에서도 확인할 수 있다.[73]

이상의 점에 입각하여 고찰하면, 담화를 발표한 배경을 다음과 같이

71　河野洋平, 2015, 140쪽, 205쪽.
72　第126回国会衆議院予算委員会第16号.
73　第125回国会衆議院本会議第2号, 1994. 11. 4.

정리할 수 있다. 일본의 입장에서 일본군'위안부' 문제는 1965년의 한일 기본조약에 따라 "한·일 양국 및 양국 국민 간의 재산·청구권 문제는 완전하고도 최종적으로 해결"[74]되었다는 인식에서 한·일 간의 금전 보상은 문제가 될 수가 없었다.[75] 따라서 한·일 관계를 중시하는 미야자와 내각에서는 한·일 간 현안으로 떠오른 '위안부' 문제에 대하여 정치적으로 해결해야만 했다.[76] 해결의 구체적인 정책이야말로 가토 담화와 고노 담화였으며 이것이 가능한 이유는 발표의 목적을 인도적·도의적 견지로 제시했기 때문이었다. 무엇보다 담화의 인도적·도의적 성격을 내세울 수 있었던 배경에는 발표의 목적이 앞서 언급한 당시 담화 책정에 종사한 정치인들의 역사인식과 정치외교이념과 결합되었기 때문이었다.

5. 결론

이 글에서는 두 번의 가토 담화와 고노 담화가 일본의 주체적 외교 행위

---

74   第122回国会参議院予算委員会第3号, 1991. 12. 13.
75   第122回国会参議院予算委員会第3号, 1991. 12. 13. 일본 정부는 위안부 문제뿐만 아니라 조선인 피폭자, 사할린 억류자 보상 문제, 강제징용 문제와 같은 보상 문제에 대해서도 동일한 자세를 보이고 있다. 한편 이 시기에 문제가 제기된 억류 네덜란드인 '위안부' 문제를 포함한 이른바 전체적 '위안부' 문제에 대하여 일본 정부는 아시아여성기금을 설립해 대응하기로 결정하고 있었으며, 고노 담화는 그 설립을 염두에 두고 있었다. 또 다니노는 김영삼 정권은 아시아여성기금의 설립으로 한국 정부가 일본 정부에 금전적 보상을 요구하는 일은 없을 것이라는 입장이었다고 회고했다 谷野作太郎, 2015, 245쪽.
76   다니노는 '위안부' 문제에 관한 조사를 미야자와 총리가 직접 노태우 대통령에게 약속했기 때문에 미야자와 자신의 내각에서 결착을 보겠다는 뜻을 보였다고 증언했다. 谷野作太郎, 2015, 245쪽.

였다는 점에 착안하여, 이 담화들이 발표된 요인을 정치외교정책과 역사인식이라는 두 측면에서 검토했다. 이 글의 고찰 대상인 담화는 '위안부' 문제라는 새로운 한·일 간 현안에 대하여 정치외교적 해결을 꾀한 것이었다. 1990년대 초엽, 한·일 양국이 새로운 협력관계 구축을 목표로 보조를 맞추고 있었다는 외교적 요인은 담화 발표에 긍정적으로 작용한다. 동서대립이라는 냉전 구조가 붕괴되어 국제 질서가 전환기를 맞이하고 있던 때, 한·일 양국은 아시아·태평양 지역의 경제적 파트너로서, 더 나아가 날로 심각해지는 북한의 핵미사일 개발 문제를 배경으로 한 동북아의 안보라는 관점에서도 협력관계 구축의 중요성을 인식하고 있었다. 이 '협력관계 구축의 중요성'은 한·일 양국이 '위안부' 문제를 해결하는 원동력이었다고 평가할 수 있다. 이에 더하여 '위안부' 문제가 한·일 관계뿐만 아니라 국제 문제로 전환된 배경은 국제사회와 일본의 테두리 속에서도 담화 책정의 한 요인이 되었다.

한편 이러한 외적 요인만이 담화 발표를 유발하지는 않았다. 담화 책정이 일본의 주체적 외교 행위였다는 이 글의 주장을 감안할 때, 이러한 외적 환경뿐 아니라 당시의 정치지도자가 어떤 역사인식을 지니고 있었는가를 함께 검토하는 작업이야말로 담화의 복합적 고찰로 이어진다. 담화 책정 과정에서 외적 요인이 원동력이었다면, 정치지도자의 외교정치 이념과 역사인식은 담화 발표에서 윤활유이자 원동력과 같은 역할을 담당했다. 당시의 정치지도자가 '위안부' 문제를 일본의 전쟁책임 문제로 이해하고, 인도적 입장에서 해결하여야 한다는 필요성을 인식하고 있었다는 점은 담화 책정과 발표에 긍정적으로 작용했다고 말할 수 있을 터이다.

참고문헌

남상구, 2014, 「고노 담화 수정론에 대한 비판적 검토」, 『한일관계사연구』 제49권.

석주희·최은봉, 2015, 「일본 무라야마담화의 상징성과 내재화의 간극: 국내 사회 지시 단체 – 반대 단체의 세력화와 동학」, 『일본연구논총』 제42권.

이원덕, 2016, 「한일관계와 역사마찰: 김영삼 정권의 대일역사외교를 중심으로」, 『일본연구논총』 제40권.

이종국, 2016, 「일본 정부의 역사인식의 '합의' 형성과 한계」, 『한일군사문화연구』 제21권.

정진성, 2002, 「한국, 일본, 아시아 및 서구시민단체(NGO)의 협력과 갈등: 군위안부문제에관련한 운동단체들의 가치 지향을 중심으로」, 『국제·지역연구』 제11권 1호.

조윤수, 2014, 「일본군 '위안부' 문제와 한일관계: 1990년대 한국과 일본의 대응을 중심으로」, 『한국정치외교사논총』 제36집 제1호.

국회의사록, 1992, 「제14대 제162회 1차 외무통일위원회」.

『동아일보』, 2005. 11. 2.

『조선일보』, 1992. 5. 12.

「김영삼 대통령 내외분 일본 방문」, 1994, 대통령기록관, pa.go.kr/research/contents/speech/index02.jsp (검색일: 2018년 10월 9일).

谷野作太郎, 2015, 『外交証言録アジア外交回顧と考察』, 岩波書店.

宮澤喜一, 1995, 『新·護憲宣言』, 朝日新聞社.

木村幹, 2014, 『日韓歴史認識問題とは何か』, ミネルヴァ書房.

服部龍二, 2015, 『外交ドキュメント歴史認識』, 岩波書店.

福井治弘, 1969, 『自由民主党と政策決定』, 福村出版.

冨樫あゆみ, 2017, 『日韓安全保障協力の検証 – 冷戦以後の「脅威」をめぐる力学』, 亜紀書房.

森田良平, 2008, 『森田良平回想録 下巻』, ミネルヴァ書房.

ジェニファー・リンド, 2015,「村山コンセンサスの形成と課題」,『戦後保守は終わったのか』, 角川新書.

財団法人平和のためのアジア女性国民基金, 2007a,「インタビュー石原信雄」,『オーラルヒストリーアジア女性基金』.

財団法人平和のためのアジア女性国民基金, 2007b,「インタビュー河野洋平」,『オーラルヒストリーアジア女性基金』.

村上友章, 2016,「第3章宮沢喜一－冷戦を越えた「吉田路線」」, 増田弘 編,『戦後日本首相の外交思想』.

河野洋平, 2015,『日本外交への直言』, 岩波書店.

俵木はるみ, 2015,「「日本軍「慰安婦」問題における 河野談話をめぐる争点に關する考察－日本國內における否定する側と肯定する側の論点を中心に－」,『일본근대학연구』제47권.

河野談話作成過程等に関する検討チーム, 2014,「慰安婦問題を巡る日韓間のやりとりの経緯～河野談話作成からアジア女性基金まで～」.

『外交青書』, 1992.

『内閣官房組織令』.

「慰安婦関係調査結果発表に関する河野内閣官房長官談話」, 1994. 8. 4.

第20回国会衆議院本会議第4号, 1983. 1. 28.

第122回国会参議院本会議第2号, 1991. 11. 8.

第122回国会参議院予算委員会第2号, 1991. 12. 12.

第122回国会参議院予算委員会第3号, 1991. 12. 13.

第123回国会衆議院本会議第2号, 1992. 1. 28.

第123回国会参議院本会議第1号, 1992. 1. 24.

第123回国会衆議院予算委員会第2号, 1992. 2. 3.

第125回国会衆議院本会議第2号, 1994. 11. 4.

第126回国会衆議院外務委員会第4号, 1995. 6. 11.

第186回国会衆議院予算委員会第12号, 2014. 2. 20.

第186回国会参議院国の統治機構に関する調査会第2号, 2014. 4. 2.

『琉球新聞』, 2006. 8. 25.

『毎日新聞』, 1990. 11. 20; 1993. 4. 21; 1995. 8. 22.

『朝日新聞』, 1991. 1. 10; 1990. 5. 26; 1992. 1. 17; 1992. 1. 21; 1992. 1. 22; 1992. 3.

15; 1992. 9. 4; 1993. 1. 17; 1993. 8. 5.

『読売新聞』, 2001. 8. 14; 2012. 9. 25; 2014. 10. 22.

「21世紀のアジア・太平洋と日本を考える懇談会, 1992, 『21世紀のアジア・太平洋と日本 – 開放性の推進と多様性の尊重 – 』, データベース, 『世界と日本』, 東京大学東洋文化研究所田中明彦研究室, www.ioc.utokyo.ac.jp/~worldjpn/documents/texts/APEC/19921225.O1J.html(검색일: 2018년 9월 13일).

「宮澤喜一内閣総理大臣の大韓民国訪問における政策演説(アジアのなか, 世界のなかの日韓関係)」, 1992, データベース, 『世界と日本』, 東京大学東洋文化研究所田中明彦研究室, www.ioc.utokyo.ac.jp/~worldjpn/documents/texts/APEC/19921225.O1J.html(검색일: 2018년 10월 4일).

일본 정부의 식민지 지배 인식의 연속성에 관한 연구

간 담화, 한일도서협정을 중심으로

엄태봉 대진대학교 강의교수

1. 서론
2. 간 담화와 일본 정부의 식민지 지배 인식의 연속성
3. 한일도서협정과 일본 정부의 식민지 지배 인식의 연속성
4. 결론

1. 서론

2020년은 경술국치 110년째가 되는 해이다. 일본은 1876년의 강화도조약을 시작으로, 1905년의 을사늑약, 1907년의 정미7늑약, 1909년의 기유각서 등을 통해 조선을 잠식했고, 1910년 8월 22일, 한일강제병합조약(이하 강제병합조약)을 체결하여 조선을 식민지로 전락시켰다. 이후 110여 년이 흐르고 있는 지금도 식민지 지배를 둘러싼 역사인식의 간극으로 인해 한·일 양국 간에 일본군'위안부' 문제, 교과서 문제, 문화재 반환 문제, 강제징용공 문제, 독도 문제 등이 발생하고 있는 것은 주지하는 바와 같다.

일본 정부는 역사인식 문제에 있어서 한국을 대상으로 식민지 지배에 대한 사죄와 반성을 공식적으로 표명하면서, 진일보한 모습을 보이기도 했다. 그 대표적인 것이 민주당 정권 시기, 간 나오토(菅直人) 총리가 발표한 '내각총리대신 담화'(이하 간 담화)이다. 간 총리는 강제병합조약 체결 100년째가 되는 2010년 8월, 한국과 한국 국민을 대상으로 식민지 지배에 대한 사죄와 반성을 표명한 담화를 발표했다. 그리고 그 후속 조치로 같은 해 11월 '도서에 관한 대한민국과 일본국 간의 협정'(이하 한일도서협정)을 체결하고, 2011년 12월에 조선왕실의궤를 비롯한 1,205책의 고서적을 한국으로 인도했다.

간 담화와 한일도서협정은 한·일 관계에 있어서 다음과 같은 의의가 있다고 평가할 수가 있다. 먼저 간 담화는 일본 정부의 과거사 관련 총리 담화인 무라야마 담화, 고이즈미 담화, 그리고 아베 담화가 아시아 국가들을 대상으로 사죄와 반성을 표명한 것에 비해, 그 대상을 한국과 한국 국민으로 특정하고 있다. 이것은 일련의 과거사 관련 총리 담화 중에서 처음이었다는 점에서 의의가 있다. 또한 간 담화는 강제병합조약으로 인한 식민지 지배, 3·1독립운동, 정치·군사적 배경, 한국인의 뜻에 반한 식민지 지배, 국가의 문화를 빼앗김 등의 표현으로 사죄와 반성의 의미를 부각하면서, 식민지 지배의 강제성을 드러냈다는 점에서도 그 의의를 찾을 수가 있다. 다음으로 한일도서협정은 조선왕실의궤 등의 고서적을 넘기겠다는 간 담화의 내용을 바탕으로 이루어진 후속 조치로서, 일본 정부가 간 담화의 내용을 실천했다는 점에서 의의가 있다. 또한 한일회담 이후의 첫 대규모 문화재 인도를 규정했다는 점에서도 한일도서협정의 의의를 찾을 수가 있다.

이와 같은 민주당 정권 시기의 간 담화와 한일도서협정에 대해 각계각층에서 다양한 평가를 내렸다. 간 담화는 한국인의 의지에 반해 식민지 지배가 이루어진 것을 사죄했다는 점에 대해서 일본 정부가 노력했다는 평가와 함께 강제병합조약의 불법성을 언급하지 않아 불충분하다는 비판을 받았다.[1] 한일도서협정도 획기적인 한·일 관계 변화의 시발점이자 일본 정부의 관계 개선 의지를 확인할 수 있다는 평가와 함께, 반환이 아닌 인도가 되었다는 점에서 비판을 받았다.[2]

그렇다면 간 담화와 한일도서협정에는 어떠한 역사인식이 존재했던 것인가? 이 글에서는 간 담화와 한일도서협정의 의의를 평가하면서, 이 담화와 협정이 강제병합조약의 불법성을 언급하지 않은 점과 반환이 아닌 인도라는 표현을 사용한 점에 주목하여, 이 담화와 협정에 내재된 역사인식을 검토하고, 일본 정부의 식민지 지배 인식의 연속성을 밝힐 것

---

* 이 글은 『동북아 연구』 제34권 1호(2019)에 게재된 논문을 연구시 형식에 맞춰 수정한 것이다.
1 간 담화에 대한 평가는 『연합뉴스』, 2010. 8. 10; 藤原夏人, 2010, 「【韓国】日韓併合100年をめぐる動き」, 『外国の立法』 No. 245-1 참조.
2 한일도서협정에 대한 평가는 『YTN』, 2010. 11. 15; 『연합뉴스』, 2011. 11. 8 참조.

이다. 이를 위해 간 담화와 한일도서협정을 각각 한일회담의 '구조약의 무효 확인 문제'(이하 구조약 문제)와 '문화재 및 문화협력에 관한 협정'(이하 문화재 및 문화협력 협정)을 통해 검토한다.

이 글에서 간 담화와 한일도서협정을 분석하는 이유는 다음과 같다. 첫째, 2020년은 경술국치 110년째가 되는 해이자, 간 담화 발표 및 한일도서협정 체결 10년째가 되는 해이기 때문이다. 이러한 시대적 상황에 비추어 강제병합조약 100년에 대한 간 담화와 함께 그 후속 조치로 체결된 한일도서협정을 검토해보는 것은 시의적절하다고 볼 수 있다. 둘째, 전술한 것처럼 간 담화와 한일도서협정은 한·일 관계에 있어서 3·1독립운동과 같은 표현을 통해 한국과 한국 국민에 대해 반성과 사죄를 표명한 첫 총리담화라는 점에서, 그리고 일본 정부가 간 담화의 내용을 한일도서협정을 통해 구체적인 행동으로 실천했다는 점에서 그 의의를 찾을 수 있지만, 이러한 중요성에도 불구하고 그에 대한 학술적인 논의는 부족한 실정이다. 따라서 한·일 관계에서의 간 담화와 한일도서협정의 중요성에서 볼 때 이에 대한 학술적인 연구가 필요하다.

다음으로 간 담화와 한일도서협정에 관한 선행 연구를 검토하면 다음과 같다. 첫째, 간 담화를 다룬 연구이다.[3] 선행 연구들은 일본의 역사인식 문제와 일본 민주당 정권의 대한 외교정책의 한 부분으로 간 담화를 다뤘다. 하지만 이에 대한 구체적인 검토가 없었으며, 담화를 평가하는 데

---

3   李鍾元 他, 2017, 『戦後日韓関係史』, 有斐閣アルマ, 221-223쪽; 남기정, 2017, 「한일관계에서 역사 문제와 안보의 연동 메커니즘: 투트랙 접근의 조건과 과제」, 『일본연구논총』 제45호; 정재정, 2016, 「한일협력과 역사문제: 갈등을 넘어 화해로」, 『일본연구논총』 제43호, 2016; 이기태, 2013, 「일본 민주당 정권의 대한국정책」, 『일본연구논총』 제38호; 최희식, 2011, 「전후 한일관계의 구도와 민주당 정부하의 한일관계」, 『국제·지역연구』 제20권 3호.

머무르고 있다. 둘째, 한일도서협정에 대한 연구이다.[4] 이 연구는 문화재 반환 유형을 반환기부형, 사죄형, 기래형, 자발형으로 분류하여, 한일도서 협정을 사죄형으로 규정하고, 이 협정에 대한 일본의 긍정적 부정적 효과를 논했다. 하지만 한일도서협정에 담긴 역사인식이 무엇이고, 그 의미가 무엇인지에 대한 검토는 이루어지지 않았다. 이에 이 글에서는 한일회담의 구(舊)조약 문제와 문화재 및 문화협력 협정을 통해 민주당 정권 시기의 간 담화와 한일도서협정에 내재된 역사인식을 검토하고, 이를 통해 일본 정부의 식민지 지배 인식의 연속성을 밝힌다.

2. 간 담화와 일본 정부의 식민지 지배 인식의 연속성

1) '구조약의 무효 확인 문제'에 대한 일본 정부의 역사인식

한·일 양국은 식민지 지배에 대한 과거사 청산과 새로운 국교 수립을 위한 국교정상화를 목적으로 한일회담(1951년 10월 21일~1965년 6월 22일)을 진행했다. 기본관계 문제, 청구권 문제, 선박 문제, 문화재 반환 문제, 어업 문제, 재일한국인의 법적 지위 문제가 주요 의제로 다루어졌고, 이를 둘러싼 한·일 양국의 치열한 공방은 약 14년간 이어졌다.

기본관계 문제는 과거사 청산과 국교 수립을 위한 기본적인 관계를 다루는 문제였다. 이 글에서는 기본관계 문제 중 연구 주제와 관련 깊은

---

4 한소미, 2014, 「문화재 반환협상의 국제정치: 2011년 일본과 프랑스의 한국 문화재 반환 결정요인을 중심으로」, 연세대학교 정치학과 석사학위논문.

구조약 문제를 검토하기로 한다. 구조약 문제는 한일강제병합(이하 강제병합)에 이르기까지 체결된 일련의 조약과 협정들이 언제부터 무효였는지를 묻는 문제였다. 한국 측은 '체결 당시부터 무효였다'는 입장이었던 반면, 일본 측은 '당시에는 합법적으로 체결되었고, 한국이 독립한 시점에서 무효가 되었다'는 입장이었다. 이 문제의 결과에 따라 식민지 지배의 합법성·불법성 여부가 결정되기 때문에, 이 문제는 과거사 청산과 관련된 가장 핵심적인 문제였다.

구조약 문제가 처음으로 등장한 것은 제1차 회담(1951년 10월 21일~1952년 4월 25일)이었다. 제4회 기본관계위원회(1952년 3월 5일)에서 한국 측은 '대한민국과 일본국 간의 기본조약(안)'을 제출했다. 구조약 문제는 "대한민국 및 일본국은, 1910년 8월 22일 이전에 구대한제국과 대일본제국 간에 체결된 모든 조약 또는 협정이 무효임을 확인한다"라는 제3조로 설정되어 있었다. 한국 측은 "민족의 총의에 반한 병합이었으며, 민국은 한반도에는 없어도 해외에 있었고, 3·1선언에도 있듯이 민족은 계속 존재하고 있었다. …… 이를 넣어 과거의 잘못을 인정하는 것이 두 민족의 장래를 위한 것이다. 제3조는 일본 측에서 어떠한 생각을 하던 한국은 절대적으로 집어넣을 필요가 있다"고 주장했다. 반면, 일본 측은 강제병합조약이 "국가 간에 유효 적법한 조약이었다는 것은 의문의 여지가 없으며, 귀국의 국민감정이 어쨌든 간에 현재 일본인들은 적법한 병합이라고 생각하고 있다"고 반론하면서 삭제를 요구했다.[5]

즉 한국 측은 동 조항을 삽입함으로써 일본의 식민지 지배가 불법·부당했다는 것을 천명하려고 했던 반면, 일본 측은 식민지 지배가 합법적이었다는 인식을 바탕으로 이를 삭제하려고 했던 것이다. 이와 같은 강제병

---

5   外務省,「日韓会談第五回基本関係委員会議事録」, 記入なし, No. 977.

합조약에 대한 한·일 양국의 입장 차이는 한일회담 당시에도 해결되기 힘든 문제였으며, 지금까지도 해결되지 않고 있음은 주지의 사실이다.

이후 구조약 문제를 비롯한 기본관계 문제는 제7차 회담(1964년 12월 3일~1965년 6월 22일)에서 '기본관계에 관한 조약'(이하 기본조약)으로 타결되었다.[6] 구조약 문제에 대해 한국 측은 "과거의 청산은 한국 국내 사정을 봐서 존치해야" 한다고 주장했고, 일본 측은 구조약이 강제적인 압박을 통해 위법적으로 체결되었다는 의미라면 동의할 수 없다고 주장했다.[7] 구조약 문제는 위와 같은 입장 차이로 인해 난항을 거듭하다가, 결국 'already null and void'(이미 무효, もはや無効)라는 표현을 사용하여 기본조약의 제2조인 "1910년 8월 22일 및 그 이전에 대한제국과 대일본제국 간에 체결된 모든 조약 및 협정이 이미 무효임을 확인한다"로 일단락되었고, 한·일 양국은 이에 대해 서로에게 유리한 해석을 할 수 있게 되었다. 이와 같이 구조약 문제에 대해 일본 측은 강제병합조약에 이르는 일련의 조약과 협정들이 모두 합법적으로 이루어졌으며, 그에 따른 식민지 지배도 합법적이었다는 입장이었다.

이와 같은 일본 정부의 구조약 문제에 대한 입장은 한일회담의 조약과 협정의 심의를 위해 중의원과 참의원에서 열린 '일본국과 대한민국 간의 조약 및 협정 등에 관한 특별위원회'(이하 중의원 특별위원회)와 '일한조약 등 특별위원회'(이하 참의원 특별위원회)에서도 확인할 수가 있다. 먼저 당시 외무성 조약국장이었던 후지사키 마사토(藤崎萬里)는 "병합조약 자

---

6 기본관계 문제의 구체적인 교섭 과정은 장박진, 2008, 「한일회담에서의 기본관계조약 형성과정의 분석: 제2조 '구조약 무효조항' 및 제3조 '유일합성법 조항'을 중심으로」, 『국제지역연구』 제17권 2호 참조.

7 外務省, 「第7次日韓全面会談基本関係委員会第3回会合」, 1964. 12. 12, No. 1345.

체는 한국 독립 때 실효되었다. 병합 이전에 맺어졌던 조약은 각각의 조건이 성취되었을 때 실효되었고, 또한 병합 때까지 살아 있던 것들은 병합 때 실효했다"[8], "제2조는 병합조약 및 그 이전의 모든 이른바 구조약은 현시점에서 무효가 되었다는 것을 확인하는 것이다"[9]라고 설명했다. 사토 에이사쿠(佐藤栄作) 총리 또한 "병합조약은 한국의 독립선언 때부터 무효이며, 그 이전의 조약은 각각 그 조약에 규정하고 있는 조건이 완료되면서, 혹은 병합조약이 성립·발효했을 때 효력을 잃었다"[10], "대등한 입장으로 또한 자유의사로 이 조약이 체결되었다"[11]고 설명했다. 이처럼 일본 정부는 강제병합조약 및 그 이전의 조약과 협정들은 모두 유효하고 합법적이었다는 입장을 바탕으로 기본조약을 체결한 것이었다.

2) 간 담화에 대한 일본 정부의 역사인식

하토야마 유키오(鳩山由紀夫) 총리 이후, 민주당 정권의 두 번째 총리가 간 총리는 2010년 8월 10일, 강제병합이 100년이 되는 해에 담화를 발표하면서, 한국과 한국 국민에게 식민지 지배에 대한 사죄와 반성을 표명했다. 간 담화는 식민지 지배에 대한 사죄와 반성, 사할린 동포 및 한반도 출신 유골봉환 지원과 조선왕실의궤 등의 고서적 인도, 한·일 우호협력

---

[8] 衆議院, 「第50回国会日本国と大韓民国との間の条約及び協定等に関する特別委員会第6号」, 1965. 10. 29.

[9] 参議院, 「第50回国会日韓条約等特別委員会第6号」, 1965. 11. 27.

[10] 衆議院, 「第50回国会日本国と大韓民国との間の条約及び協定等に関する特別委員会第8号」, 1965. 11. 1.

[11] 衆議院, 「第50回国会日本国と大韓民国との間の条約及び協定等に関する特別委員会第10号」, 1965. 11. 5.

관계 확인 및 앞으로의 협력 천명 등을 내용으로 하고 있다. 이 중 역사인식과 관련된 내용은 다음과 같다.[12]

> 올해는 한·일 관계에 있어서 커다란 전환점이 되는 해입니다. 정확히 100년 전 8월 한·일병합조약이 체결되어 이후 36년에 걸친 식민지 지배가 시작되었습니다. 3·1독립운동 등의 격렬한 저항에서도 나타났듯이, 정치·군사적 배경하에 당시 한국인들은 그 뜻에 반하여 이루어진 식민지 지배에 의해 국가와 문화를 빼앗기고, 민족의 자긍심에 깊은 상처를 입었습니다.
>
> 저는 역사에 대해 성실하게 임하고자 생각합니다. 역사의 사실을 직시하는 용기와 이를 인정하는 겸허함을 갖고, 스스로의 과오를 되돌아보는 것에 솔직하게 임하고자 생각합니다. 아픔을 준 쪽은 잊기 쉽고, 받은 쪽은 이를 쉽게 잊지 못하는 법입니다. 이러한 식민지 지배가 초래한 다대(多大)한 손해와 아픔에 대해, 여기에 재차 통절한 반성과 마음에서 우러나오는 사죄의 심정(痛切な反省と心からのおわびの氣持)을 표명합니다.

일본 정부는 간 담화를 통해 '3·1 독립운동 등의 격렬한 저항', '한국인들은 그 뜻에 반하여', '식민지 지배가 초래한 다대한 손해와 아픔', '통절한 반성과 마음에서 우러나오는 사죄의 심정' 등의 표현으로 한국과 한국 국민에게 식민지 지배에 대한 사죄와 반성을 표명했다. 특히 강제병합조약의 언급, 36년에 걸친 식민지 지배, 3·1독립운동, 한국인이라는 표

---

12 해당 전문은 외교부, 2015, 『2015 일본개황』, 241쪽 참조.

현은 무라야마 담화, 고이즈미 담화, 아베 담화 등 지금까지 발표된 과거사 관련 총리 담화에는 없었던 것으로서 높이 평가할 만한 부분이다. 또한 담화에 대한 민주당 내부의 우려와 자민당의 반대, 보수우익 단체의 시위[13]라는 어려운 상황 속에서도 일본 정부가 간 담화를 발표했다는 점도 평가할 만하다. 그렇다면 이와 같은 간 담화에는 어떠한 역사인식이 담겨져 있었을까. 이하에서는 간 담화를 둘러싼 일본 국회의 논의를 중심으로 동 담화에 내재된 역사인식을 검토하기로 한다.

  간 담화 발표 이후, 2010년 10월 21일에 열린 참의원 외교방위위원회에서 '일한병합 100년의 총리담화에 관한 건'이 제출되었다. 자민당의 사이토 마사히사(佐藤正久) 의원은 "일한병합조약, 이것은 합법이라고 인식해도 되는가"라고 질의했다. 이에 대해 마에하라 세이지(前原誠司) 외상은 "당시의 절차에 따라 이루어진 것이라고 인식하고 있다"고 답변했다.[14] 한편 2011년 5월, 한일도서협정 비준을 위해 열린 참의원 외교방위위원회에서도 위와 같은 논의가 있었다. 5월 24일의 외교방위위원회에서 모두의 당(みんなの党)의 사쿠라우치 후미키(桜内文城) 의원은 '한국 국민의 의사에 반해'라는 표현과 관련해, 간 총리가 "일한병합조약 자체가 유효한 것이 아니라는 것을 이 각의 결정으로 나타낸 것인가"라고 질의했다. 이에 대해 마쓰모토 다케아키(松本剛明) 외상은 1965년에 체결된 "기본조약에서 확인되고 있듯이, 이미 무효라는 것이 정부의 견해"라고 답변했다.[15] 마쓰모토 외상의 이와 같은 발언은 5월 26일의 외교방위위원회에서도 확인된다. 민주당의 오오노 모토히로(大野元裕) 의원이 한일회담 청

---

13 『연합뉴스』, 2010. 8. 10.

14 参議院,「第176回国会参議院外交防衛委員会第2号」, 2010. 10. 21.

15 参議院,「第177回国会参議院外交防衛委員会第10号」, 2011. 5. 24.

구권협정과 관련하여, 이 조약의 유효성과 일본 정부의 입장에 대해 질의하자, 마쓰모토 외상은 한·일 양국 간의 청구권 문제는 청구권협정을 통해 법적으로 완전하고 최종적으로 해결되었으며, "일한기본관계조약을 비롯한 일·한 국교정상화 관련 조약은 현재의 한·일 관계의 기초를 이루고 있는 것으로 생각하고 있고, 그러한 기본적인 틀인 관련 조약 및 그를 바탕으로 한 조치는 당연히 지금도 유효하다"라고 답변했다.[16]

이 글에서 주목하고자 하는 것은 당시의 외상들이 한일회담의 기본조약을 언급하면서, '일한병합조약'의 효력에 대해 모두 '유효했다'고 답변한 것이다. 전술한 것처럼 한일회담의 구조약 문제에 대해 한·일 양국은 상반된 입장이었다. 한·일 양국은 동 문제를 'already null and void'라는 표현을 사용하여 각자의 입장대로 구조약의 효력을 해석할 수 있도록 합의했다. 즉 일본 정부는 조선을 식민지화하는 과정 속에서 체결된 구조약과 협정들이 모두 합법적으로 체결된 것이었고, 식민지 지배 또한 정당하게 이루어졌다는 입장을 유지했던 것이다.

간 담화를 발표한 일본 정부는 '3·1독립운동 등의 격렬한 저항', '한국인들은 그 뜻에 반하여' 등의 표현을 사용하면서 한국과 한국 국민을 대상으로 식민지 지배에 대한 사죄와 반성을 표명했지만, 그 이면에는 구조약 문제의 '일한병합조약과 식민지 지배는 합법적이었다'는 기존의 일본 정부의 역사인식을 반영한 것이었다. 이와 같은 간 담화에 내재된 역사인식을 통해 일본 정부의 식민지 지배 인식의 연속되고 있다는 것을 알 수가 있다.

일본 정부의 이와 같은 식민지 지배 인식의 연속성은 담화를 발표한 간 총리에게서도 확인할 수 있다. 간 총리는 담화 발표 이후 열린 기자회

16　參議院,「第177回国会参議院外交防衛委員会第11号」, 2011. 5. 26.

견에서 "병합조약이 한국 국민의 의지에 반해 강제되었고, 근본적으로 무효라는 주장이 있다. 총리는 담화에서 한국 국민의 의지에 반했다는 것을 인정했는데, 병합조약이 무효라는 것에 대해 어떻게 생각하는가"라는 취지의 질문을 받았다. 이에 대해 간 총리는 "일한병합조약에 대해서는 1965년에 체결된 일한기본조약의 생각을 확인하고 있으며, 그것을 답습한 것이다"라고 답변했다.[17] 즉 간 총리는 담화를 직접 발표하면서 식민지 지배에 대한 사죄와 반성을 표명했지만, 식민지 지배는 합법적이었다는 역사인식을 가지고 있고 있었던 것이다.

이와 같이 간 담화는 한국과 한국 국민을 대상으로 강제병합조약의 언급 및 3·1독립운동, 한국인이라는 표현을 사용하면서, 식민지 지배에 대한 사죄와 반성을 표명한 최초의 총리 담화였지만, 그 이면에는 식민지 지배가 합법적이었다는 역사인식이 내재되어 있었으며, 이를 통해 간 담화를 발표한 일본 정부의 식민지 지배 인식의 연속성을 확인할 수 있다.

3. 한일도서협정과 일본 정부의 식민지 지배 인식의 연속성

1) '문화재 및 문화협력에 관한 협정'에 대한 일본 정부의 역사인식

한일회담의 문화재 반환 문제는 일본으로 반출된 조선 출토 문화재의 처리를 둘러싼 문제였다. 한국 측은 '식민지 지배는 불법적이었으며, 당시

---

17 首相官邸, "菅内閣総理大臣記者会見," 2010. 8. 10, www.kantei.go.jp/jp/kan/statement/201008/10kaiken.html(검색일: 2019년 6월 25일).

일본으로 반출된 문화재도 불법적이고 부당한 방법으로 반출된 것이기 때문에, 일본은 한국에게 문화재를 반환할 법적 의무가 있다'라는 입장을 취하고 있었다. 반면에 일본 측은 '식민지 지배는 합법적이었으며, 일본으로 반출된 문화재는 합법적이고 정당한 방법으로 반출된 것이다. 일본 측에게는 문화재를 반환할 법적 의무는 없지만, 일본 정부가 소유한 약간의 문화재를 자발적으로 기증한다'라는 입장을 취하고 있었다. '반환'과 '기증', '법적 의무'와 '자발적'이라는 표현에서도 알 수 있듯이 한·일 양국의 문화재 반환 문제에 대한 입장은 상반되었으며, 이로 인해 문제의 타결까지 14년여의 시간이 필요했다. 결국 문화재 반환 문제는 제7차 회담에서 '문화재 및 문화협력 협정'을 체결함으로써 일단락되었다.[18]

문화재 및 문화협력 협정은 협정서와 합의의사록, 그리고 부속서로 구성되어 있었으며, 협정서의 내용은 다음과 같다.

대한민국과 일본국 간의 문화재 및 문화협력에 관한 협정[19]

대한민국과 일본국은 양국 문화의 역사적인 관계에 비추어 양국의 학술 및 문화의 발전과 연구에 기여할 것을 희망하여 다음과 같이 합의하였다.

---

18 문화재 반환 문제의 교섭 과정은 국성하, 2005, 「한일회담 문화재 반환협상 연구」, 『한국독립운동연구』제25집; 박훈, 2010, 「한일회담 문화재 '반환'교섭의 전개과정과 쟁점」, 국민대학교 일본학연구소 편, 『외교문서 공개와 한일회담의 재조명 2: 의제로 본 한일회담』, 선인; 조윤수, 2016, 「한일회담과 문화재 반환 교섭」, 『동북아역사논총』제51호; 엄태봉, 2017, 「한일회담 중단기의 문화재 문제에 관한 연구」, 『일본공간』제21호; 엄태봉, 2018, 「제6차 한일회담 시기의 문화재 반환 교섭 연구: 교섭 과정과 그 의미를 중심으로」, 『동북아역사논총』제60호; 엄태봉, 2020, 「초기 한일회담(1~3차) 시기의 문화재 반환 교섭에 대한 외교사적 연구」, 『한국학』제43권 21호 참조.

19 외교부, 2015, 203쪽.

제1조 대한민국 정부와 일본국 정부는 양국 국민 간의 문화 관계를 증진시키기 위하여 가능한 한 협력한다.

제2조 일본국 정부는 부속서에 열거한 문화재를 양국 정부 간에 합의되는 절차에 따라 본 협정 효력 발생 후 6개월 이내에 대한민국 정부에 인도한다.

제3조 대한민국 정부와 일본국 정부는 각각 자국의 미술관, 박물관, 도서관 및 기타 학술문화에 관한 시설이 보유하는 문화재에 대하여 타방국의 국민에게 연구의 기회를 부여하기 위하여 가능한 한의 편의를 제공한다.

제4조 본 협정은 비준되어야 한다. 비준서는 가능한 한 조속히 서울에서 교환한다. 본 협정은 비준서가 교환된 날로부터 효력을 발생한다.

다음으로는 문화재 및 문화협력 협정의 작성을 둘러싼 논의 과정을 통해 이 협정에 대한 일본 정부의 입장을 검토해보기로 한다.

제7차 회담의 제4회 문화재위원회(1965년 6월 15일)에서 한·일 양국은 각각 '대한민국과 일본국 간의 문화재 문제 해결 및 문화협력에 관한 의정서 요강(안)'[20](이하 요강안)과 '문화상의 협력에 관한 일본국과 대한민국 간의 협정(안)'[21](이하 협정안)을 제시했다. 두 가지 안들은 모두 제6차 회담의 예비회담 제21회 본회의(1962년 12월 26일)에서 일본 측이

---

20 해당 전문은 외교부, 『제7차 한일회담(1964. 12. 3~1965. 6. 22) 문화재위원회 회의 개최 계획, 1965』(이하 제7차 한일회담 문화재위원회), 1965, 프레임 번호 20~21 참조.

21 해당 전문은 アジア局北東アジア課内交渉史編纂委員会, 「韓国との文化財・文化協定の条文化についての交渉」, 1969. 3, No. 461 참조.

제시한 '일본국 정부와 대한민국 정부 간의 문화상의 협력에 관한 의정서 요강(안)'[22](이하 의정서 요강안)을 바탕으로 작성된 것이었다. 일본 측이 제시한 의정서 요강안은 전문과 3개의 조항으로 구성되어 있으며, 명칭에서도 알 수 있듯이 문화협력이 목적이다. 전문의 "상호 간의 문화협력 및 우호관계를 앞으로 더 발전시키는 것"과 제1조의 "양국민 간의 문화교류를 긴밀히 하는" 등의 표현에서도 알 수 있듯이 한국 측이 원한 과거사 청산으로서의 문화재 반환 문제 해결과는 동떨어진 내용이었다.

또한 제2조에서 "대한민국 정부가 그 역사적 문화재에 대해 갖는 깊은 관심을 고려하여 … 일본국 정부 소유의 문화재를, 대한민국 정부에게 기증하기로 한다"라면서 문화재를 언급했지만, 그 목적은 "대한민국에서의 학술, 문화 발전 및 연구에 기여하기 위해서"였다. 이에 대해 한국 측은 문화협력의 취지에는 찬성하지만, 그것은 "한·일 간의 현안 문제의 하나로서의 문화재 문제를 해결하는 데 있어서 연결시킬 성질의 것이 아니라고 생각한다"[23]고 반박했다.

즉 문화재 반환 문제를 과거사 청산의 일환으로서 제기한 한국 측으로서는 그러한 '성질'의 내용이 일절 언급되어 있지 않은 일본 측의 의정서 요강안을 받아들일 수 없었던 것이다. 반대로 일본 측은 식민지 지배도 합법적이었고 문화재도 합법적으로 반출되었다는 입장이었으므로, 과거사 청산이라는 '성질'은 전혀 고려하지 않고 문화협력을 위해 의정서 요강안을 작성했던 것이다. 이처럼 한·일 양국의 문화재 반환 문제를 둘러싼 상반된 입장은 의정서 요강안에도 뚜렷하게 드러나 있다.

---

22 해당 전문은 外務省, 「日韓予備交渉第21回会合記録」, 1962. 12. 26, No. 651 참조.
23 외교부, 『제6차 한일회담. 제2차 정치회담 예비절충: 본회의, 1~65차, 1962. 8. 21~1964. 2. 6 전 5권(V.3 22~32차 1963. 1. 11~3. 28)』, 1964, 프레임 번호 30.

일본이 의정서 요강안을 수정하여 작성한 협정안은 전문과 4개의 조항으로 구성되어 있었다. 그러나 의정서에서 협정으로 명칭이 변경되었을 뿐, 명칭의 의미와 내용 면에서는 의정서 요강안과 흡사했다. 오히려 1조에서 "문화, 학술, 과학, 기술, 예술, 교육 및 스포츠 분야에서의 양 체결국 국민 간의 양호하고 유효한 협력을 유지"한다는 내용을 기술함으로써 의정서 요강안보다 문화협력의 취지가 더 부각되었다. 또한 한국의 의견을 받아들여 '인도'라는 표현을 사용했지만, 이는 표현상의 변화일 뿐 '인도라는 형식으로 기증한다'는 의미였다.[24] 한국은 문화재 반환 문제의 '성질'이 드러나지 않은 협정안에 대해 "문화협력만의 문제로 인도를 다루는 것은 수락하기 어렵다"고 반박하고, 한국의 요강안을 설명했다.

한국 측의 요강안은 전문과 3개의 조항으로 구성되어 있었다. 과거사 청산이라는 '성질'을 나타내기 위해 명칭에 '문화재 문제 해결'이라는 표현을 삽입하고, 해결하기 어려운 '반환'과 '기증' 문제는 '인도'라는 중립적인 표현을 사용함으로써 '인도라는 형식으로 문화재를 반환'받기로 했다. 그리고 문화협력에 대한 일본 측의 입장을 무시한다면 문제의 해결이 어렵기 때문에, 일본의 입장을 어느 정도 반영하여 명칭에 '문화협력'을, 그리고 내용에서도 이와 관련된 표현을 삽입했다.[25] 이처럼 한국 측은 일본 측의 입장을 고려하면서도 문화재 반환 문제의 '성질'을 부각하려고 했다.

이에 대해 일본은 6월 17일, 한국 측의 요강안을 수정하여 '일본국과 대한민국 간의 문화협정(안)'[26](이하 문화협정안)을 제시했다. 한국 측의 요

---

24 일본은 한국이 주장한 '인도'를 거부하면서 '기증'을 계속 사용하려고 했지만, 결국 한국의 주장을 받아들였다. '반환'과 '기증' 문제가 '인도'로 타결되는 과정은 엄태봉, 2019, 「한일회담 문화재 반환 협상의 재조명」, 『아태연구』 제26권 2호 참조.

25 외교부, 『제7차 한일회담 문화재위원회』, 프레임 번호 8~10.

26 해당 전문은 アジア局北東アジア課内交渉史編纂委員會, 「韓国との文化財・文化協定の

강안과 어느 정도 비슷했지만, 명칭은 문화협력을 의미하는 '문화협정'으로 변경되었고 '문화재'는 없었다. 한국 측은 문화협정안의 명칭에 대해 '문화재 및 문화협력에 관한 협정'으로 할 것을 강하게 요구했지만, 일본은 이에 응하지 않았다. 이후 한국 측이 강한 요구가 계속되자, 일본은 내부 논의를 거쳐 명칭에 대한 한국 측의 요구를 수락했고, 한·일 양국은 6월 19일에 수정안에 대한 최종 확인을 한 후, 6월 22일에 문화재 및 문화협력 협정에 서명했다. 이와 같이 일본 정부는 과거사 청산이 아닌 문화협력을 목적으로 이 협정을 작성하고 체결했던 것이다.

이러한 일본 정부의 인식은 중의원 특별위원회와 참의원 특별위원회에서도 확인할 수가 있다. 시이나 에쓰사부로(椎名悦三郞) 외상은 중의원 특별위원회에서 문화재 및 문화협력 협정에 대해 "양 국민 간의 문화관계를 증진하기 위한 협력 및 그 일환으로서 일정한 문화재를 한국 정부에게 인도하는 것"[27]이라고 설명했다.

한편 후시사키 외무성 조약국장은 참의원 특별위원회에서 문화재 및 문화협력 협정에 대해 "양국의 문화에 대한 역사적인 관계에 비추어, 양국 간의 국교정상화에 따라 양국 간의 문화적인 교류가 활발해질 것을 예상하여, 양국의 학술 및 문화 발전, 그리고 연구에 기여하기 위해 맺어진 것이다. … 일본국 정부는 한국 국민이 그 문화재에 대해 가지는 깊은 관심 및 조선동란에서 다수의 한국 문화재가 소실 또는 흩어진 것에 비추어, 문화 교류의 일환으로 부속서에 열거된 문화재를 … 한국 정부에게 인도하는 것, 또한 양국 정부는 자국 미술관 등 학술 및 문화에 관한 시설이 보유하는 문화재에 대해 상대방 국민에게 연구할 기회를 제공하기 위

条文化についての交渉」, 1969. 3, No. 461 참조.
27　参議院,「第50回国会日韓条約等特別委員会第2号」, 1965. 11. 22.

해 가능한 한 편의를 제공할 것"이라고 설명했다.[28] 이와 같이 일본 정부는 문화협력을 위해 문화재 및 문화협력 협정을 체결한 것이다.

이상에서 검토한 바와 같이 일본 정부는 문화재 및 문화협력 협정의 명칭과 내용의 작성에 있어서, 문화협력이라는 측면을 강조하면서 한국 측이 주장했던 과거사 청산이라는 문화재 반환 문제의 '성질'이 되도록 드러나지 않도록 했다. 즉 일본 정부는 '조선에 대한 식민지 지배는 합법적이었으며, 문화재 또한 합법적이고 정당한 방법으로 일본으로 반출되었다'라는 입장을 바탕으로 과거사 청산과는 상관없이 문화재 및 문화협력 협정을 체결했던 것이다.

2) 한일도서협정에 대한 일본 정부의 역사인식

한일도서협정은 간 담화의 후속 조치로 2010년 11월 14일에 체결되었다. 이 협정은 체결되기까지 두 번의 계기가 있었다. 첫 번째 계기는 조선왕실의궤 반환운동이었다. 2006년 9월 14일에 발족한 '조선왕실의궤 환수위원회'는 북한 조선불교도연맹과의 공동 환수 추진, 일본 국회의원 및 외무성 측과의 면담, 일본 정부에 대한 진정서 제출 등의 활동을 펼쳤다. 시민단체 이외에도 정부, 국회, 지방자치단체 등도 조선왕실의궤의 반환을 요청했다.[29] 이러한 상황 속에서 2008년 2월 22일, 후쿠다 야스오 (福田康夫) 총리는 한국 특파원과의 기자회견에서 조선왕실의궤 반환에

---

28 衆議院,「第50回国会日本国と大韓民国との間の条約及び協定等に関する特別委員会第2号」, 1965. 10. 25.

29 한국의 국회, 지방자치단체, 정부 등의 조선왕실의궤 반환에 대한 활동은 혜문, 2011, 『되찾은 조선의 보물, 의궤』, 동국대학교출판부, 270-273쪽 참조.

대해 검토하겠다고 밝혔다.[30]

2009년 8월의 중의원 선거에서 민주당이 승리하고 새로운 정권이 등장하면서, 조선왕실의궤와 관련된 움직임이 구체화된다. 2010년 7월 7일, 센고쿠 요시토(仙谷由人) 관방장관은 일본외국특파원협회 기자회견에서 한국과의 전후 처리 문제와 관련하여 '한반도 출신 강제징용자의 유골 반환 문제와 한국에서 유출된 문화재의 반환 문제, 재한 피폭자 문제' 등을 언급하고, "하나씩 하나씩 역사적 사실을 직시하면서 해결할 수 있는 것을 해결하겠다"는 입장을 밝혔다.[31]

이후 7월 말, 일본 정부가 식민지 지배에 대한 사죄와 반성을 담은 총리 담화를 발표하고, 일제 시기 반출된 문화재의 반환 조치를 검토하고 있으며, "궁내청에 보관 중인 81종의 조선왕실의궤가 우선 반환 대상으로 고려"[32]되고 있다는 한국 언론의 보도가 있었으나, 한·일 양국 정부는 부정적인 반응을 내비쳤다. 그러나 8월 10일에 발표된 간 담화에서 조선왕실의궤가 언급된 것을 본다면, 이 당시 일본 정부는 조선왕실의궤 인도에 대해 검토하고 있었을 가능성이 높다. 이처럼 시민단체의 활동을 비롯한 한국 측의 조선왕실의궤 반환운동을 통해 일본 정부도 그에 대한 검토를 시작했고, 일본 정부는 간 담화를 통해 조선왕실의궤의 인도를 공식화하기에 이른다.

한일도서협정의 두 번째 계기는 간 담화였다. 간 총리는 담화를 통해 식민지 지배에 대한 사죄와 반성을 표명하면서, 고서적의 인도에 대해 "일본이 통치하던 기간에 조선총독부를 경유하여 반출되어 일본 정부가

---

30 『경향신문』, 2008. 2. 23.
31 『세계일보』, 2010. 7. 8.
32 『조선일보』, 2010. 7. 21.

보관하고 있는 조선왕실의궤 등 한반도에서 유래한 귀중한 도서에 대해, 한국민의 기대에 부응하여 가까운 시일에 이를 넘기고자 한다"라고 언급했다. 당시 조선왕실의궤는 궁내청에 보관되고 있었는데, 일본 정부는 담화를 통해 조선왕실의궤 등 일본 정부가 소유하고 있는 고서적을 한국 정부에게 건네준다는 것을 공식적으로 밝힌 것이다.

이후 한·일 양국은 조선왕실의궤를 비롯한 고서적에 관한 협정안을 논의했다. 한국 측은 '반환'이라는 표현을 요구하고, 일본 측은 '인도'를 주장하는 등의 논의를 거치면서 협정서가 작성되었고,[33] 11월 8일에 열린 김성환 외교통상부장관과 마에하라 외상의 전화회담에서 실질적인 합의에 이르렀다.[34] 그리고 11월 14일, 요코하마에서 열린 APEC 회의에서 이명박 대통령과 간 총리가 참석한 가운데, 한일도서협정이 체결되었다.

일본에서는 자민당의 반대로 한일도서협정의 연내 심의가 불가능해졌으나, 2011년에 들어서자 일본 정부는 4월 말과 5월 말에 중의원과 참의원에 협정 비준안을 제출했다. 자민당의 반대가 있었지만, 다수 찬성으로 비준안이 가결되었고, 일본 정부는 6월 10일, 한국 정부에게 한일도서협정의 발효를 통보했다. 이후 10월 18일 방한한 노다 요시히코(野田佳彦) 총리는 다음 날 열린 한·일 정상회담에서 한일도서협정 조인 당시 전시되었던 고서적 3종 5책을 이명박 대통령에게 건넸고, 나머지 고서적들도 12월 6일에 최종적으로 인도가 되었다.[35]

이상에서 검토한 것처럼 한일도서협정의 첫 번째 계기는 2006년부

---

33 『YTN』, 2010. 11. 8.

34 中内康夫, 2011, 「日韓図書協定の作成経緯と主な内容~朝鮮王朝儀軌等の韓国政府への引渡し~」, 『立法と調査』 No. 314, 22쪽.

35 조선왕실의궤 81종 167책, 규장각 도서 66종 938책, 『증보문헌비고』 2종 99책, 『대전회통』 1종 1책 등 총 150종 1,205책이 한국으로 인도되었다.

터 한국에서 시작된 조선왕실의궤 반환운동이었으며, 두 번째 계기는 2010년에 발표된 간 담화였다. 한국에서는 시민단체, 국회, 지방자치단체, 정부 등이 조선왕실의궤의 반환을 일본 측에 요구했고, 이 문제가 한·일 양국 간의 외교적 현안으로 부상하면서, 한·일 양국은 이에 대한 논의를 시작했다. 이후 일본에서 민주당 정권이 등장하면서 논의가 구체화되어 갔고, 한일도서협정이 체결되기에 이르렀다.

위와 같은 과정을 통해 체결된 한일도서협정은 협정서와 부속서로 구성되어 있었다. 협정서의 내용은 다음과 같다.

도서에 관한 일본국 정부와 대한민국 정부 간의 협정[36]

일본국 정부와 대한민국 정부는, 상호 이해에 바탕을 둔 문화 교류와 문화협력이 양국 및 양국 민간 우호관계 발전에 기여하기를 희망하며, 다음과 같이 합의했다.

제1조 일본국 정부는 양국 및 양국민 간 우호관계 발전에 기여하기 위한 특별 조치로서 한반도에서 유래하는 부속서에 열거한 도서를 양국 정부 간에 합의되는 절차에 따라 이 협정의 발효 후 6개월 이내에 대한민국 정부에 인도한다.

제2조 양국 정부는 전조에서 규정하는 조치에 따라 양국 간의 문화 교류 및 문화협력을 가일층 발전시키기 위하여 노력한다.

제3조 각 정부는 외교 경로를 통해 이 협정 발효를 위해 필요한 국내 절차가 완료했음을 서면으로 상대국 정부에게 통보한다. 이 협정은 늦은 쪽의 통보가 수령된 날부터 효력이 발생한다.

---

36 外務省, "도서에 관한 일본국 정부와 대한민국 정부 간의 협정," 2010. 11. 14, www.mofa.go.jp/mofaj/gaiko/treaty/pdfs/shomei_66_k.pdf(검색일: 2019년 6월 25일).

한일도서협정의 내용을 정리하면, '일본 정부는 한·일 양국의 우호관계를 위해 고서적들을 인도할 것이고, 한·일 양국은 이를 바탕으로 문화협력을 보다 발전시키도록 노력한다'는 것이다. 그렇다면 이와 같은 한일도서협정에는 어떠한 역사인식이 담겨 있었을까. 이하에서는 한일도서협정을 둘러싼 일본 국회의 논의를 중심으로 그에 내재된 역사인식을 검토하기로 한다.

한일도서협정 비준을 둘러싼 논의가 본격적으로 이루어진 것은 2011년 4월 22일과 4월 27일에 열린 중의원 외무위원회였다. 이 위원회에서는 '도서에 관한 일본국 정부와 대한민국 정부 간의 협정 체결에 대한 승인을 요구하는 건'이 제출되었고, 외무성·궁내청·경찰청·총무성·문화청 등 한일도서협정과 관계된 정부기관의 관료들 및 연구자들이 참고인으로 출석한 가운데, 중의원 의원들이 협정에 대한 대정부질의를 실시했다.

4월 22일에 열린 외무위원회에서 자민당의 히라사와 가쓰에(平沢勝栄) 의원은 1965년의 한·일 국교정상화를 통해 기본조약, 청구권 및 경제협력 협정이 체결되었고, 동시에 문화재 및 문화협력 협정도 체결되어 문화재에 관한 문제도 모두 해결되었다고 지적을 하면서, 한일도서협정이 위의 협정을 "공동화(空洞化)하는 형태로 맺어지는 것은 어떠한 이유에서인가"라고 질의했다. 이에 대해 마쓰모토 외상은 "미래지향적인 일·한 관계라는 관점에서, 이에 기여하는 것으로써 우리나라의 자발적인 조치로 도서를 인도한다는 것을 담화에 표명했고, 결정한 것이다"라고 답변했다.[37]

하라사와 의원이 '공동화'라는 표현을 사용한 것을 보면, 한일회담에

---

37   衆議院, 「第177回国会衆議院外務委員会第8号」, 2011. 4. 22.

서 문화재 및 문화협력 협정으로 문화재 반환 문제가 모두 해결되었는데, 왜 굳이 해결된 문제에 대해 한일도서협정을 체결해서 한국에게 문화재를 또 돌려주는 것인가 하는 인식이 드러나 있었다. 이는 한일도서협정에 대한 자민당의 반대 입장이 고스란히 드러나 있는 발언이었다고 볼 수 있다.

다음으로 마쓰모토 외상의 답변에서 '자발적인 조치'라는 표현에 주목해보고자 한다. 그 이유는 해당 표현이 한일회담의 문화재 반환 문제에 대한 일본 정부의 인식을 드러내고 있기 때문이다. 당시 일본 정부는 식민지 지배는 합법적이었고 문화재 반환의 법적 의무는 없지만, 한국의 독립을 축하하는 의미에서 혹은 국교정상화를 기념하는 의미에서 '자발적'으로 약간의 문화재를 기증한다는 입장이었다. 즉 식민지 지배와 관련된 과거사 청산과는 관계없이 문화협력이라는 현실적인 의미에서의 '자발적인' 조치로서 문화재를 기증한다는 것이었다. 마쓰모토 외상의 '자발적'이라는 표현에는 위와 같은 입장이 담겨 있었고, 강제병합과 관련된 과거사 청산이라는 의미는 존재하지 않았던 것이다.

이어서 히라사와 의원은 한국이 인도 대상 도서에 대해 일본이 억지로 빼앗아갔다는 표현을 사용하고 있다고 지적하면서, 일본이 해당 고서적들을 빼앗은 것인가, 구입한 것은 없는가에 대해 질의했다. 궁내청 관료인 오카 히로후미(岡弘文)는 조선왕조실록 등의 고서적들은 다이쇼(大正) 시대에 "조선총독부가 일본으로, 궁내성으로 보낸 것이고, 빼앗았다거나 한 것은 아니다. 집무자료로서 총독부에서 궁내성으로 이전된 것으로 이해하고 있다"고 했으며, 조선왕실의궤 중에는 "궁내청이 일본의 고서점에서 구입한 4책이 포함되어 있다"고 답변했다.

오카의 답변에서 한·일 양국 간의 문화재 반환 문제에 대한 인식의 차이를 재차 확인할 수가 있다. 조선왕실의궤는 조선왕조실록 등과 함께 오대산 사고에 보관되고 있었는데, 강제병합 이후 조선총독부로 접수되었으며, 그중 일부가 당시의 궁내성으로 보내졌다. 한국에서는 강제병합이 불법적으로 이루어졌기 때문에, 조선총독부가 궁내성으로 조선왕실의궤를 기증한 것은 불법·부당한 것이라고 생각하고 있다.[38] 이와는 대조적으로 조선총독부가 고서적을 "빼앗았다거나 한 것은 아니다"라는 오카의 답변에는 조선왕실의궤가 정상적으로 일본으로 반출된 것이라는 인식이 담겨 있었던 것이다.

이상과 같이 한일도서협정은 강제병합에 대한 과거사 청산과는 상관없는, 미래의 한·일 관계에 기여하는 것이 그 목적이었다. 일본 정부는 합법적으로 반출된 조선왕실의궤를 '자발적인' 조치로서 인도했으며, 이것은 문화재 및 문화협력 협정과 동일한 것이었다. 한일도서협정은 간 담화의 후속 조치로서 한일회담 이후 처음으로 대규모의 문화재 인도를 규정한 협정이었지만, 그 이면에는 식민지 지배와 문화재 반출의 합법성을 인정하는 역사인식이 내재되어 있었다. 이러한 역사인식을 통해 한일도서협정을 체결한 일본 정부의 식민지 지배 인식이 연속되고 있음을 알 수가 있다.

이와 같은 일본 정부의 식민지 지배 인식의 연속성은 다음의 논의에서도 확인할 수가 있다. 같은 날 외무위원회에서 공명당의 아카마쓰 마사오(赤松正雄) 의원은 프랑스에 보관되던 외규장각 고서적들이 한국으로 돌아간 것을 언급하면서, 이에 대한 반환 혹은 인도가 일본과는 어떻게 다른가에 대해 질의했다. 이에 대해 반노 유타카(伴野豊) 부외상은 프랑스는 국내법에 따라 5년마다 갱신되는 대여 방식으로 한국 정부에게 인도했다고 설명한 후, 한일도서협정은 "일본 측의 자발적인 조치로서 무상으로 인도"하는 것이라고 답변했다.

---

38 혜문, 2011, 61-63쪽.

한편, 5월 26일에 열린 참의원의 외교방위위원회에서 민주당의 오오노 의원은 도서의 인도에 대해 반환이 아니라는 것을 한국 정부가 담보해야 한다고 생각한다면서, 이에 대한 의견을 물었다. 이에 대해 마쓰모토 외상은 "이번 인도는 청구권에 관한 문제와는 관계없이, 일본의 자발적인 조치로서 행해지는 것"이며, 협정에 인도라는 표현이 사용되기 때문에 당연히 이것은 한·일 양국이 공통적으로 이해하고 있는 것이라고 답변했다.[39]

이와 같이 한일도서협정은 간 담화를 바탕으로 이를 실천한, 그리고 한일회담 이후 첫 대규모 문화재 인도를 규정한 협정이었지만, 그 이면에는 식민지 지배와 문화재 반출의 합법성을 인정하는 역사인식이 내재되어 있었고, 이를 통해 한일도서협정을 체결한 일본 정부의 식민지 지배 인식의 연속성을 확인할 수가 있다.

4. 결론

이 글은 강제병합조약 체결 100년이 되는 해인 2010년 8월에 발표된 간 담화와 같은 해 11월에 체결된 한일도서협정을 분석 대상으로 하여, 한일회담의 구조약 문제와 문화재 및 문화협력 협정을 통해 간 담화와 한일도서협정에 내재된 역사인식을 검토하고, 이를 통해 일본 정부의 식민지 지배 인식의 연속성을 밝히는 작업이었다.

한일회담의 구조약 문제에 대해 당시 일본 정부는 강제병합에 이르기까지 체결된 조약과 협정들은 모두 합법적이었고, 이에 따라 식민지 지

---

39 参議院,「第177回国会参議院外交防衛委員会第11号」, 2011. 5. 26.

배 또한 정당했다는 입장이었다. 간 담화에도 이와 동일한 입장이 내재되어 있었다. 간 담화를 둘러싼 국회 논의에서 일본 정부는 간 담화와 강제병합조약과 관련한 질의에 대해 한일회담의 기본조약을 언급하면서 강제병합조약이 유효했다고 답변했다. 또한 간 총리 역시 이와 동일한 입장을 가지고 있었다. 간 담화는 한국과 한국 국민을 대상으로 식민지 지배에 대한 사죄와 반성을 표명한 최초의 총리 담화였으나, 그 이면에는 식민지 지배가 합법적이었다는 역사인식이 있었으며, 이를 통해 일본 정부의 식민지 지배 인식이 연속되고 있었다는 것을 알 수 있었다.

한편 문화재 및 문화협력 협정에 대해 당시 일본 정부는 식민지 지배는 합법적이었고, 문화재도 합법적으로 반출된 것이었다는 입장이었다. 한일도서협정 또한 동일한 입장이 내재해 있었다. 일본 정부는 한일도서협정 비준을 둘러싼 국회 논의에서 이 협정을 통해 '자발적인 조치'로 고서적을 인도한다고 답변했다. 이는 한일회담 당시 일본 정부의 입장, 즉 문화재 및 문화교류 협정을 통해 식민지 지배에 대한 과거사 청산과는 관련 없이 '자발적인' 조치로서 문화재를 인도한다는 입장과 동일한 것이었다. 즉 한일도서협정은 간 담화의 후속 조치로서 한일회담 이후 첫 대규모 문화재 인도를 규정한 협정이었지만, 그 이면에는 식민지 지배는 합법적이었으며, 문화재도 합법적으로 일본으로 반출되었다는 역사인식이 있었다. 이를 통해 한일도서협정에서도 일본 정부의 식민지 지배 인식이 연속되고 있었다는 것을 알 수 있다.

이와 같이 일본 정부는 간 담화와 한일도서협정을 통해 역사인식 문제에 대한 진일보한 태도를 보였지만, 이 담화와 협정에는 일본의 식민지 지배가 합법적이었고, 문화재 반출도 합법적이었다는 역사인식이 내재되어 있었다. 그리고 간 담화와 한일도서협정에 내재된 이와 같은 역사인식은 일본 정부의 식민지 지배 인식의 연속성을 드러내는 것이었다.

참고문헌

박훈, 2010, 「한일회담 문화재 '반환'교섭의 전개과정과 쟁점」, 국민대학교 일본학연구소 편, 『외교문서 공개와 한일회담의 재조명 2 - 의제로 본 한일회담』, 선인.

외교부, 2015, 『2015 일본개황』.

혜문, 2011, 『되찾은 조선의 보물, 의궤』, 동국대학교출판부.

국성하, 2005, 「한일회담 문화재 반환협상 연구」, 『한국독립운동연구』 제25집.

남기정, 2017, 「한일관계에서 역사 문제와 안보의 연동 메커니즘: 투트랙 접근의 조건과 과제」, 『일본연구논총』 제45호.

엄태봉, 2017, 「한일회담 중단가의 문화재 문제에 관한 연구」, 『일본공간』 제21호.

엄태봉, 2018, 「제6차 한일회담 시기의 문화재 반환 교섭 연구 - 교섭 과정과 그 의미를 중심으로」, 『동북아역사논총』 제60호.

엄태봉, 2019, 「한일회담 문화재 반환 협상의 재조명」, 『아태연구』 제26권 제2호.

엄태봉, 2020, 「초기 한일회담(1~3차) 시기의 문화재 반환 교섭에 대한 외교사적 연구」, 『한국학』 제43권 제21호.

이기태, 2013, 「일본 민주당 정권의 대한국정책」, 『일본연구논총』 제38호.

이원덕, 2000, 「한일관계 '65년 체제'의 기본성격 및 문제점: 북·일수교에의 함의」, 『국제·지역연구』 제9권 4호.

장박진, 2008, 「한일회담에서의 기본관계조약 형성과정의 분석: 제2조 '구조약 무효조항' 및 제3조 '유일합성법 조항'을 중심으로」, 『국제·지역연구』 제17권 2호.

정재정, 2016, 「한일협력과 역사문제: 갈등을 넘어 화해로」, 『일본연구논총』 제43호.

조윤수, 2016, 「한일회담과 분화재 반환 교섭」, 『동북아역사논총』 제51호.

최희식, 2011, 「전후 한일관계의 구도와 민주당 정부하의 한일관계」, 『국제·지역연구』 제20권 3호.

한소미, 2014, 「문화재 반환협상의 국제정치: 2011년 일본과 프랑스의 한국 문화재 반환 결정요인을 중심으로」, 연세대학교 정치학과 석사학위논문.
외교부, 1964, 『제6차 한일회담, 제2차 정치회담 예비절충: 본회의, 1~65차, 1962. 8. 21~1964. 2. 6 전 5권(V.3 22~32차 1963. 1. 11~3. 28)』.
외교부, 1965, 『제7차 한일회담(1964. 12. 3~1965. 6. 22) 문화재위원회 회의 개최 계획, 1965』.
『경향신문』; 『세계일보』; 『연합뉴스』; 『YTN』; 『조선일보』.

李鐘元 他, 2017, 『戦後日韓関係史』, 有斐閣アルマ.
藤原夏人, 2010, 「【韓国】日韓併合100年をめぐる動き」, 『外国の立法』No. 245-1.
アジア局北東アジア課内交渉史編纂委員会, 「韓国との文化財・文化協定の条文化についての交渉」, 1969. 3, No. 461.
中内康夫, 2011, 「日韓図書協定の作成経緯と主な内容~朝鮮王朝儀軌等の韓国政府への引渡し~」, 『立法と調査』No. 314.
外務省, 「日韓予備交渉第21回会合記録」, 1962. 12. 26, No. 651.
外務省, 「日韓会談第五回基本関係委員会議事録」, 記入なし, No. 977.
外務省, 「第7次日韓全面会談基本関係委員会第3回会合」, 1964. 12. 12, No. 1345.
衆議院, 「第177回国会衆議院外務委員会第8号」, 2011. 4. 22.
衆議院, 「第50回国会日本国と大韓民国との間の条約及び協定等に関する特別委員会第10号」, 1965. 11. 5.
衆議院, 「第50回国会日本国と大韓民国との間の条約及び協定等に関する特別委員会第2号」, 1965. 10. 25.
衆議院, 「第50回国会日本国と大韓民国との間の条約及び協定等に関する特別委員会第6号」, 1965. 10. 29.
衆議院, 「第50回国会日本国と大韓民国との間の条約及び協定等に関する特別委員会第8号」, 1965. 11. 1.
参議院, 「第134回国会本会議第4号」, 1995. 10. 5.
参議院, 「第177回国会参議院外交防衛委員会第11号」, 2011. 5. 26.
参議院, 「第50回国会日韓条約等特別委員会第2号」, 1965. 11. 22.
参議院, 「第50回国会日韓条約等特別委員会第6号」, 1965. 11. 27.
外務省, www.mofa.go.jp/.

전후 70년 담화와 한국
무라야마 담화에 대한 덮어쓰기와 한국 배제

윤석정 국립외교원 연구교수

1. 서론
2. 무라야마 담화와 아베 신조
3. 전후 70년 담화와 무라야마 담화의 키워드
4. 국제질서, 관용 그리고 무라야마 담화에 대한 덮어쓰기
5. 전후 70년 담화와 한국
6. 결론

1. 서론

2015년 8월 14일 일본의 아베 신조(安部晋三) 총리는 전후 70주년을 맞이하며 내각총리대신담화(이하 '전후 70년 담화'로 약칭)를 발표했다. 모두 발언에서 아베는 8월은 일본인들에게 지난 역사를 상기시키며, 정치는 역사로부터 미래를 위한 지혜를 배워야 한다고 말했다. 이어서 역사의 교훈을 바탕으로 일본이 나아가야 할 길을 모색하겠다고 강조하면서 담화를 읽어나갔다.[1]

기존의 논의를 살펴보면 무라야마 담화를 기준으로 전후 70년 담화를 평하고 있다. 먼저 전후 70년 담화는 무라야마 담화에 비해 후퇴했다는 주장이 있다. 분명 전후 70년 담화에는 '식민지 지배', '침략', '반성', '사죄'라는 무라야마 담화의 키워드가 들어가 있다.[2] 그러나 주체 의식을 명시하지 않고 제3자의 입장에서 서술하는 방식으로 다루면서 본질을 흐렸다. 여기에는 침략을 인정하지 않고 더 이상 사죄하고 싶지 않은 아베

---

* 이 글은 『아태연구』 제26권 제1호(2019)에 게재된 논문을 수정한 것이다.

1 「安倍内閣総理大臣記者会見」, 2015. 8. 14, www.kantei.go.jp/jp/97_abe/statement/2015/0814kaiken.html(검색일: 2019년 5월 31일). 주한 일본대사관 홈페이지에는 전후 70년 담화의 한국어 번역이 게재되어 있다. 주대한민국일본대사관, 「내각총리대신 담화」, 2015. 8. 14, www.kr.emb-japan.go.jp/what/news_20150814.html(검색일: 2019년 5월 31일). 이상 별도의 언급이 없는 한 담화는 주일 한국대사관의 홈페이지에서 발췌한 것임을 밝힌다.

2 1995년 8월 15일 무라야마 도미이치(村山富市) 총리는 전후 50주년을 맞이하여 식민지 지배와 침략에 대한 통절한 반성과 사죄를 내용으로 하는 무라야마 담화를 발표했다. 이후 일본 정부는 이를 공식적인 입장으로 계승해왔다. 전후 70년 담화가 준비되는 과정에서 아베가 '식민지 지배', '침략', '반성', '사죄'라는 무라야마 담화의 키워드를 계승할지 여부가 주목을 받았다.

의 본심이 드러나고 있다는 지적이다.³ 이러한 주장에 따르면, 아베의 의도는 표면적으로는 무라야마 담화를 계승한다고 말하면서 실제로는 담화를 훼손하는 것이다. 이전부터 아베는 무라야마 담화의 '후퇴'이기는 하지만 완전한 '부정'이라고 하기는 애매한 발언을 해왔다. 이는 공방 자체를 목적으로 하는 이른바 무라야마 담화의 '흠집 내기' 전략인데 같은 전략이 전후 70년 담화에 반영되었다는 것이다.⁴

한편 전후 70년 담화가 무라야마 담화에서 완전히 이탈한 것은 아니라는 논의도 존재한다. 제니퍼 린드(Jennifer Lind)는 아베가 국내외의 거센 비판에 직면하면서 전후 70년 담화에 무라야마 담화의 키워드를 넣을 수밖에 없었고, 결과적으로는 무라야마 컨센서스(村山コンセンサス)로 돌아왔다고 말한다.⁵ 아베 개인의 생각과는 달리 전후 70년 담화의 역사관은 역사 수정주의와 거리를 둔 무난한 내용이라는 것이다.⁶ 이러한 논의는 아베 정권이 역사 문제를 전략적으로 관리하고 있다는 주장과 궤를 같

---

3 村山富市 외, 2015, 『検証安倍談話 – 戦後70年村山談話の歴史的意義』, 赤石書店, 12-37쪽. 전후 70년 담화를 수사학의 관점에서 논한 연구도 이러한 주장을 뒷받침한다. 전후 70년 담화는 문학적 수사를 동원하여 애매모호한 표현을 구사하는데, 이는 역사에 대한 반성과 사죄보다는 전후 세대를 향한 위로와 새로운 일본 만들기를 호소하기 위한 장치라는 것이다. 최순육, 2016, 「아베 담화의 문학적 수사(rhetoric) 읽기」, 『일본문화연구』 제58집.

4 하종문, 2013, 「무라야마 담화의 의미와 아베정권」, 도시환 외, 『일본 아베 정권의 역사인식과 한일관계』, 동북아역사재단, 65쪽.

5 ジェニファー・リンド, 2015, 「「村山コンセンサス」の形成と課題」, 日本再建イニシアティブ, 『「戦後保守」は終わったのか－自民党政治の危機』, 角川新書, 178쪽.

6 『読売新聞』, 2015. 8. 15; 『日本経済新聞』, 2015. 8. 15; ダニエル・スナイダー, 2015, 「安部談話: 「和解」へのきっかけとするために」, www.nippon.com/ja/in-depth/g00307/ (검색일: 2019년 5월 31일). 아베를 적극 지지해오던 역사 수정주의자들 사이에서도 전후 70년 담화의 역사관은 도쿄재판사관과 유사하다는 불만이 나왔다. 中西輝政・伊藤隆, 2015, 「「安部談話懇談会」の驚愕の内幕と歴史問題のこれから」, 『正論』 11月号.

이한다. 아베는 분명 무라야마 담화의 계승을 부정했던 인물이다. 그러나 이를 실현하기에는 구조적인 제약이 있으며, 국내 정치 및 외교관계 등을 고려해 수위를 조절하고 있다는 것이다.[7]

요약하자면 기존의 논의는 전후 70년 담화에 대한 비판적 고찰을 제공함과 동시에 담화가 정치적 타협의 산물임을 밝혀내고 있다. 그러나 최종 결과물인 담화의 문구에 대한 분석에 치중한 나머지 그 문구들이 구체적으로 어떠한 경위를 거쳐 작성되었는지에 대해서는 연구가 부족하다. 특히 담화 준비 과정에서 21세기 구상 위원회와 공명당이 영향력을 발휘했다고 언급이 되지만 그 구체적인 양상에 대해서는 분석이 충분하지 못하다. 아베가 무라야마 담화의 키워드를 수용하고 역대 내각의 담화를 계승하겠다는 의사를 표명하게 된 배경에는 두 행위자의 역할이 있었다는 점에서 그 과정을 밝힐 필요가 있다.

무엇보다 기존의 논의에서는 담화의 전체적인 논리 구조를 고찰하지 않았다. 전후 70년 담화는 1930년대 이후부터 전전 일본이 만주사변, 국제연맹 탈퇴 등을 통해 국제질서의 도전자가 되었다는 역사관을 제시한다. 그리고 관용의 마음 덕분에 전후 일본과 국제사회가 화해할 수 있었다고 주장한다. 이처럼 전후 70년 담화는 국제질서의 관점에서 역사를 논하고 관용에 의한 화해를 강조하는데, 이를 무라야마 담화와의 연속성 속에 어떻게 이해해야 할 것인지 밝힐 필요가 있는 것이다.

이러한 문제의식을 바탕으로 이 글은 전후 70년 담화가 무라야마 담화에 대한 '덮어쓰기'를 시도한다는 시각을 제시한다. 전후 70년 담화에

---

[7] 남상구, 2013, 「아베 정권의 역사인식과 한일관계」, 『한일관계사연구』 제46집; 이지원, 2014, 「일본의 '우경화': '수정주의적 역사인식'과 아베식 '전후체제 탈각'의 한계」, 『경제와 사회』 제101호; 和田春樹, 2013, 「安倍首相にとっての歴史認識問題」, 『世界』 第847号.

서 아베는 21세기 구상 위원회와 공명당의 입장을 고려하여 무라야마 담화의 키워드를 수용하고 역대 내각의 입장을 계승하겠다는 입장을 밝혔다. 그러나 이와 동시에 국제질서의 관점에서 역사를 논하고 관용에 의한 화해를 강조하면서 무라야마 담화 계승의 실질적인 의미가 왜곡, 소실되었다는 것이다.[8] 이를 구체적으로 설명하면 다음과 같다.

21세기 구상 간담회는 논쟁 끝에 만주사변을 계기로 일본이 대륙으로의 '침략'을 확대했다는 역사관을 제시했고, 아베는 이를 받아들였다. 또한 공명당의 입장을 수용하여 담화에 '식민지 지배', '침략', '반성', '사죄' 표현을 넣었다. 이러한 과정을 거쳐 아베는 전후 70년 담화에서 무라야마 담화를 비롯한 역대 내각의 담화를 계승하겠다는 뜻을 밝혔다.

그러나 이와 동시에 전후 70년 담화는 전전의 일본이 제1차 세계대전 이후 성립된 부전, 전쟁의 위법화 흐름을 거부하면서 국제질서의 도전자가 되었다는 역사관을 제시한다. 이렇게 국제질서의 관점에서 전전의 일본을 논하면서 무라야마 담화와는 달리 1930년대 이전의 역사적 사건들은 반성과 사죄의 대상에서 제외되었다. 그리고 국제사회가 보여준 관용의 마음에 감사하며, 자유주의 국제질서의 공헌자로서 기본적 가치를 공유하는 국가들과 적극적 평화주의를 관철하겠다고 역설한다. 즉, 일본의 전후 세대가 앞으로 짊어질 과거에 대한 책임에서 사죄를 배제하고 있는 것이다. 분명 전후 70년 담화에서 아베는 무라야마 담화를 비롯한 역대 내각의 담화를 계승하겠다고 말했다. 무라야마 담화를 계승한다는 것은 담화가 제시하는 역사관과 과거에 대한 책임의식을 수용한다는 것을 의

---

8 '덮어쓰기(overwrite)'란 표시장치나 기억장치에 정보를 기록하는 경우 어떤 장소에 기록되어 있는 정보 위에 중복 기록함으로써 원래의 정보가 소실되는 기록 방법을 의미한다. 김동희 외, 2003, 『전기용어사전』, 일진사, 405쪽.

미할 것이다. 그러나 전후 70년 담화는 국제질서의 관점에서 역사를 논하고 관용에 의한 화해를 강조함으로써 과거 서술과 일본 전후 세대들의 책임에 대해 무라야마 담화와는 전혀 다른 내용을 제시하고, 이로 인해 담화 계승의 실질적인 의미가 왜곡, 소실되는 것이다.[9]

상술한 분석은 전후 70년 담화와 한국과의 관계를 이해하는 데 많은 것을 시사한다. 기존 연구는 러일전쟁 긍정론 등 한국을 식민지화한 것에 대한 책임의식이 부재하다는 점을 주로 지적한다.[10] 또한 일본군'위안부' 문제에 대한 일본군의 관여와 강제성을 언급하지 않는 등 한·일 국교정상화 50주년에도 불구하고 한·일 관계에 대한 직접적인 언급이 없다는 점을 비판하는 연구도 있다.[11] 이에 대해 이 글에서는 전후 70년 담화의 일부분에 대한 비판보다는 담화의 내재적 논리를 고찰하면서 한국과의 관계를 논하고자 한다. 즉 이 글에서는 무라야마 담화가 덮어쓰기 당하는 과정에서 한국이 배제되었음을 밝히고자 한다.

이 글은 다음과 같은 구성으로 이루어진다. 제2장에서는 무라야마 담화의 탄생과 계승 과정을 정리한다. 그리고 무라야마 담화에 대한 아베의

---

9 전술했듯이 전후 70년 담화를 둘러싼 기존의 논의 중에 아베는 표면적으로는 무라야마 담화를 계승한다고 말하고 있지만 실제 의도는 담화를 훼손하는 것이라는 주장이 존재한다. 이 글에서 제시하는 '덮어쓰기' 관점 또한 아베의 진정한 의도는 무라야마 담화를 훼손하는 것이라고 보고 있다. 기존의 논의는 주체 의식의 부재, 문학적 수사의 구사에 주목하여 아베가 간접적이고 애매모호한 표현법을 사용하여 무라야마 담화를 훼손하고 있다고 주장한다. 그러나 이 글에서는 아베가 전후 70년 담화의 전체적인 논리와 전개 구성에 중점을 두고 살펴본다. 즉 역대 내각의 담화를 계승하겠다는 의사를 표명하되 여기에 국제질서 역사관, 관용에 의한 화해를 덧붙이는 방법을 통하여 무라야마 담화 계승의 실질적 의미를 훼손하고 있다는 것이다.

10 미야지마 히로시, 2015, 「아베 담화에 나타난 일본의 역사인식과 그 비판」, 『역사비평』 제113호, 11쪽.

11 이종국, 2016, 「일본정부의 역사인식의 '합의' 형성과 한계: 중요 '담화'를 소재로」, 『한일군사문화연구』 제21권, 76-77쪽.

반응을 살펴보고 그가 전후 70년 담화를 구상하게 되는 과정을 밝힌다. 제3장에서는 21세기 구상 간담회의 논의를 중심으로 담화의 역사관을 살펴본다. 그리고 공명당과의 협의를 거쳐 아베가 무라야마 담화의 키워드를 수용하고 역대 내각의 입장을 계승하게 되는 경위를 논한다. 제4장에서는 전후 70년 담화가 제시하는 국제질서 역사관과 관용에 의한 화해가 무라야마 담화의 계승 의미를 어떻게 변용, 왜곡하는지에 대해 밝힌다. 마지막으로 제5장에서는 전후 70년 담화에서 한국이 차지하는 위상에 대해 분석한다.

2. 무라야마 담화와 아베 신조

1) 무라야마 담화의 탄생과 담화의 계승

1995년 8월 15일 무라야마는 '전후 50주년의 종전 기념일에 즈음하여' 이른바 '무라야마 담화'를 발표했다. 담화에서 무라야마는 일본이 "멀지 않은 과거의 한 시기 국가정책을 그르치고 전쟁에의 길로 나아가 국민을 존망의 위기에 빠뜨렸으며 식민지 지배와 침략으로 많은 나라들 특히 아시아 제국의 여러분들에게 다대한 손해와 고통을 주었다"고 말하고, 이에 대한 반성과 사죄를 표명했다. 또한 아시아 국가들과의 신뢰관계를 강화하기 위해 근현대사 역사교육 지원, 교류 확대, 전후 처리 사업에 성실히 임하겠다는 방침을 밝혔다.[12]

---

12 「戦後50周年の終戦記念日にあたって」(いわゆる村山談話), 1995. 8. 15, www.mofa.go.jp/mofaj/press/danwa/07/dmu_0815.html(검색일: 2019년 5월 31일).

무라야마 담화는 일본 사회가 가지고 있던 역사인식의 전환을 꾀하는 것이었다. 과거에 대한 전후 일본 사회의 기억은 자신들이 전쟁 중에 겪었던 고통에 편중되어 있었다. 이는 전쟁 및 식민지 책임을 회피하는 경향으로 이어지고 있었다. 이러한 가운데 무라야마는 일본 사회가 식민지 지배와 침략의 역사를 직시하면서 근린 국가들에게 가한 다대한 고통을 기억해야 한다고 주장한 것이었다.[13]

이처럼 무라야마 담화는 일본이 과거에 대한 통절한 반성과 사죄를 바탕으로 아시아 국가들과의 화해를 지향해야 한다고 역설하는 것이었다. 식민지 지배와 침략의 역사를 직시하고 사죄와 반성을 표한다. 과거의 잘못을 반복하지 않는다고 표명하고 미해결의 과거사 문제에 성실히 대응함으로써 잘못에 대해 책임을 진다. 무라야마 담화를 계승한다는 것은 이러한 마음가짐과 자세를 지속해나가는 것이라 할 수 있다.

무라야마 담화는 일본 정부의 공식 입장으로 계승된다. 2005년 8월 15일 고이즈미 준이치로(小泉純一郎) 총리는 전후 60년 담화에서 일본이 "식민지 지배와 침략에 의해 많은 나라, 특히 아시아 여러 나라의 사람들에게 다대한 손해와 고통을 주었다"고 하며 이에 대한 '통절한 반성과 마음에서 우러나오는 사죄의 심정'을 표했다. 그리고 중국과 한국을 비롯한 아시아 국가들과 함께 지역의 평화를 유지, 발전시켜나가고 역사를 올바르게 인식하여 상호 이해와 신뢰에 입각한 미래지향적인 협력관계를 구축하겠다고 말했다.[14]

---

13 ジェニファー・リンド, 2015, 181쪽.

14 「小泉内閣総理大臣談話」, 2005. 8. 15, warp.ndl.go.jp/info:ndljp/pid/11236451/www.kantei.go.jp/jp/koizumispeech/2005/08/15danwa.html(검색일: 2019년 5월 31일).

우파 정치인으로서 주목받던 아베 신조(安倍晋三) 또한 무라야마 담화를 계승했다. 2006년 9월 총리직에 오른 아베는 참의원 예산위원회에서 "무라야마 담화에서 말했듯이 한국과 중국의 국민들을 포함하여 이들에게 침략과 식민지 지배가 있었다고 각의 결정하여 표명"했다고 말했다. 그리고 아베 자신 또한 그렇게 생각하고 있다고 발언했다.[15]

2) 아베 신조와 무라야마 담화의 계승 문제

상술했듯이 아베는 무라야마 담화를 계승할 뜻을 밝혔다. 하지만 그것이 담화에 대한 본심은 아니었다. 총리에서 물러난 이후 아베는 다음과 같이 회고했다.[16]

> 무라야마 담화 이후 정권이 바뀔 때마다 그것을 계승하라고 압박을 받게 되었습니다. 말 그대로 사상 검증이죠. 그래서 저는 무라야마 담화를 대체하는 아베 담화를 내려고 했는데 … 무라야마 씨 개인의 역사관에 일본이 언제까지고 속박되어서는 안 된다. 그때 그때 총리가 필요에 따라 독자적인 담화를 내면 좋겠다고 생각한 것입니다. 물론 무라야마 담화가 너무나 일면적이기 때문에 조금 더 균형 잡힌 담화를 만들면 좋겠다는 생각도 있었습니다.

무라야마 담화가 너무나 일면적이라고 평하는 발언에서 아베의 감정

---

15 「第165回国会予算委員会第 2 号」, 2006. 10. 5, kokkai.ndl.go.jp/SENTAKU/syugiin/165/0018/16510050018002a.html(검색일: 2019년 5월 31일).

16 安倍晋三・山谷えり子, 2009, 「保守はこの試練に耐えられるか」, 『正論』 2月号, 55쪽.

이 솔직하게 드러난다. 아베는 새로운 역사담화를 제시하여 무라야마 담화로부터 탈각하겠다는 구상을 가지고 있었던 것이다.

특히 아베가 거부감을 보인 것은 무라야마 담화의 '침략'과 '사죄' 표현이었다. 전후 50주년을 맞아 무라야마 정권이 침략을 반성하는 내용의 부전 결의를 국회에 채택하기 위해 나서자 아베는 이를 반대하는 움직임의 최선봉에 섰던 인물이었다. 이러한 가운데 무라야마 담화가 발표되자 아베는 이를 저지할 수 없었다는 무력감과 함께 일본이 앞으로 계속 사죄를 하게 될지 모른다는 위기감을 느꼈다고 한다.[17]

결국 아베가 조기에 총리직을 사임하면서 아베 담화는 구상에 그치고 말았다. 그러나 2012년 12월 자민당이 총선에서 승리하고 아베가 다시 총리직에 오르면서 상황은 반전된다. 총리 복귀 후 아베는 자신의 구상을 실천에 옮기고자 나섰다. 총리에 복귀한 아베가 발언한 내용을 보면 그는 새로운 담화를 발표하여 무라야마 담화를 완전히 대체한다는 생각을 버리지 않고 있었던 것으로 보인다. 4월 22일 참의원 예산위원회에서 아베는 전후 70주년을 계기로 새로운 담화를 내겠다는 뜻을 밝히면서 "무라야마 담화를 그대로 계승하지 않을 것"이라고 말했다. 다음 날 23일에는 "침략의 정의는 학문적으로 국제적으로 정해져 있지 않다"고 발언했다. 어느 쪽에서 보느냐에 따라 해석이 달라지며 따라서 무라야마 담화의 역사관에 대해서도 문제 제기가 가능하다는 뜻이었다.[18]

이러한 발언에 대해 국내외에서 우려의 목소리가 나오자 아베는 입장을 변경하게 된다. 5월 15일, 참의원 예산위원회에서 아베는 과거 정권

---

17 読売新聞政治部, 2015, 『安倍官邸vs習近平 − 激化する日中外交戦争』, 新潮社, 142-143쪽.
18 和田春樹, 2013, 77-78쪽.

의 자세를 전체적으로 계승할 것이며 역대 내각의 담화를 계승한다고 말했다. 이에 대해 『산케이신문』은 아베의 강경한 역사인식이 외교와 내각 지지율에 영향을 줄 것이라는 판단하에 궤도를 수정했다고 평했다.[19]

전후 70주년을 맞은 2015년의 연두 기자회견에서 아베는 새로운 역사담화를 제시하겠다는 뜻을 밝혔다. 먼저 역사인식에 관한 역대 내각의 입장을 전체적으로 계승하고 앞으로도 계승해나가겠다고 말했다. 이와 동시에 아베가 강조한 것은 미래지향적 담화를 만들겠다는 것이었다. 기자회견에서 아베는 다음과 같이 말했다.[20]

전후 70년을 계기로 아베 정권으로서 지난 전쟁에 대한 반성, 그리고 전후 평화국가로서의 발걸음, 앞으로 일본이 아시아·태평양 지역과 세계를 위해 어떤 공헌을 해나갈 것인가. 세계에 발신할 수 있는 것을 영지를 모아 생각하여 새로운 담화에 적어나가겠다는 생각입니다.

위의 발언은 전후 70년 담화가 역사관뿐만 아니라 전후 일본의 발자취, 국가 진로를 포괄하는 내용이 될 것이라는 점을 시사하고 있다. 전후 일본의 발자취, 국가 진로는 아베가 추구하는 미래지향적 담화에 해당하는 부분이라고 할 수 있다. 이후 아베가 자신이 원하는 내용을 담으면서 무라야마 담화의 키워드인 '식민지 지배', '침략', '반성', '사죄'를 어떻게 다룰 것인지 그 귀추가 주목을 받게 되었다.

---

19 『産経新聞』, 2013. 5. 15.
20 「安倍内閣総理大臣年頭記者会見」, 2015. 1. 15, www.kantei.go.jp/jp/97_abe/statement/2015/0105kaiken.html(검색일: 2019년 5월 31일).

3. 전후 70년 담화와 무라야마 담화의 키워드

1) 아베의 연설과 '침략' 및 '사죄'

2015년 4월 22일 아베는 인도네시아 자카르타에서 개최된 반둥회의에서 연설을 했다. 아베가 전후 70년 담화를 발표하겠다는 뜻을 밝히고 난 이후의 연설이었다. 따라서 그가 어떠한 역사인식을 표명할지 주목을 받았다. 총 다섯 개의 단락으로 구성된 연설에서 역사를 언급한 것은 세 번째 단락인 '일본의 맹세' 부분이다. 아베는 다음과 같이 말했다.[21]

> "침략 또는 침략의 위협. 무력행사에 의해 타국의 영토보전과 정치적 독립을 침해하지 않는다.", "국제 분쟁은 평화적 수단에 의해 해결한다." 반둥에서 확인한 이 원칙을 일본은 지난 대전에 대한 깊은 반성과 함께 어떠한 경우라도 지켜나가는 국가가 되겠다고 맹세했습니다.

반둥회의의 원칙을 인용하는 방식으로 '침략' 표현을 사용하고 있는 것, '반성'은 언급하면서 '사죄'는 표하지 않은 것이 특징이다. 무라야마 담화의 '침략'과 '사죄' 부분에 납득하지 못하는 아베의 본심이 드러난다.

반둥회의로부터 일주일이 지난 4월 29일 아베는 미 의회 연설에 나섰다. 이 연설에서도 역사인식이 언급되었는데, 여기서 주목할 것은 아베가 "깊은 회오(悔悟)"라는 표현을 사용한 점이다. 제2차 세계대전의 기념비를 보며 전사한 미국의 젊은이들을 생각했다. 역사는 가혹하고도 맹렬

---

21 「Unity in diversity~共に平和と繁栄を築く」, 2015. 4. 22, www.mofa.go.jp/mofaj/a_o/rp/page3_001191.html (검색일: 2019년 5월 31일).

한 것이며 그 자신은 깊은 회오의 마음을 가슴에 안고 있다는 것이었다.[22] 아베가 '회오'를 사용한 이유는 '반성'보다 중압감 있는 표현을 사용하여 그 뜻을 강조하기 위해서였다. '사죄' 표현을 시섭 시용히지 않고 최대한 사죄와 비슷한 인상을 주기 위한 문장 구성이었다고 한다.[23]

이상의 연설에서 전후 70년 담화에 대해 아베가 가지고 있던 생각을 엿볼 수 있다. '반성'은 표하되 '침략' 및 '사죄'의 직접적인 사용은 회피하면서 자신이 추구하는 미래지향적 부분을 강조한다는 것이 아베의 구상이었던 것이다.

2) 21세기 구상 간담회와 '침략' 논쟁

2015년 2월 25일 21세기 구상 간담회 제1회 회의가 개최되었다. 간담회의 목적은 전후 70년 담화의 기반이 될 학술적·이론적 견해를 제공하는 것이었다. 제1회 회의에서 아베는 다음과 같은 의제를 제시했다.[24]

(1) 20세기의 세계와 일본의 발걸음을 어떻게 생각할 것인가? 우리들이 20세기의 경험에서 가져와야 할 교훈은 무엇인가?

(2) 일본은 전후 70년간 20세기 교훈을 바탕으로 어떠한 길을 걸어왔는가? 특히 전후 일본의 평화주의, 경제발전, 국제공헌을 어떻게 평가할 것인가?

---

22 「米国連邦議会上下両院合同会議における安倍内閣総理大臣演説」, 2015. 4. 29, www.kantei.go.jp/jp/97_abe/statement/2015/0429enzetsu.html (검색일: 2019. 5. 31).
23 読売新聞政治部, 2015, 152쪽.
24 21世紀構想懇談会, 2015, 『戰後70年談話の論点』, 日本経済新聞出版社, 3쪽.

(3) 일본은 전후 70년간 미국, 호주, 유럽 국가들과 특히 중국, 한국을 포함한 아시아 국가들과 어떻게 화해의 길을 걸었는가?

(4) 20세기의 교훈을 바탕으로 21세기의 아시아와 세계의 비전을 어떻게 그려낼 것인가. 일본은 어떠한 공헌을 할 것인가?

(5) 전후 70주년을 맞아 일본이 취할 구체적인 시책은 어떠한 것인가?

3월 13일 제2회 간담회가 개최되어 첫 번째 의제가 논의되었다. 발표자인 기타오카 신이치(北岡伸一) 교수는 1930년대 이후 전전 일본의 대외정책에 대해 비판적인 주장을 전개했다. 제1차 세계대전이 종결된 이후 전쟁의 위법화, 탈식민지화, 경제적 발전주의의 흐름이 나타났지만 일본은 이러한 세계의 대세를 읽지 못하고 무모한 전쟁을 일으켰다는 것이다. 그리고 일본이 아시아 해방을 위해 전쟁을 했다는 주장은 확인되지 않으며 일본은 잘못된 방향 감각 속에 자신들만을 위해 전쟁을 했을 뿐이라고 혹평했다.[25]

발표 자료에 명시하지는 않았지만 기타오카는 1930년대 이후 전전 일본의 대외정책을 '침략'이라고 해석했다. 제2회 간담회가 개최되기 사흘 전인 3월 9일 기타오카는 도쿄에서 열린 한 심포지엄에서 "일본은 침략 전쟁을 했으며 아베 총리가 직접 이를 말해야 한다"고 발언했다.[26]

기타오카의 발표 이후 간담회 위원들 간의 의견 교환이 있었다. 일부 위원들은 기타오카의 해석에 대해 이의를 제기했다. 역사를 공부하는 데 중요한 것은 현재의 가치관으로 그 당시를 판단하는 것이 아니라 당시의 가치관으로 자신이 거기 있었다면 어떻게 했을 것인가를 생각하는 것

25　21世紀構想懇談会, 2015, 16-18쪽.
26　『産経新聞』, 2015. 3. 10.

이다. 그런 의미에서 아시아 해방을 위해서 싸웠다는 것도 분명 당시에 존재했던 가치관이었으며 현재의 가치관만으로 '침략'이었다고 단정 지을 수는 없다는 주장이었다.[27]

이후 다른 위원들에게서 반박이 즉시 일어났다. 먼저 당시의 가치관으로 봤을 때에도 분명 침략이라는 반박이 나왔다. 일본이 아시아 해방을 위해 전쟁을 했다는 것은 공문서상 근거가 없다. 만주사변을 비롯하여 중국에 대한 일본의 군사적 움직임은 당시의 가치관에서 봐도 분명 침략이라는 주장이었다. 또 다른 반박은 총리 담화의 취지를 봤을 때 현재의 가치관에 따라 역사를 해석해야 한다는 것이었다. 총리 담화는 일본 정부의 주장을 담는 것이며, 그렇다면 당시의 가치관이 아니라 현재 일본의 시각에서 과거를 되돌아볼 필요가 있다. 미래지향적인 담화를 내기 위해서는 일본이 21세기의 가치관을 어떻게 이해하고 있는지, 그러한 입장에서 과거를 어떻게 이해하고 있는지 세계에 알리는 것이 중요하다는 것이었다.[28]

결국 간담회에서는 '침략' 해석이 대세를 이루었다. 8월 6일에 공개된 간담회의 최종 보고서에는 '일본이 만주사변 이후 대륙으로의 침략을 확대'했다고 평했다. 그리고 제1차 세계대전 이후의 민족자결, 전쟁 위법화, 민주화, 경제적 발전주의라는 흐름에서 이탈하여 세계의 대세를 읽지 못하고 무모한 전쟁으로 아시아를 중심으로 여러 나라에 다대한 피해를 끼쳤다고 논했다. '침략' 해석에 대한 이의는 각주 표기에 그쳤다.[29] 간담회

27　21世紀構想懇談会, 2015, 38쪽.

28　21世紀構想懇談会, 2015, 48-49쪽.

29　각주의 내용은 다음과 같다. (1) 국제법상 '침략'의 정의가 명확하지 않다는 것, (2) 역사적으로 고찰해도 만주사변 이후를 '침략'으로 단정하는 것에 이론이 있다는 것, (3) 타국이 유사한 행동을 실시하고 있는 가운데 일본의 행위만을 '침략'이라고 단정할

좌장 니시무로 다이조(西室泰三)는 보고서 제출 이후 개최된 기자 회견에서 "분명히 역사적으로 봤을 때 침략이라는 현실이 있었다"고 말했다.[30] 이러한 간담회의 제안은 전후 70년 담화에 반영된다.

3) 공명당과 무라야마 담화의 키워드

아베가 전후 70년 담화를 제시하겠다는 생각을 밝히고 나서 담화의 내용뿐만 아니라 형식 또한 세간의 주목을 받았다. 즉, 아베가 전후 70년 담화를 각의 결정 형식으로 표명할 것인지 그 귀추가 주목을 받은 것이다. 각의 결정은 정부의 중요 정책과 기본 방침을 대상으로 하며 각료 전원의 서명에 의해 성립된다. 따라서 각의 결정을 거친 내용은 일본 정부의 공식 견해가 되며 이후의 정권도 이를 계승하는 것이 관례였다. 전후 50주년의 무라야마 담화, 60주년의 고이즈미 담화 모두 각의 결정을 거침으로써 일본 정부의 공식 입장으로서 확립된 것이었다.

아베의 생각은 전후 70년 담화를 총리의 개인 담화로 낸다는 것이었다. 그 이유는 공명당의 존재 때문이었다. 전후 70년 담화를 각의 결정으로 대처할 경우 연립을 맺고 있는 공명당과의 조정이 필요했다. 공명당의 입장은 식민지 지배와 침략에 대해 반성과 사죄를 표한 기존의 담화를 계승해야 한다는 것이었다. 따라서 각의 결정 과정에서 공명당의 의견

수 없다는 것을 이유로 복수의 위원이 '침략' 표현을 사용하는 것에 이의를 제기했다는 것이었다. 보고서를 비롯한 간담회의 전반적인 활동은 다음의 사이트를 참조할 것. 「20世紀を振り返り21世紀の世界秩序と日本の役割を構想するための有識者懇談会(21世紀構想懇談会)」, 2015. 8. 6, www.kantei.go.jp/jp/singi/21c_koso/(검색일: 2019년 5월 31일).

30 『読売新聞』, 2015. 8. 7.

을 수용하다 보면 담화에 아베 자신의 생각을 충분히 반영하기 어려울 것이었다. 아베의 측근들이 주장하듯이 "제일 우선시해야 할 것은 아베 총리다운 담화를 제시하는 것이며, 불필요한 조정을 피하기 위해서 각외 결정을 하지 않는 것도 선택지 중에 하나"라는 것이었다.[31]

그러나 아베는 각의 결정으로 입장을 변경할 수밖에 없었다. 담화가 발표되고 국회에서 이에 대한 심의가 진행될 경우 야당이 공명당 소속 각료의 의견을 질의할 것이 예상되었다. 이럴 때 공명당 소속의 각료가 부정적인 발언을 하면 '각내 불일치'라는 비판을 피할 수 없을 것이었다. 이러한 상황을 피하기 위해 아베는 공명당과 담화의 내용을 사전에 조정할 필요가 있다고 판단하게 되었다.[32]

8월 7일 담화 문구를 협의하기 위해 자민당과 공명당 간부 간의 회담이 개최되었다. 공명당에서는 야마구치 나쓰오(山口那津男) 대표, 이노우에 요시히사(井上義久) 간사장이 참석했다. 아베는 담화의 원안과 21세기 구상 간담회의 최종 보고서를 제시하면서 내용을 설명했다. 담화의 원안에는 무라야마 담화를 전체적으로 계승한다는 입장이 강조되었으나 '사죄'에 해당하는 표현은 없었다. 또한 지난 대전에 대한 반성은 들어 있으나 '식민지 지배'와 '침략'에 대해서는 명확한 언급이 없었다. 이에 대해 공명당은 '사죄'를 명기하도록 촉구했다. 그리고 '식민지 지배'와 '침략'에 대해서도 명확히 규정할 것을 요구했다.[33] 이처럼 공명당과의 협의는 아베가 담화를 구성하는 데 커다란 제약 조건이 되었다.

8월 14일 아베는 전후 70년 담화를 발표했다. 담화에서 아베는 "사변,

---

31 『朝日新聞』, 2015. 4. 3.
32 『朝日新聞』, 2015. 7. 8.
33 『朝日新聞』, 2015. 8. 9.

침략, 전쟁. 어떠한 무력의 위협과 행사도 국제분쟁을 해결하는 수단으로 두 번 다시 사용해서는 안 됩니다. 식민지 지배로부터 영원히 결별하고, 모든 민족 자결의 권리가 존중되는 세계로 만들어야 합니다"라고 말했다. 이어서 "일본은 지난 대전에서의 행동에 대해 거듭 통절한 반성과 진심어린 사죄의 마음을 표명"했다고 강조하고 "이러한 역대 내각의 입장은 앞으로도 흔들림이 없을 것"이라며 역대 내각의 담화를 계승하겠다고 말했다. 이처럼 담화에는 무라야마 담화의 키워드 '식민지 지배', '침략', '반성', '사죄'가 모두 들어갔다.

아베가 그동안 거부해왔던 '침략' 표현을 넣은 대목은 주목할 필요가 있다. 여기에는 21세기 구상 간담회의 제안이 영향을 미쳤다. 담화 발표 이후 아베는 기자회견에서 다음과 같이 말했다.[34]

> 침략이라는 말에 대해서 말이죠, 이번 담화는 21세기 구상 위원회의 유식자 분들이 공유한 인식, 그 보고서를 바탕으로 작성한 것입니다. 그 보고서에 있듯이 그중에는 침략이라고 평가되는 행위도 있었다고 생각합니다. 그렇기 때문에 담화에는 사변, 침략, 전쟁이라는 말을 언급하면서 어떠한 무력 위협과 행사도 국제분쟁을 해결하는 수단으로서 두 번 다시 사용해서는 안 된다는 것을 지난 대전에의 깊은 회오의 마음과 함께 맹세했다고 표현했습니다.

다음은 '사죄'에 대해 살펴보자. 아베는 같은 기자회견에서 다음과 같이 말했다.[35]

---

[34] 「安倍内閣総理大臣記者会見」, 2015. 8. 14. www.kantei.go.jp/jp/97_abe/statement/2015/0814kaiken.html(검색일: 2019년 5월 31일).

지난 대전에서의 행동에 대한 사죄의 마음은 전후 내각이 일관되게 가져왔다고 생각합니다. 그러한 마음이 전후 50년에는 무라야마 담화라는 형태로 표명되었고, 나아가 60년을 계기로 나온 고이즈미 담화에도 그러한 사죄의 마음이 계승되었다고 생각합니다. 이렇게 역대 내각이 표명한 마음을 저의 내각에서도 흔들림 없이 이어나갈 것입니다.

전후 70년 담화를 보면 아베가 주체가 되어 '사죄'를 표명하는 것이 아니라 역대 내각이 표명해왔던 것을 간접적으로 언급하는 데 그치고 있다. 하지만 위의 발언에서 알 수 있듯이 아베는 자신이 총리직을 맡고 있는 내각의 입장에서 '사죄'를 표하고, 역대 내각의 담화를 계승한다는 뜻을 밝혔다. 전술했듯이 공명당과 협의하기 전까지 담화의 원안에는 '사죄'에 해당하는 부분이 없었다. 아베는 공명당의 입장을 고려하여 '사죄'를 수용하고, 역대 내각의 담화를 계승하겠다는 입장을 밝힌 것이다.

4. 국제질서, 관용 그리고 무라야마 담화에 대한 덮어쓰기

1) 일본의 역사 문제와 국제질서

2015년 7월 9일 미국 국제전략문제연구소(CSIS: Center for Strategic and

---

35 「安倍内閣総理大臣記者会見」, 2015. 8. 14, www.kantei.go.jp/jp/97_abe/statement/2015/0814kaiken.html (검색일: 2019년 5월 31일).

International Studies)가 개최한 심포지엄에서 아베는 20세기 역사를 되돌아보며 전후 일본의 발자취에 대해 회고하는 연설을 했다. 연설에서 아베는 20세기의 역사로부터 인류는 무력을 배경으로 타국을 협박하지 않을 것, 타국에게 무력을 행사하지 않을 것, 타국의 동의 없이 영토를 변경하지 않을 것, 타민족을 지배하고 종속시키지 않을 것, 천부인권을 존중하고 성별 및 인종 등에 의해 사람을 차별하지 않을 것 등을 교훈으로 도출했다고 말했다. 그리고 일본은 지난 전쟁에 대한 통절한 반성을 바탕으로 평화 국가의 길을 걸어왔다고 주장했다.[36] 아베의 연설은 역사를 회고하면서 전후 일본이 전전과는 다른 새로운 국가로 재탄생했음을 강조하는 것이었다.

이러한 아베의 인식은 전후 70년 담화의 준비 과정에서 국제질서 개념과 접목된다. 4월 22일 21세기 구상 간담회 제4회 회의에서 호소야 유이치(細谷雄一) 교수는 역사인식 문제를 국제질서의 관점에서 고찰해야 한다고 주장했다. 역사를 인식하는 데 양자 관계는 물론 일본이 국제사회와 국제질서에 대해 무엇을 했는지 동시에 고찰해야 한다. 제1차 세계대전 이후 전쟁의 참화를 다시는 겪지 않기 위해 민족자결과 탈식민주의, 부전(不戰), 전쟁의 위법화 등 국제사회에서는 평화 정착의 움직임이 결실을 맺고 있었다. 이러한 관점에서 볼 때 만주사변은 일본이 중국을 침략했다는 것에서 그치는 것이 아니라 국제사회가 평화를 구축하기 위해 쏟아왔던 노력을 파괴했다는 의미를 지닌다. 당시 영국, 프랑스와 같은 유럽 강대국들이 일본에 대해 분개한 것은 일본이 평화의 질서를 파괴하고

---

36 「CSIS主催シンポジウム「20世紀のグローバル・ヒストリーの省察－21世紀の新しいビジョンに向かって」における安倍内閣総理大臣挨拶」, 2015. 7. 9, www.kantei.go.jp/jp/97_abe/statement/2015/0709csis.html (검색일: 2019년 5월 31일).

국제사회의 규칙을 지키지 않은 국가였기 때문이라는 것이 호소야의 주장이었다.[37]

이러한 논의를 거쳐 전후 70년 담화는 다음과 같은 역사관을 제시한다. 제1차 세계대전 이후 탈식민지화, 국제연맹의 창설, 부전조약 등 새로운 국제사회의 조류가 탄생했다. 당초에는 일본도 보조를 함께했지만 세계공황이 일어나고 경제 블록화가 추진되자 고립감을 느낀 나머지 이를 힘의 행사로 해결하려고 했다. 이렇게 일본은 세계의 대세를 보지 못하게 되었고 만주사변을 일으키고 국제연맹을 탈퇴하는 등 일본은 국제사회가 엄청난 희생 위에 구축하려 했던 새로운 국제질서에 대한 도전자가 되었다. 이후 일본은 지난 대전에 대한 깊은 회오의 마음과 더불어 자유롭고 민주적인 나라를 만들고 법의 지배를 존중하며 부전의 맹세를 견지해왔다는 것이었다.

일본은 국제질서의 도전자가 되었다는 반성 속에 새로운 국가 건설에 나섰다. 이것이 아베가 전후 70년 담화에서 가장 중점을 둔 부분이었다. 아베는 담화 발표 이후의 기자회견에서 다음과 같이 말했다.[38]

> 이전에 일본은 세계의 대세를 보지 못하게 되어 외교적·경제적 경색을 힘의 행사에 의해 타개하고 또는 그 세력을 확대하려고 했습니다. 이러한 사실을 솔직하게 반성하고 앞으로 법의 지배를 존중하고 부전의 맹세를 견지하겠다는 것이 이번 담화의 가장 중요한 메시지라고 생각합니다.

---

37 21世紀構想懇談会, 2015, 124-130쪽.
38 「安倍内閣総理大臣記者会見」, 2015. 8. 14, www.kantei.go.jp/jp/97_abe/statement/2015/0814kaiken.html(검색일: 2019년 5월 31일).

전후 70년 담화의 역사관을 무라야마 담화와 비교해보자. 무라야마 담화는 식민지 지배와 침략에 대한 반성과 사죄를 표했는데, 이는 일본의 근현대사에 있었던 모든 식민지 지배와 침략을 대상으로 했다. 이에 반해 전후 70년 담화는 일본이 만주사변부터 국가 정책을 그르쳤다고 주장했다. 아베는 무라야마 담화를 계승하겠다고 말했지만 1930년대 이전의 역사적 사건에 대한 사죄와 반성은 제외한 것이다.

이와 같은 논리 구조는 국제질서 개념에서 기인하는 것이었다. 간담회의 논의를 되돌아보면 제2회 간담회의 논쟁은 1930년대 이후 전전 일본의 대외정책을 침략으로 해석할지 여부, 즉 어디까지나 특정 시기의 역사적 사건에 한정되었다. 이러한 가운데 제4회 간담회를 통해 제1차 세계대전 이후 부전, 전쟁의 위법화 흐름이 등장했는데 일본이 이에 동조하지 않고 독단적인 행동을 취했다는 것으로 간담회의 역사관이 정리되고 담화에 반영되었다. 이는 담화의 준비 과정에서 1930년대 이전 일본의 대외정책을 논의하는 과정이 결여되는 결과를 가져왔다. 즉 국제질서의 관점에서 전전의 일본을 논하면서 1931년부터 일본이 잘못된 방향으로 나아갔다는 역사관이 간담회 내부에서 정착되고 논의가 그 범위를 벗어나지 못하게 된 것이다.

전후 70년 담화에서 아베는 식민지 지배와 침략의 과거에 대해 사죄와 반성을 표명하고 역대 내각의 입장을 계승하겠다고 말했다. 그러나 국제질서의 개념으로 역사를 논함으로써 무라야마 담화에서 논하는 것과는 다른 역사서술을 제시하고 그 결과 담화 계승의 실질적 의미를 훼손하게 된 것이다.

2) 관용에 의한 화해와 전후 일본의 책임

전후 70년 담화는 전후 일본과 국제사회와의 화해를 강조한다. 담화에 따르면 관용의 마음 덕분에 일본은 전후 국제사회에 복귀할 수 있었다고 한다. 담화에 관용이라는 개념이 담기게 된 경위를 살펴보자. 간담회의 제 4차 회의에서 구보 후미아키(久保文明) 교수는 역사 화해를 달성하기 위해서는 당사국 쌍방, 즉 가해국과 피해국의 인내와 타협이 필요하다고 말했다. 이어서 독일과 프랑스, 독일과 유태인 문제의 경우 프랑스와 이스라엘이 관대함을 보이고 화해에 적극적이었다고 평했다. 그리고 미국은 패전국 일본에게 관대함을 보였으며 오늘날의 미·일 관계는 상호 신뢰, 공통의 가치관 등으로 결속된 관계라고 평했다.[39]

그렇다면 전후 70년 담화는 국제사회와 화해를 이뤄낸 전후 일본이 과거에 대해 짊어져야 할 책임으로 어떠한 내용을 제시하는가? 여기서 담화는 전후 일본의 사죄에 종지부를 찍겠다고 선언한다. 일본에서는 전후 태어난 세대가 인구의 80퍼센트를 넘어섰는데 전쟁과는 아무런 상관없는 세대들에게 계속 사죄의 숙명을 짊어지게 해서는 안 된다는 것이었다. 앞서 아베는 역대 내각의 입장을 계승한다는 맥락에서 '사죄'를 표했다. 아베의 주장은 자신의 사죄를 마지막으로 더 이상 과거의 잘못에 대한 사죄를 표하지 않겠다는 것이었다.

아베가 사죄 외교의 종지부를 찍고자 한 것은 전쟁 중의 일본인과 지금의 일본인이 같은 책임을 부담할 수 없다고 생각했기 때문이었다. 기타오카가 주장하듯이 일본을 전쟁으로 몰고 갔던 정치인들은 도쿄재판에서 처벌되었고 지난 전쟁과 상관없는 전후 세대들이 전쟁의 직접적인 책임

---

39   21世紀構想懇談会, 2015, 110-122쪽.

을 짊어질 수는 없다는 생각이다.[40] 정리하자면 담화의 주장은 전쟁과 상관이 없는 전후 세대의 일본인들에게는 사죄가 아니라 다른 방식의 책임이 요구된다는 것이었다.

그렇다면 다른 방식의 책임이란 무엇인가? 전후 70년 담화는 다음 두 가지를 제시한다.

첫째, 국제사회가 일본에게 보여준 관용의 마음을 기억하고 감사하는 것이다. 담화는 현대 일본을 이루는 세대와 다음 세대가 미래를 이어나갈 수 있는 것은 "선인들의 부단한 노력과 더불어 치열하게 적으로 싸웠던 미국, 호주, 유럽 국가들을 비롯해 참으로 많은 나라들이 은원을 초월해 선의의 지원을 뻗어준 덕분"이라고 말한다. 이에 대해 아베는 기자회견에서 다음과 같이 말했다.[41]

전후로부터 70년이 지났습니다. 지난 전쟁에는 아무런 연관이 없는 우리들의 자식들과 손자들, 그 후의 세대, 미래의 아이들이 사죄를 계속해야 하는 상황, 그러한 숙명을 짊어지게 해서는 안 된다. 이것이 현재를 살아가는 우리들 세대의 책임이라고 생각했습니다. 그러한 마음을 담화 속에 넣은 것입니다.

그러나 그대로 다시 우리 일본인들은 세대를 넘어 과거의 역사를 정면으로 마주해야 한다고 생각합니다. 우선 무엇보다 지난 대전 이후 적이었던 일본에 선의와 지원의 손을 뻗어주고 국제사회로 이끌어준 국가들, 그 관용의 마음에 대해 감사해야 하며 그러한 감사의 마음은

---

40 『毎日新聞』, 2015. 6. 3.
41 「安倍内閣総理大臣記者会見」, 2015. 8. 14, www.kantei.go.jp/jp/97_abe/statement/2015/0814kaiken.html(검색일: 2019년 5월 31일).

세대를 넘어 잊어서는 안 된다고 생각하고 있습니다.

둘째, 국제질서의 공헌자로서 세계 평화와 번영에 힘을 쏟는 것이다. 담화의 마지막 부분에는 국제질서의 도전자가 되었던 과거를 가슴에 계속 새기면서 자유, 민주주의, 인권과 같은 기본적 가치를 공유하는 나라들과 적극적 평화주의의 기치하에 세계 평화와 번영에 공헌하겠다고 밝히고 있다. 21세기 구상 간담회의 위원인 가와시마 신(川島真) 교수는 담화가 '국제질서에 대한 도전자가 되었던 과거'를 언급한 이유에 대해 다음과 같이 설명한다.[42]

특히 아베 담화의 마지막 쪽에 '국제질서에 대한 도전자가 되어버린 과거' 즉 근대 일본은 국제질서에 동조, 또는 그중에 공헌하는 쪽이었는데 어느 시기에 도전자가 되어버린 것을 반성하고 전후에는 도전자가 되지 않고 공헌자가 되었다고 강조하고 있습니다. 이것은 굉장히 중요한 논점입니다. 이것은 당연하지만 작금의 국제정세에 일어나는 커다란 변화를 염두에 두고 일본은 기존의 국제적 질서를 중요시하고 있다고 주장하고 '일본은 절대 도전자가 되지 않겠다'고 역사적으로 설명하고 있는 것 같습니다. 이것은 동시에 도전자가 될지도 모르는 국가와 존재에 대해 비판을 하고 있는 것도 됩니다.

위의 설명에서 알 수 있듯이 전후 70년 담화에는 기본적 가치를 공유하는 미국 및 그 동맹국들과 기존의 국제질서를 유지하고 중국의 부상을

42　細谷雄一 외, 2017, 「東アジアの歴史認識と国際関係 – 安倍談話を振り返って」, 五百旗頭薫 외, 『戦後日本の歴史認識』, 東京大学出版会, 182쪽.

견제한다는 아베 정권의 발상이 반영되어 있다. 여기서 일본의 협력 대상이 될 수 있는 나라들은 자유, 민주주의, 인권이라는 가치를 공유하는 국가들이다.

이처럼 전후 70년 담화는 역대 내각의 담화를 계승한다고 표명했지만 과거에 대한 책임에 대해 무라야마 담화와는 전혀 다른 내용을 가지고 있다. 전후 70년 담화는 전후 세대의 책임으로서 국제사회의 관용에 감사할 것, 적극적 평화주의를 견지할 것을 제시하면서 무라야마 담화가 말하는 책임의식, 즉 과거에 대한 사죄와 미해결의 과거사 문제에 성실히 대응하겠다는 자세는 자취를 감추고 마는 것이다.

5. 전후 70년 담화와 한국

1) 무라야마 담화와 한국

지금까지 전후 70년 담화는 과거에 대한 반성과 사죄를 표명하고 무라야마 담화를 계승하겠다고 말하지만 이와 동시에 국제질서의 관점에서 역사를 논하고 관용에 의한 화해를 제시하면서 무라야마 담화 계승의 실질적인 의미가 왜곡, 소실되었다는 것을 밝혔다. 이번 장에서는 이러한 전후 70년 담화의 내재적 논리 속에 한국이 어떻게 다루어지는지 살펴보도록 하겠다.

먼저 무라야마 담화 속에 한국이 어떠한 위상을 차지하고 있는지부터 검토하겠다. 무라야마 담화는 중국에 대한 침략뿐만 아니라 한국을 식민지 지배한 것까지 포함하여 사죄와 반성을 표명했다. 1965년의 한일기본조약에는 일본의 반성과 사죄가 포함되지 않았는데, 무라야마 담화의 형태를 통해 일본 정부의 공식 입장으로서 식민지 지배에 대한 반성과 사죄가 명문화된 것이다.

물론 무라야마 담화는 식민지 지배의 불법성과 이에 대한 법적 책임을 인정하는 수준까지는 나아가지 않았다. 이러한 한계점이 있지만 무라야마 담화는 식민지 지배에 대한 일본 정부의 반성과 사죄의 토대가 되면서 이후 한일 협력관계의 전제조건으로 자리 잡는다.[43]

무라야마 담화가 제시한 식민지 지배에 대한 반성과 사죄는 1998년의 한·일 공동선언으로 계승되었다. 오부치 게이조(小渕恵三) 총리는 "금세기의 한·일 양국 관계를 되돌아보고 일본이 과거 한때 식민지 지배로 인하여 한국 국민에게 다대한 손해와 고통을 안겨주었다는 역사적 사실을 겸허히 받아들이면서, 이에 대하여 통절한 반성과 마음에서 우러나오는 사죄"를 표명했다.[44] 한일 공동선언은 한·일 간의 외교문서로는 처음으로 식민지 지배에 대한 일본의 사죄와 반성을 명시했다는 점에서 큰 의의를 갖는다.

나아가 한·일 공동선언은 양국의 협력을 공통의 가치관 속에 정립했다. 이 선언에서 한·일 정상은 "양국이 자유 민주주의, 시장경제라는 보편적 이념에 입각한 협력관계"를 발전시킨다는 의지를 표명하고 정치,

---

43 무라야마 담화는 식민 지배의 불법성과 배상 의사를 명확히 밝히지 않았다는 점에서 담화 발표 당시 한국 시민사회를 중심으로 회의적인 목소리도 적지 않았다. 최희식, 2017, 「고노 담화와 무라야마 담화는 한국사회에 수용된 것일까?」, 아시아연구기금, 『한일관계 50년의 성찰』, 오래, 123-136쪽. 이처럼 무라야마 담화는 의의와 한계를 동시에 지닌다고 할 수 있다. 다만 이 글의 취지는 전후 70년 담화와 무라야마 담화의 연관성을 고찰하고 그 맥락에서 한국의 위상을 살펴본다는 것이다. 따라서 무라야마 담화가 한·일 협력관계의 토대이자 전제조건의 역할을 수행했다는 점에 중점을 두고 서술한다는 점을 밝힌다.

44 「日韓共同宣言 - 21世紀に向けた新たな日韓パートナーシップ」, 1998. 10. 8, www.mofa.go.jp/mofaj/kaidan/yojin/arc_98/k_sengen.html(검색일: 2019년 5월 31일).

안전보장, 경제 및 인적 문화 교류 등 다양한 분야에서 협력관계를 수립하기로 합의했다.[45] 무라야마 담화에서 제시한 식민지 지배에 대한 반성과 사죄를 토대로 한·일 관계는 1998년의 공동선언을 통해 양국이 추구해야 할 공통의 목표와 이념을 공유하는 단계로 나아간 것이다.

이 같은 한·일 공동선언의 기조는 간 담화로 이어진다. 2010년 8월 10일 '한일병합 100주년'을 배경으로 간 나오토(菅直人) 총리는 "정치적·군사적 배경하에 당시 한국인들은 그 뜻에 반한 식민지 지배로 인하여 나라와 문화를 빼앗기고 민족의 자긍심에 큰 상처를 입었다"고 하며 이에 대한 반성과 사죄를 표명했다. 이어서 한·일 관계는 민주주의와 자유, 시장경제와 같은 가치를 공유하는 가장 중요하고 긴밀한 이웃국가라고 평하며 양국 관계의 중요성을 강조했다.[46] 이처럼 무라야마 담화 이후 한일 공동선언, 간 담화를 거치면서 일본 정부의 역사관과 한·일 협력에 대한 인식은 지속적으로 진전되고 있었다.

2) 전후 70년 담화의 한국 배제와 일본군'위안부' 합의

그러나 전후 70년 담화에 들어와 한국에 대한 일본 정부의 인식은 명백히 후퇴하는 모습을 보인다. 먼저 역사관부터 보겠다. 전술했듯이 전후 70년 담화는 만주사변을 계기로 일본이 침략을 저질렀다는 해석을 수용하여, 전전의 일본이 당시 국제사회가 평화를 위해 구축하려던 국제질서에 도

---

45 「日韓共同宣言 – 21世紀に向けた新たな日韓パートナーシップ」, 1998. 10. 8, www.mofa.go.jp/mofaj/kaidan/yojin/arc_98/k_sengen.html(검색일: 2019년 5월 31일).
46 「内閣総理大臣談話」, 2010. 8. 10, warp.ndl.go.jp/info:ndljp/pid/11236451/www.kantei.go.jp/jp/kan/statement/201008/10danwa.html(검색일: 2019년 5월 31일).

전했다는 역사관을 제시한다. 그렇다면 그 이전 시기 일본의 대외정책에 대해서는 어떠한 평가를 내리고 있는가? 담화에서는 다음과 같이 말했다.

> 100여 년 전의 세계에는 서구 국가들을 중심으로 한 나라들의 광대한 식민지가 펼쳐져 있었습니다. 압도적인 기술 우위를 배경으로 식민지 지배의 물결은 19세기 아시아에도 밀려왔습니다. 그 위기감이 일본 근대화의 원동력이 되었음은 틀림이 없습니다. 아시아 최초로 입헌정치를 내세우며 독립을 지켜냈습니다. 일러전쟁은 식민지 지배하에 있던 많은 아시아와 아프리카인들에게 용기를 주었습니다.

선행 연구에서 강조하듯이 전후 70년 담화는 일본의 식민지 지배가 어디까지나 세계의 대세에 대한 이차적 반응이었다는 해석을 제시하고 있다.[47] 이와 같은 논리 구조는 국제질서 개념으로 역사를 논하면서 성립된 것이다. 전후 70년 담화의 '식민지 지배'에 대해 살펴보자. 분명 전후 70년 담화에는 무라야마 담화에 기원을 두는 '식민지 지배' 표현이 들어가 있다. 그러나 전후 70년 담화에서 의미하는 '식민지 지배'란 한국에 대한 것이 아니었다. 이는 제1차 세계대전 이후 민족자결의 논리가 등장했는데 일본이 중국을 군사적으로 침략하여 영토 확장을 시도한 것을 칭한다. 기타오카가 주장하듯이 "제1차 세계대전 이후에는 민족자결이 원칙인데 타국이 받아들일 수 없는 것을 했다"는 것이다.[48] 이처럼 국제질서로 전전 일본의 역사를 논함으로써 무라야마 담화의 '식민지 지배' 표현 계승의 의미도 왜곡되어버리는 것이다.

---

47 미야지마 히로시, 2015, 11쪽.
48 『每日新聞』, 2015. 6. 3.

역사관 이후 전후 70년 담화는 전후 일본과 국제사회와의 화해를 강조한다. 그러나 한국에 대해서는 그 어떤 언급도 하지 않는다. 아직 한·일 관계는 과거사 문제로 화해를 달성하지 못한 것이 사실이다. 하지만 여기서 주목해야 할 것은 전후 70년 담화는 한국이 관용을 정신을 보이지 않고 있기 때문에 화해를 하지 못하고 있다는 논리를 내재하고 있다는 점이다.

21세기 구상 간담회 제6회 회의에서 발표를 담당한 야마우치 마사유키(山內昌之) 교수의 주장을 검토해보자. 그는 "일본과 한국이 가해자와 피해자라는 역사적 입장은 천 년의 역사가 흘러도 변하지 않는다"는 박근혜 대통령의 발언을 들어 역사 문제에 대한 한국의 자세를 비판했다. 천 년이 지나도 피해자와 가해자라는 양자의 관계가 변하지 않는다고 하면 정치외교의 장에서 타협과 양보는 본질적으로 어렵다는 것이었다.[49] 이러한 주장을 바탕으로 야마우치는 한국이 피해자의 입장을 고수하고 사죄를 지속적으로 요구할 것이라면서, 한국이 일본을 용서할 준비가 되어 있지 않다고 논했다.[50] 관용에 의한 화해를 주장함으로써 과거사에 대한 사죄를 요구하는 한국에게 화해를 이루지 못한 책임을 돌리는 것이다.

더 나아가 전후 70년 담화는 협력의 대상에서도 한국을 배제하고 있다. 담화에서 아베는 국제질서의 도전자가 되었던 과거를 가슴에 계속 새기면서 기본적 가치를 공유하는 국가들과 적극적 평화주의를 추진하겠다고 말했는데, 그는 한국이 기본적 가치를 공유하지 않는다고 생각하기 때문이다. 2015년 2월 12일 아베는 소신 표명 연설에서 한국을 '가장

---

49 박근혜 대통령의 발언은 2013년의 3·1절 기념식 기념사에서 아베 일본 정부의 역사 인식을 비판하면서 나온 것이다.
50 21世紀構想懇談会, 2015, 227-228쪽.

중요한 이웃 국가'라고 칭했다. 2014년까지 아베는 '한국은 기본적 가치와 이익을 공유하는 가장 중요한 이웃국가'라고 평했는데 앞부분을 삭제한 것이다.[51]

이러한 인식의 근저에는 한국의 대외정책에 대한 불신감이 자리 잡고 있다. 박근혜 정부 출범 이후 한·일 관계가 줄곧 경색 국면이었던 반면 한·중 관계는 협력을 강화하면서 아베 정권 내에서는 한국이 중국에 접근하여 한·미·일 안보관계에서 이탈하려 한다는 생각이 주류가 되었다.[52] 즉, 아베 정권은 자신들이 구상하는 대중 견제 연합에서 한국을 배제하고 있고, 이러한 인식이 담화에 반영되었다고 할 수 있다.

되돌아보면 무라야마 담화에서 제시한 식민지 지배에 대한 반성과 사죄를 토대로 한·일 관계는 1998년의 공동선언과 2010년의 간 담화를 통해 양국이 추구해야 할 공통의 협력 목표와 이념을 공유하는 단계로 발전했다. 그런데 이러한 흐름이 전후 70년 담화에 들어와서 단절된 것이다. 무라야마 담화가 말하는 책임의식, 즉 과거에 대한 사죄와 미해결의 과거사 문제에 성실히 대응하겠다는 자세는 분명 식민지 지배의 역사를 갖는 한국과의 협력을 염두에 둔 것이었다. 그러나 전후 70년 담화에서는 전후 세대들의 책임으로서 중국을 견제한다는 적극적 평화주의를 제시하면서 중국과의 협력을 강화하고 있는 한국을 협력 대상에서 배제하는 것이다.

마지막으로 전후 70년 담화와 한·일 '위안부' 합의와의 연관성을 고찰하겠다. 전후 70년 담화는 20세기 전시하에 수많은 여성들의 존엄과 명예가 크게 손상된 과거를 가슴에 계속 새기면서 앞으로 일본은 여성

---

51 「第189回国会本会議第5号」, 2015. 2. 12, kokkai.ndl.go.jp/SENTAKU/syugiin/189/0001/18902120001005a.html(검색일: 2019년 5월 31일).

52 読売新聞 政治部, 2015, 227-233쪽.

의 인권이 손상되는 일이 없는 시대를 주도하겠다고 표명하고 있다. 일본군'위안부' 문제를 전시 여성의 인권 문제로 규정하고 일본 정부의 책임을 촉구했던 한국에게 보내는 메시지로 해석될 수 있는 부분이다.

2015년 12월 28일 한·일 정부는 일본군'위안부' 문제의 협상이 타결되었다고 발표했다. 기시다 후미오(岸田文雄) 외무대신은 일본군'위안부' 문제에 대해 일본 정부가 책임을 통감한다고 말하고, 아베 총리를 대신하여 사죄와 반성의 마음을 표명했다. 이어서 한국 정부가 재단을 설립하고 이에 일본 정부의 예산으로 자금을 일괄 거출하여 일본군'위안부' 피해자들의 명예와 존엄의 회복 및 마음의 상처 치유를 위한 사업을 행하겠다고 밝혔다. 그리고 이러한 조치를 착실히 실시한다는 것을 전제로, 이 문제가 최종적 및 불가역적으로 해결될 것임을 확인한다고 말했다.[53]

한·일 '위안부' 합의는 전후 70년 담화가 발표되고 나서 4개월 이후의 일이었다. 아베에게 한·일 '위안부' 합의는 전후 70년 담화가 제시하는 논리의 연장선상에 있었다. 아베는 합의의 의의에 대해 기자단에게 다음과 같이 말했다.[54]

> 8월의 총리 담화에서 말했듯이 역대 내각은 반성과 사죄의 마음을 표명해왔다. 그러한 생각은 앞으로도 흔들림 없을 것이다. 그리고 우리들의 자식과 손자, 그 이후 세대들의 자손들에게 사죄의 숙명을 짊어지게 해서는 안 된다. 이번에 그러한 결의를 실행에 옮기는 합의였다. 이 문제를 다음 세대들에게까지 절대 끌고 갈 수 없다. 70년이라는 시

---

53 「한·일 외교장관회담 공동기자회견 발표 내용」, 2015. 12. 28, www.mofa.go.kr/www/brd/m_20140/view.do?seq=302418(검색일: 2019년 5월 31일).

54 『每日新聞』, 2015. 12. 28.

점에서 최종적, 불가역적으로 해결할 수 있었다. 지금을 살아가는 세대들의 책임을 완수할 수 있었다고 생각하고 있다.

아베의 발언에서 전후 70년 담화의 사죄 논리가 연상된다. 아베는 합의를 마지막으로 앞으로 일본군'위안부' 문제에 대해 사죄하고 책임지는 모든 행위에서 벗어나고자 한 것이다. 그렇기 때문에 아베는 일본군'위안부' 피해자에게 사죄 편지를 보낼 의사가 있느냐는 질문에 대해 "털끝만큼도 생각하지 않고 있다"고 답한 것이었다.[55]

6. 결론

이 글은 전후 70년 담화가 무라야마 담화에 대한 '덮어쓰기'를 시도한다는 시각을 제시하여 전후 70년 담화의 내재적 논리를 고찰했다. 전후 70년 담화에서 아베는 21세기 구상 위원회의 제안과, 공명당의 입장을 고려하여 식민지 지배 및 침략의 과거에 대해 사죄와 반성을 표명하고 역대 내각의 입장을 계승하겠다고 밝혔다. 그러나 이와 동시에 전전의 일본이 제1차 세계대전 이후 성립된 부전, 전쟁의 위법화 흐름을 거부하면서 국제질서의 도전자가 되었다는 역사관을 제시한다.

이렇게 국제질서의 관점에서 전전의 일본을 논하면서 1930년대 이전의 역사적 사건들은 반성과 사죄의 대상에서 제외되었다. 그리고 앞으로 국제사회가 보여준 관용에 감사하며, 자유주의 국제질서의 공헌자로서 기본적 가치를 공유하는 국가들과 적극적 평화주의를 관철해야 한다고

---

55 『연합뉴스』, 2016. 10. 3.

역설하면서 일본의 전후 세대가 짊어질 책임에서 사죄를 배제한다.

이처럼 전후 70년 담화는 역대 내각의 담화를 계승한다고 말하지만 이와 동시에 국제질서의 관점에서 역사를 논하고 관용에 의한 화해를 강조하고 있다. 이러한 구성을 통해 과거 서술과 일본 전후 세대들의 책임에 대해 무라야마 담화와는 다른 내용을 제시함으로써 담화 계승의 실질적인 의미를 왜곡, 소실시키는 것이다. 전후 70년 담화에서 한국이 배제된 것은 한국에 대한 무관심이 아니라 이 같은 무라야마 담화에 대한 덮어쓰기가 가져온 논리적 귀결이었다.

이 글의 분석이 한·일 관계에 시사하는 점은 무라야마 담화에 대한 덮어쓰기가 한·일 공동선언과 간 담화의 논리까지 훼손하는 결과를 가져온다는 것이다. 이는 곧 전후 70년 담화를 계기로 한·일 양국이 추구할 공통의 역사인식과 가치관을 규정하던 토대 자체가 허물어지는 상황이 되었다는 것을 의미한다. 과거에 대한 책임에서 벗어나 보통 국가가 되려는 아베 정권의 일본을 상대로 어떻게 과거사 문제를 해결할 것인가? 일본군'위안부' 문제, 강제징용 등 개별 과거사 문제에 대한 일본의 반성과 사죄를 촉구하는 것도 필요하지만, 한·일 간에 공통의 역사인식을 도출하고 협력을 논할 수 있는 준거 틀을 다시 정립해야 하는 시점이라 할 수 있다. 여기서 무라야마 담화, 한·일 공동선언, 간 담화는 한·일 양국이 계승해야 할 공동의 자산이자 지침이 될 것이다. 그리고 이를 더욱 발전시키는 방향으로 화해와 협력을 위한 노력을 거듭해야 할 것이다.

참고문헌

김동회 외, 2003, 『전기용어사전』, 일진사.
최희식, 2017, 「고노 담화와 무라야마 담화는 한국사회에 수용된 것일까?」, 아시아연구기금, 『한일관계 50년의 성찰』, 오래.
하종문, 2013, 「무라야마 담화의 의미와 아베정권」, 도시환 외, 『일본 아베 정권의 역사인식과 한일관계』, 동북아역사재단.
남상구, 2013, 「아베 정권의 역사인식과 한일관계」, 『한일관계사연구』 제46집.
미야지마 히로시, 2015, 「아베 담화에 나타난 일본의 역사인식과 그 비판」, 『역사비평』 제113호.
이종국, 2016, 「일본정부의 역사인식의 '합의'형성과 한계: 중요 '담화'를 소재로」, 『한일군사문화연구』 제21권.
이지원, 2014, 「일본의 '우경화': '수정주의적 역사인식'과 아베식 '전후체제 탈각'의 한계」, 『경제와 사회』 제101호.
최순육, 2016, 「아베 담화의 문학적 수사(rhetoric) 읽기」, 『일본문화연구』 제58집.
「내각총리대신 담화」, 2015. 8. 14.
「한·일 외교장관회담 공동기자회견 발표 내용」, 2015. 12. 28, www.mofa.go.kr/www/brd/m_20140/view.do?seq=302418(검색일: 2019년 5월 31일).
『연합뉴스』.

読売新聞政治部, 2015, 『安倍官邸vs習近平-激化する日中外交戦争』, 新潮社.
21世紀構想懇談会, 2015, 『戦後70年談話の論点』, 日本経済新聞出版社.
村山富市 외, 2015, 『検証安倍談話-戦後70年村山談話の歴史的意義』, 赤石書店.
細谷雄一 외, 2017, 「東アジアの歴史認識と国際関係-安倍談話を振り返って」, 五百旗頭薫 외, 『戦後日本の歴史認識』, 東京大学出版会.

ジェニファー・リンド, 2015, 「「村山コンセンサス」の形成と課題」, 日本再建イニシアティブ, 『「戦後保守」は終わったのか―自民党政治の危機』, 角川新書.

安倍晋三・山谷えり子, 2009, 「保守はこの試練に耐えられるか」, 『正論』2号.

中西輝政・伊藤隆, 2015, 「「安部談話懇談会」の驚愕の内幕と歴史問題のこれから」, 『正論』11月号.

和田春樹, 2013, 「安倍首相にとっての歴史認識問題」, 『世界』第847号.

「内閣総理大臣談話」, 2010. 8. 10, warp.ndl.go.jp/info:ndljp/pid/11236451/www.kantei.go.jp/jp/kan/statement/201008/10danwa.html(검색일: 2019년 5월 31일).

ダニエル・スナイダー, 2015, 「安部談話: 「和解」へのきっかけとするために」.

「米国連邦議会上下両院合同会議における安倍内閣総理大臣演説」, 2015. 4. 29, www.kantei.go.jp/jp/97_abe/statement/2015/0429enzetsu.html(검색일: 2019. 5. 31).

「小泉内閣総理大臣談話」, 2005. 8. 15, warp.ndl.go.jp/info:ndljp/pid/11236451/www.kantei.go.jp/jp/koizumispeech/2005/08/15danwa.html(검색일: 2019년 5월 31일).

「CSIS主催シンポジウム「20世紀のグローバル・ヒストリーの省察―21世紀の新しいビジョンに向かって」における安倍内閣総理大臣挨拶」, 2015. 7. 9, www.kantei.go.jp/jp/97_abe/statement/2015/0709csis.html(검색일: 2019년 5월 31일).

「安倍内閣総理大臣年頭記者会見」, 2015. 1. 15, www.kantei.go.jp/jp/97_abe/statement/2015/0105kaiken.html(검색일: 2019년 5월 31일).

「安倍内閣総理大臣記者会見」, 2015. 8. 14, www.kantei.go.jp/jp/97_abe/statement/2015/0814kaiken.html(검색일: 2019년 5월 31일).

「安部談話: 「和解」へのきっかけとするために」, www.nippon.com/ja/in-depth/g00307/(검색일: 2019년 5월 31일).

「Unity in diversity〜共に平和と繁栄を築く」, 2015. 4. 22, www.mofa.go.jp/mofaj/a_o/rp/page3_001191.html(검색일: 2019년 5월 31일).

「20世紀を振り返り21世紀の世界秩序と日本の役割を構想するための有識者懇談会(21世紀構想懇談会)」, 2015. 8. 6, www.kantei.go.jp/jp/singi/21c_koso/(검색일: 2019년 5월 31일).

「日韓共同宣言―21世紀に向けた新たな日韓パートナーシップ」, 1998. 10. 8, www.mofa.go.jp/mofaj/kaidan/yojin/arc_98/k_sengen.html(검색일: 2019년 5월 31일).

「戦後50周年の終戦記念日にあたって」(いわゆる村山談話), 1995. 8. 15, www.mofa.go.jp/

mofaj/press/danwa/07/dmu_0815.html(검색일: 2019년 5월 31일).

「第165回国会予算委員会第2号」, 2006. 10. 5, kokkai.ndl.go.jp/SENTAKU/syugiin/165/0018/16510050018002a.html(검색일: 2019년 5월 31일).

「第189回国会本会議第5号」, 2015. 2. 12, kokkai.ndl.go.jp/SENTAKU/syugin/189/0001/18902120001005a.html(검색일: 2019년 5월 31일).

주대한민국일본대사관, 「내각총리대신 담화」, 2015. 8. 14, www.kr.emb-japan.go.jp/what/news_20150814.html(검색일: 2019년 5월 31일).

『朝日新聞』; 『産経新聞』; 『日本経済新聞』; 『毎日新聞』; 『読売新聞』.

역사화해의 조건이란 무엇인가
한·일 공동선언과 북·일 평양선언

마츠우라 마사노부(松浦正伸) 후쿠야마시립대학 전임강사

1. 서론
2. 김대중과 한·일 공동선언
3. 고이즈미 준이치로와 북·일 평양선언
4. 결론

1. 서론

1) 문제 제기

최근 제2차 세계대전 이전의 일본의 전쟁과 식민지 지배를 둘러싼 '역사인식 문제'가 다시금 화제로 떠오르고 있다. 역사인식 문제는 2차 세계대전 이후 40년이 지난 1980년대에 표면화했으며, 1990년대부터 2000년대에 정점에 달한다. 역사인식 문제는 일본의 전쟁책임, 가해책임, 사죄, 배상·보상 등의 정치성이 농후한 쟁점과 복잡하게 얽히면서 전개되어 왔는데, 동아시아의 상호 이해와 협력을 저해하는 주된 요인으로 작용하며 오늘날에 이르고 있다. 특히 냉전 구조가 남아 있는 남북 분단 체제하의 '2개의 코리아(한국과 북한)'와 제2차 세계대전 이전 구 종주국이던 일본의 '화해 프로세스'에는 정부, 시민의 쌍방 차원에서 수많은 난관들이 상정된다. 하지만 "비참한 과거는 새로운 편견과 적의의 근거로도 작용하여 복수의 연쇄로 이어진다"[1]라고 한다면, 21세기 동아시아에서 사는 우리들에게는 일국주의 사관을 초월한 초국가적(transnational) 시점에서 역사인식에 관한 문제와 마주하여야 할 책무가 있다.

이러한 국가와 화해를 둘러싼 복잡한 문제에 국제정치학적 사고를 원용하면서 한국·북한·일본의 1차 문헌을 토대로 실증주의적 접근법으로 고찰하는 것이 이 글의 기본 관점이다. 특히 일본과 '2개의 코리아' 간에

---

* 이 글은 다음 논문을 가필·수정·번역한 것이다. 松浦正伸, 2019, 「脱冷戦期日本と南北朝鮮の歴史和解推進要因に関する分析」, 『日本研究』 第31輯, 고려대학교 글로벌일본연구원, 265-302쪽.

1 小菅信子, 2011, 「東京裁判と和解」, 『過ぎ去らぬ過去との取り組み』, 岩波書店, 259쪽.

역사 화해를 향한 공통의 움직임이 표면화된 1998년부터 2002년에 걸친 공동선언에 주목하고자 한다. 즉, '21세기 새로운 한·일 파트너십 공동선언(한·일 공동선언)'과 '북·일 평양선언(평양선언)'이라는, 탈냉전기에 발표된 두 공동선언을 통해 동아시아에 나타난 정부 간 역사 화해를 위한 일련의 외교적 변화에 초점을 맞추려고 한다.

한·일 공동선언은 1995년의 '전후 50주년 종전기념일을 맞이하여(무라야마 담화)'의 입장을 계승하며, 한국 국민에게 일본의 식민지 지배에 관한 반성과 사죄를 최초로 공식 문서에 기록하여 현재에 이르기까지 한·일 양국의 다양한 협력관계를 강화하는 토대를 제공했다. 또한 평양선언도 1995년의 무라야마 담화를 이어받아 식민지 지배에 대한 '사죄'를 표명하여 북한이 이를 받아들인 결과, 미래의 북·일 국교정상화를 향한 길을 닦은 공동선언이다. 두 공동선언은 한반도와 일본 사이에 불행한 과거의 청산과 제반 현안의 해결을 확인했다는 측면에서 역사 화해의 중요한 전환점이었으나, 합의에 이르는 과정은 결코 간단하지 않았다.

그 까닭은 첫째, 한·일 공동선언 합의 후, 일본과 역사 화해 프로세스를 진행하는 것은 한국의 정치적 비용이 컸기 때문이었다. 실제로 한·일 공동선언 이후 실시된 여론조사를 보면, 한국 국민의 약 89%가 일본의 역사 청산 방법에 '부정적'이었으며, 한국의 국회는 여론을 등에 업고 한·일 공동선언의 파기를 정부에 요구했다.[2] 국내 정계와 시민사회의 거센 반발이 예상되는 가운데, 취임 8개월 후에 합의문을 채택한 김대중 정부는 '위안부' 문제를 대일 정부 간 교섭에서 재빨리 제외하는 등, 대일 융화정책을 폈다.

---

2 「朝鮮半島の雪解け評価 アジアの未来, 日韓中米4か国世論調査」, 『朝日新聞』, 2000. 12. 5.

둘째, 일본으로서는 한반도의 전후 식민지 지배를 둘러싼 역사 청산을 위한 인센티브가 미약했다. 특히 평양선언의 경우, 핵미사일 개발에 의한 도발이나 납치 문제가 부상하면서 일본의 대북 여론은 싸늘해졌고, 정치 리더에게는 역사 화해를 위한 추진의 필요성이 높지 않았다. 또한 9·11테러 사건 이후, 미국의 부시 정부(2001~2009)의 대량살상무기 확산방지 정책에 대해 협력 요청을 받은 일본의 입장에서는 위협 확산의 원인을 낳고 있는 북한과 국교정상화 교섭을 진전시킨다면 미·일 동맹의 신뢰 저하가 불가피한 상황이었다.

셋째, 북한의 기존 입장에서 보자면 일본과의 평양선언에 의한 역사 화해 방식은 결코 용인할 수 없는 것이었다. 북한은 1991년의 제1차 북·일 정부 간 교섭을 할 때부터 일관되게 '교전국' 간에 적용되는 배상·보상 조치를 요구했다. 이에 대하여 일본이 1965년의 한일기본조약과 마찬가지로 '경제협력 방식'을 주장하면서 양국의 교섭은 10년 이상 정체되었다.

위와 같이 역사인식 문제의 청산 프로세스를 보면 3국의 이해관계가 일치하지 않았을 뿐만 아니라, 시민사회와의 마찰과 대립이 생겨 정치적인 쟁점이 되었다고 할 수 있다. 그럼에도 불구하고 왜 탈냉전기에 일본과 '2개의 코리아' 사이에 정부 차원의 역사 화해를 향한 공통의 움직임이 갑자기 표면화된 것일까? 이 장에서는 김대중과 고이즈미 준이치로(小泉純一郎)의 정치적 리더십과 국제 정세의 변화에 주목하면서 '두 공동선언'과 그 전략적 요인을 분석했다.

2) 선행 연구와 연구 과제

일본과 한반도의 '2개의 코리아' 사이에 역사 화해를 둘러싼 문제가 주요 현안으로 부상한 1980년대 이후, 그 부차적인 효과로서 연구가 진척되었다. 식민지 청산을 둘러싼 문제에서는 무의식적으로 윤리적인 고결함이나 성실성이 요구되어 이해관계국들 사이에 '나이브(naive)'한 역사비판이 전개되기 쉽다.³ 그 결과 역사인식 문제에 관한 초기 연구에서는 가해국과 피해국으로 양분된 역사 논쟁이 펼쳐졌다. 이러한 과정을 거쳐 한·일 양국 정부 간 합의로 역사 공동연구가 진전되면서 엄밀한 역사 비판을 토대로 객관적 사실을 확정하는 실증주의적 역사학이 역사인식 문제 논쟁을 견인하게 된다.⁴

또한 역사 화해에 관한 연구는 사회학적 접근법으로도 심화되어 왔다. 특히 1987년에 민주화를 실현한 한국에서는 민주화에 의한 국내 정치 체제의 변용과 페미니즘운동을 배경으로, 사회학이나 문화연구(cultural studies) 등의 분야에서 역사인식 문제나 화해에 관한 연구가 진전되었다. 식민지 지배의 처리 문제는 본질적으로 전후 국제사회의 인권 회복과 국제정의를 둘러싼 인도적 문제라는 성격을 내포하고 있었기 때문에 역사인식 문제는 사회학 영역에서도 중요한 연구 주제가 될 수 있었다.

최근에는 역사인식 문제가 역사학이나 사회학뿐만 아니라 국제정치학이나 외교정책론 분야에서도 연구가 진행되고 있다.⁵ 프린스턴대학교의 얀 베르너 뮐러(Jan Werner Müller)가 지적한 바와 같이, 도의적·인도적 역사 화해라는 국가 간 행위는 권력 정치와 불가분의 관계에 있다.⁶ 그

---

3   이 점에 대해서는 細谷雄一, 2017, 「歷史認識問題を考える書籍紹介」, 五百旗頭薰他 編, 『戰後日本の歷史認識』, 東京大學出版會, 232-233쪽 참고.

4   日本外務省, 2010, 「日韓歷史共同硏究報告書」(第1期·第2期), 『日韓歷史共同硏究』.

5   細谷雄一, 2017.

6   Jan Werner Müller, 2002, "Introduction: the power of memory, the memory of power and the power over memory," *Memory and Power in Post-War Europe: Studies in the*

렇다면 역사 화해와 현실 정치에서는 어떠한 상호 작용을 도출해낼 수 있는가, 국제 관계에서는 어떤 단계에서 역사 화해를 위한 사죄가 성립하는가, 역사 화해의 필요조건이란 무엇인가를 규명하는 작업은 국제정치학에서 중요하며, 21세기 동아시아 국제 관계의 평화와 안정의 주춧돌을 제공하는 지적 행위이기도 하다.

이러한 문제의식 아래 역사의 화해 프로세스에 관한 국제정치학 연구는 미국에서 동아시아 국제관계 전문 연구자를 중심으로 진행되었다. 특히 근래에 들어서는 다트머스대학교의 제니퍼 린드(Jennifer Lind)가 국가에 의한 폭력과 화해의 기억을 사회과학적 방법으로 평가하는 시도를 하고 있다.[7] 또 독일과 일본의 안보정책과 정치문화론을 연구하는 보스턴대학교의 토마스 버거(Thomas U. Berger)는 구성주의(constructivism) 이론을 원용하여 교과서, 공적 기념물, 박물관에 나오는 역사인식을 조사하며 과거에 대한 국가의 참회(懺悔)에 대해 분석했다.[8] 교전국 간의 화해를 검증한 존스홉킨스대학교의 릴리 펠드만(Lily G. Feldman)은 정부와 사회가 공적·사적 기관을 통하여 역사에 대한 통일된 인식을 일치시켜나가는 프로세스에 착안하여 분석을 했다.[9]

이러한 기존 연구들은 역사 화해 프로세스나 배경을 국제정치학의 이론적 틀에서 제시한 뛰어난 연구이지만, 탈냉전기에 일본과 '2개의 코리아' 사이에 모색된 '역사 화해 프로세스'에 대해서는 명시적으로 설명하

Presence of the Past, pp. 1-35.

7 Jennifer Lind, 2008, *Sorry States: Apologies in International Politics*, Cornell University Press.

8 Thomas U. Berger, 2012, *War, Guilt, and World Politics after World War II*, Cambridge University Press.

9 Lily G. Feldman, 2012, *Germany's Foreign Policy of Reconciliation*, Rowman & Littlefield.

지 않았다. 역사화해 프로세스 연구가 아직 제대로 설명되지 못한 근본 원인은 동아시아에서 역사 화해를 위한 한일·북일 관계의 시도가 독일과 프랑스의 역사인식 문제에 관한 사례와는 달리 "전부 실패해왔다"는 전제하에 논의를 전개하고 있다는 점에 기인한다.

하지만 실제로는 '두 공동선언'에서 알 수 있듯이, 화해를 위해서 정부 차원에서 공동 작업으로 노력한 역사가 존재한 것도 사실이다. 화해의 부분적 진전이 집합적 국가 간의 화해를 촉진하는 요인이 된다는 점을 고려하여 이러한 역사 사례를 분석한다면, 역사인식 문제를 둘러싼 화해 프로세스를 규명하는 중요한 실마리를 얻을 수 있을 것이다.

2. 김대중과 한·일 공동선언

1) 대일협력 추진의 2가지 유인: 햇볕정책과 아시아 외환위기

김대중 대통령(재임 1998~2003)[10]은 정부 출범 초기에 한·일 공동선언을 채택하여 대일 관계를 크게 개선했는데, 거기에는 2가지 중요한 이유가

---

10 1924년 한국 전라남도 출생. 1961년에 국회의원에 처음으로 당선된 뒤, 1971년에 대선에서 현직 대통령인 박정희를 상대로 선전하는 등 민주화 세력의 리더로 두각을 나타냈다. 1973년 한국중앙정보부에 의해 일본 도쿄에서 납치되어(김대중 사건) 가택연금을 당했다. 박정희 대통령 암살 후 정치 활동을 재개하나, 1980년 5월에 전두환이 쿠데타를 일으키자 다시 체포되었다. 이를 계기로 발생한 '광주민주화운동'으로 내란음모죄로 투옥되어 사형판결을 받았으나 국제 여론의 영향으로 감형, 석방되어 미국으로 망명했다. 1985년에 귀국하여 정계에 복귀했고, 한 차례 은퇴를 표명했으나, 4번의 도전 후 1997년의 대선에서 한국 역사상 최초로 여·야낭의 정권 교체를 실현하면서 제15대 대통령에 취임했다.

있었다. 우선 김대중 정부의 햇볕정책[11] 추진을 위해 일본의 역할이 중요했기 때문이다. 그는 대통령 취임 연설에서 1991년에 채택된 '남북기본합의서'의 이행 중요성을 지적한 뒤, 정부가 지향하는 '대북 3대 원칙'을 제시했다. 그 골자는 ① 북한의 어떠한 무력도발도 결코 허용하지 않는다(대북 억지력의 유지·강화), ② 한국이 북한의 흡수통일을 시도하지 않는다(흡수통일 배제), ③ 남북한의 화해와 협력을 가능한 분야부터 적극적으로 추진한다(경제·관광·문화 교류)였다.[12]

①에 관해서 살펴보면, 김대중의 대북정책은 단순히 순진한 발상도 화합적 발상도 아니었다. 북한의 무력도발에 한미동맹이 엄중하게 대처하는 것이 햇볕정책의 전제조건이었다. 사실 김대중은 임기 중인 1999년 6월, 황해 연평도 부근에서 발생한 남북한 함정의 총격전 '제1차 연평해전'과 2002년 6월의 '제2차 연평해전' 당시, 징벌적 억지정책을 실행에 옮겼다.[13] 즉, 햇볕정책에서 안보의 현실적 측면은 대일 관계를 고려할 때도 중요했다. 왜냐하면 미·일 동맹은 한반도 유사시를 대비해 미군을 후방지원하는 기능을 가지고 있었고,[14] 이러한 일본의 대한 안보협력은 김대중에게 한·미의 대북 억지력을 뒤에서 지원하는 역할을 했기 때문이다.

만약 북한의 도발행위가 격화되어 유사(有事)로 발전한 때, 한국 국내의 항공기지나 항만이 공격을 받을 것으로 예상되었다. 또 북한의 한

11　햇볕정책은 1998년부터 2008년에 걸쳐 한국의 김대중·노무현 두 정부하에서 채택된 외교적 긴장 완화 정책이다. 이 글에서는 주로 김대중 정부의 햇볕정책을 다룬다.
12　金大中, 2000, 「金大中大統領就任演説」, 『金大中自伝』, 千早書房, 282쪽.
13　金大中, 2011, 『金大中自伝Ⅱ 歴史を信じて』, 岩波書店, 150-153쪽.
14　마츠우라 마사노부, 2019, 「한반도 유사시 일본인 비전투원후송작전관련 한일 안보협력 방안」, 『한일군사문화연구』 제27집, 한일군사문화학회, 199-234쪽.

국 침공을 막기 위해서는 일본의 항공기지나 항만을 이용하여 대규모 군대나 장비를 한반도에 신속하게 배치할 필요가 있었다. 이러한 상황에서 미·일은 약 20년 만에 한반도 유사를 염두에 둔 '97방침(미일방위협력지침, 1997 Guidelines for the US-Japan Defense Cooperation)'을 책정했고, 일본에서도 주변사태법을 제정하려는 움직임이 있었다. 자위대의 미군에 대한 물자 수송이나 보급 등의 후방 지원, 미군의 민간 공항·항만의 사용 허가 등 자위대의 후방지원 강화를 위한 움직임은 한반도 유사시에 한국의 군사 작전을 간접적으로 지원하기 위한 것이었다. '미·일 동맹의 재정의'를 통한 자위대의 역할 강화는 한국의 일각에서 비난을 받았으나, 한·일 안보협력은 본질적으로 김대중의 햇볕정책과 조화를 이루는 것이었다.[15]

마찬가지로 ③에 관해서도 일본의 역할이 기대되었다. 김대중은 정부 출범 초기, 임동원 외교안보수석비서관이 건의한 '포괄적 접근 전략'을 토대로 남북 간의 상호 위협을 단계적으로 제거하여 신뢰를 구축하는 전략을 채용한다고 밝혔다. 북한의 위협 인식을 낮춰 동아시아의 탈냉전 구조를 구축할 때 가장 중요한 것이 미·일 양국과 북한의 관계 개선이었다. 그리고 특히 북한의 경제 재건을 위해 일본의 역할에 큰 기대를 걸었다.[16]

둘째, 김대중에게 한·일 협력의 추진은 일본의 직접적 대한 지원을 이끌어내고 더 나아가 정부 출범 이전 해에 발생했던 '아시아 외환위기'에 대응하여 동아시아 지역주의를 추진하기 위해서도 중요했다. 1997년 7월, 태국의 바트화가 폭락하자 인도네시아·필리핀·말레이시아 등으로

---

15 일본은 단기적으로는 북한의 위협에 대처하면서 중장기적으로는 중국의 위협을 봉쇄하기 위해 미·일 동맹을 기축으로 한·미·일 3자 안보 협력을 강화할 필요가 있었다.
16 金大中, 2011, 112-113쪽.

위기가 확산되었다. 홍콩이나 싱가포르의 국제금융시장까지 마비되자 한국의 금융기관은 달러 차입이 어려워졌다. 외환위기 발생 당시 동아시아에는 이 문제에 효과적으로 대처할 만한 경제협력기구가 없었고, 한국의 외환보유고는 39억 4,000만 달러까지 급락하여 디폴트 직전의 위기 상황에 빠졌다. '한국전쟁 이래 최대 위기'[17]라고까지 불린 아시아 외환위기를 극복하기 위하여, 김대중은 국제통화기금(IMF: International Monetary Fund)의 긴축적 자금지원조건(conditionality)과 병행해서 금융 부문, 기업(재벌) 부문, 노동시장, 공공 부문의 4대 개혁을 추진했다.[18] 또 그에게 아시아 외환위기는 한 나라의 경제 파탄이 지역 전체로 연쇄적으로 확산되는 글로벌 경제의 실태와 동아시아 지역 경제기구의 필요성을 강하게 인식시키는 계기가 되었다.

위와 같은 통일·외교안보정책상의 필요성과 경제 위기에서 벗어나기 위하여 김대중은 정부 초기에 오부치 게이조 정부(1998~2000)와 한·일 공동선언의 채택을 목표로 관계 개선을 모색했다. 그리고 이를 위해서는 국내에서 쟁점으로 떠오른 역사인식 문제에 적절히 대응해야만 했다.

2) 김대중의 역사 화해 접근법

1965년의 한일기본조약에 따라 한·일 양국 정부는 양국 간의 청구권이 '완전하고 최종적으로' 해결되었음에 합의했으나 1991년 8월 이후, 한국에서 김학순의 공개증언과 전후 보상을 둘러싼 재판이 잇따르면

---

17 「指導力を見せた金大中政権の一年」, 『朝日新聞』, 1999. 2. 25 사설.
18 經濟產業省, 2014, 「アジア通貨危機後の韓國における構造改革」, 『通商白書』, 178-184쪽.

서 한국의 시민사회를 중심으로 '위안부' 문제가 정치적인 쟁점으로 떠올랐다. 1993년, 일본 정부는 '위안부' 문제와 관련하여 구 일본군의 관여를 인정하고 사죄하는 '고노 담화'를 발표한 후, 1995년 무라야마 정부(1994~1996)가 주도하여 민간 기부를 통한 '아시아여성기금'을 설립한다. 구체적으로는 총리의 '사죄 편지'과 함께 이 기금이 피해자 1인당 200만 엔의 '위로금(atonement money)'을 지급하고, 정부 출연의 의료·복지 지원을 제안했다. 하지만 이러한 일본 측의 대응에 한국의 운동단체를 중심으로 '법적 책임을 피하려는 일본 정부의 책임 회피 수단'이라는 비판이 제기되면서 '공식 사죄'와 '보상'을 요구하는 운동이 격화되었다.[19]

이러한 상황에서 1998년에 출범한 김대중 정부는 일본 정부가 주도하는 아시아여성기금의 '위로금'을 수령할 수 없는 전 '위안부'에 대한 지원을 실시하여, 사실상 아시아여성기금의 지원 사업을 중단시키는 등의 조치를 취했다. 이로써 민간 주도의 아시아여성기금의 역사 청산 방법을 부정하는 엄격한 자세를 보였다. 하지만 다른 한편으로 김대중은 합의문서의 초안 작성 과정에서 일본 측에 "20세기에 벌어진 일은 20세기로 끝내자. 일단 문서로 사죄해준다면 한국 정부로서 두 번 다시 과거를 꺼내지 않겠다"고 말하고, 한·일 공동선언의 채택에 적극적으로 나섰다. 이에 오부치도 선언안의 최종 협상을 맡은 노보루 세이치로(登誠一郎) 내각외정심의실장을 통해 한일기본조약에서 빠진 사죄 문구 추가에 동의했다.[20] 이로써 한·일 공동선언의 채택을 향한 움직임이 확실해진 한편, '위안부' 문제를 비롯한 역사인식 문제에 대하여는 '공식 협의의 대상 외'로 규정

---

19 「韓日慰安婦合意 アジア女性基金の二の舞か」, 『聯合ニュース』, 2018. 1. 10.
20 「日韓共同宣言の『おわび』, 中国を刺激 遠のいた和解」, 『朝日新聞』, 2018. 4. 27.

하여 외교 쟁점화하지 않을 방침이었다.[21] 즉, 대일 역사인식 문제에 대하여 국내외에서 상이한 접근법을 적용한 것이다.

역사인식 문제를 공식 외교 의제로 삼지 않는다는 방침이 일본 측에 전달되자, 마침내 한·일 양국 정부는 1998년 10월에 과거의 양국 관계를 되돌아보고, 현재의 우호협력관계를 재확인하는 동시에 미래의 바람직한 양국 관계에 관한 의견을 교환한 한·일 공동선언과 43개 항목으로 구성된 21세기 한·일 파트너십을 위한 구체적인 행동계획에 합의했다. 그리고 이 회담의 결과 김대중과 오부치 두 정상은 1965년 국교정상화 이래 구축되어 온 양국 간의 긴밀한 우호협력관계를 보다 높은 차원으로 발전시켜 21세기의 새로운 한·일 파트너십을 구축한다는 공통 결의를 선언했다.

한·일 공동선언의 '선언문 2'에서 오부치는 "금세기 한·일 양국 관계를 되돌아보고, 우리나라가 과거의 한 때 식민지 지배로 한국 국민에게 다대한 손해와 고통을 안겨주었다는 역사적 사실을 겸허히 받아들이며, 통절한 반성과 마음으로부터의 사죄"를 했다. 이에 대하여 김대중은 "이러한 오부치 총리대신의 역사인식 표명을 진지하게 받아들이고 이를 평가하는 동시에 양국이 과거의 불행한 역사를 극복하고 화해와 선린우호 협력에 입각한 미래지향적인 관계를 발전시키기 위해 서로 노력하는 것이 시대의 요청이라는 뜻을 표명"했다.[22] 이로써 양국은 역사인식 문제에 선을 긋는다는 생각을 대내외에 표명하고 김대중은 "한국 정부는 향후 과거의 문제를 꺼내지 않겠다. 내가 책임을 진다"고 언명하여 '미래지향적

---

21 「韓国元慰安婦への『償い金』」, 『読売新聞』, 1999. 5. 9.
22 日本外務省, 1998, 「日韓共同宣言: 21世紀に向けた新たな日韓パートナーシップ」.

한・일 관계의 구축'을 선언했다.²³

김대중이 공동선언의 성과로 평가한 것은 일본 총리가 직접 한국에 사죄한 점이었다. 특히 식민지 지배에 대한 '통절한 반성'이 처음으로 일본 정부의 외교문서에 담겼고 한국이라는 국명을 직접 명기하여 사죄한 점이 과거 청산에 대한 양국의 기존 대응과는 매우 다르다고 높이 평가했다.²⁴ 1995년에 일본의 반성과 사죄를 표명한 '무라야마 담화'의 사죄 대상이 '아시아 국가들'이었다는 점에 비추어 볼 때, 크게 전진한 셈이었다. 일본 외무성은 한・일 관계를 '매우 양호한 움직임'이라고 평가하고, 공동선언의 부속서인 '행동계획'과 '한・일 아젠다 21'이 착실하게 이행되어 관계가 긴밀해졌다.²⁵ 그리고 김대중은 수많은 반대와 우려를 무릅쓰고 금지되었던 일본 대중문화의 개방을 결정하여 문화적 측면에서 한・일의 상호 이해가 한층 진전되는 토대를 마련했다.²⁶

하지만 이러한 정부 차원의 역사 화해 프로세스와는 다르게, 일본의 역사교과서 문제나 고이즈미 총리의 야스쿠니신사 참배 문제로 인하여 한국의 정치계와 시민사회에서는 대일 불신이 커져가고 있었다. 2000년의 한・일 공동 여론조사에 따르면, "일본의 식민지 지배를 포함한 과거사 문제가 이미 끝났다고 생각하는가?"라는 질문에 한국의 시민사회는 89%가 "끝나지 않았다"고 응답했다.²⁷ 이러한 여론을 배경으로 정계도 공동선

---

23 「金大中韓国大統領が訪日 : 歷史認識問題に区切り」, 『世界週報』, 1998. 11. 3, 72쪽.

24 金大中, 2011, 88쪽.

25 日本外務省, 2000, 『金大中大統領の訪日(評価と槪要)』.

26 이 당시 한국에서는 일본의 '문화식민지'가 될 수 있다는 우려로 인하여 일본 문화의 개방이 시기상조라는 의견이 우세했으나, 김대중은 '문화쇄국주의'는 의미가 없다고 판단했다. 金大中, 2011, 88-89쪽.

27 그 이유로 34%가 "과거에 대한 사죄가 불충분" 21%가 "역사인식이나 교과서의 기술에 문제가 있다" 17%가 "보상 문제가 해결되지 않았다" 등이라고 응답했다. 「朝鮮半島

언의 역사 청산 방식에 대하여 수정을 주장했다. 그 결과, 2001년 7월, 한국 국회는 여·야당이 함께 한·일 공동선언의 파기를 요구했다.

한국 내부의 반발이 거세졌음에도 불구하고 김대중 정부는 역사인식 문제를 외교 쟁점화하지 않았다는 것은 공동선언에 적힌 안보·경제상 이익을 우선했음을 시사한다. 즉, 김대중은 아시아 외환위기에서 벗어나 본인의 지역주의 접근법을 발전시키기 위하여 일본과의 역사 봉합이라는 길을 모색한 셈이다. 이로써 그는 역사인식 문제를 대내외적으로 구별하는 접근법을 채용하면서 한·일의 안보·경제협력을 확대하는 중요한 전환점을 마련했다.

3) 일본의 대한 지원과 한·일 안보협력

1998년 10월에는 아시아 재무장관·중앙은행총재회의에서 미야자와 기이치 대장상(재임 1998~2001)이 아시아 국가들에 대한 외환위기 재건 지원과 국제금융자본시장의 안정화를 꾀하는 '신 미야자와 구상'을 발표하고, 양국 간 협력에 기반을 둔 자금 지원을 결정했다. '신 미야자와 구상'에서는 경제 재건을 위하여 중장기 자금 지원책으로 150억 달러, 경제 개혁 추진 과정에서 발생하는 단기 자금 수요의 대비책으로 150억 달러의 총 300억 달러가 준비되었다. 특히 중시된 것이 관계 개선을 배경으로 한 대한 융자로, 총 83억 5,000달러를 지원했다.[28] 또, 1999년 11월의 한·일 정상회담에서는 한국의 기술과 일본의 자금을 연계한 제3국 시장 진출과 일본의 상품·소재 산업의 한국 투자 유치 등을 요청하면서 김대중·

の雪解け評価 アジアの未来, 日韓中米4か国世論調査」,『朝日新聞』, 2000. 12. 5.
28　李鍾元·木宮正史·磯崎典世·浅羽祐樹, 2017,『戦後日韓関係史』, 有斐閣, 200쪽.

오부치 시대의 한·일 경제협력은 더욱 확대되었다.[29]

김대중 정부는 경제 위기의 극복과 장래 동아시아공동체 구상을 진전시키기 위해 그리고 민주주의적 가치와 시유주의에 기반을 둔 무역·투자 제도를 형성하기 위해서도 한·일 관계를 견고히 할 필요가 있었는데, '행동계획'은 그것을 구체화하는 제도였다. 이러한 움직임 속에서 일본은 1998년 5월에 일본수출입은행(현 국제협력은행)이 10억 달러 상당의 대한 지원을 했고, 10월의 김대중 대통령 방일 때에는 30억 달러 상당의 추가 지원 실시를 표명했다. 이는 30억 달러를 연 2%대의 저리로 한국이 자유롭게 사용할 수 있는 차관이었다.[30]

또 외환·금융위기를 교훈 삼아 한국은 안정적인 외화 획득, 고용 기회의 창출 등을 위하여 외국인 투자를 적극적으로 유치하고 각종 규제를 완화했다. 이러한 상황 속에서 1998년 5월에 총 100명이 넘는 일본의 관민 투자환경조사단이 방한했고, 같은 해 10월의 김대중 대통령 방일 때에는 한국의 민관 합동 투자유치단이 방일했다. 그리고 11월에 개최된 한일각료간담회에서는 한일투자협정체결을 위한 예비 협의를 가지기로 합의했고, 그 다음 달에는 일본의 통산대신이, 한국의 산업자원부장관이 참석하는 민관 합동 투자촉진협의회가 개최되는 등 한·일 양국 간의 투자 촉진을 위한 활동이 활발해졌다.[31]

다른 한편으로는, 아시아 외환위기에 대응하기 위해 동아시아 지역주의의 추진이 중요했고, 특히 일본의 역할이 기대되었다. 김대중은 '베를

---

29 金大中, 2011, 180쪽.
30 이러한 일본 측의 원조에 대해 김대중은 자신의 대일외교 성과로 평가하고 있다. 金大中, 2011, 94쪽.
31 日本外務省, 1999, 「第1章 総括」, 『外交靑書』.

린 연설'에서 "세계는 이제 대립과 갈등의 20세기를 뒤로하고 화해와 협력을 통한 공동번영의 뉴밀레니엄의 시대로 접어들었습니다. ⋯ 이제 중국이나 베트남은 우리에게 더 이상 위험한 경계의 대상이 아니라 좋은 친구이자 가장 유망한 경제협력의 상대입니다. ⋯ 대립과 갈등의 냉전구조를 해체하고 한반도에 평화를 정착시키기 위해 우리 한국은 최선의 노력을 다하고 있습니다"[32]라고 언급했고, 시장경제체제를 도입하여 새로운 개혁을 시도하는 동아시아 국가들과 경제협력관계를 구축했다. 특히 'ASEAN+3'에 적극적으로 참가하여 지역 형성을 선도한 까닭은 이러한 정치지도자로서의 인식과 깊은 관련이 있었다.

과거 한국의 지역주의에는 전통적 파워나 이데올로기 대립에 의한 마키아벨리즘적 권력정치 개념이 있었다. 이승만(재임 1948~1960)의 '태평양동맹구상'이나 박정희(재임 1963~1979)의 '아시아태평양이사회(ASPAC)' 등은 아시아·태평양을 중심에 두었으며, 그 뿌리에는 '반공 연대'를 구축하여 미국의 대한 커미트먼트를 이끌어낸다는 명확한 전략 목표가 있었다.[33] 이에 반하여 냉전 이후 출범한 김대중 정부는 역대 정부와 비교하여 '반공 연대'에 기반을 둔 질서감이 희박했다. 김대중에게 구 공산권 국가들은 이제는 경계해야 할 대상이 아닌 협력 대상이었다.

이러한 맥락에서 김대중은 동아시아공동체구상을 제창하고, 동아시아비전그룹(EAVG: East Asia Vision Group)을 제안하여 행동계획 작성에 주도적인 역할을 담당했다.[34] EAVG의 목적은 동아시아 역내 무역과 투

---

32 金大中,「베를린자유대학 연설: 독일 통일의 교훈과 한반도문제」, 2000. 3. 9.
33 이원덕, 2011,「일본의 동아시아공동체 전략과 한일관계」, 한상일·이숙종 편저,『일본과 동아시아지역협력과 공동체구상』, EAI(동아시아연구원), 252-253쪽, 255쪽.
34 이원덕, 2011, 253쪽.

자를 활성화하여 산업과 자원 분야에서 협력을 강화하는 것이었다. 그리고 그가 창설을 제안한 EAVG의 목적은 더 지역의 경제협력체처럼 정부 주도가 아니라, 기업가나 학자가 참여하여 경제·금융, 정치·안보, 환경·에너지, 사회·문화, 교육, 제도라는 6개 분야에서 동아시아 지역의 협력을 추진하는 것이었다.[35] 2년 동안 5차례의 회의를 거쳐 EAVG는 동아시아자유무역지대(EAFTA: East Asia Free Trade Area)와 동아시아투자지역(EAIA: East Asia Free Investment Area)의 설치, ASEAN+3을 '동아시아정상회의(EAS: East Asia Summit)'로 발전시켜 '동아시아포럼'의 설치를 제안했다. 또한 2000년 11월에 그는 ASEAN+3 정상회의에서 '동아시아연구그룹(EASG: East Asia Study Group)'의 창설을 제안했다. 이는 EAVG를 대신하여 동아시아 경제협력체의 실현을 지향하는 기구로, 2년에 걸쳐 아시아의 경제 현안을 연구하여 동아시아포럼의 창설 등과 같은 단기 과제 17개 항목과 EAS 등의 중장기 과제 9개 항목의 사업을 채택했다.[36]

일본은 김대중의 이러한 지역주의 구상을 지원했다. 제2차 세계대전 이전부터 전략, 정치경제적으로 중요한 역할을 담당해온 동남아시아 지역을 다자간협력체제로 포섭하는 김대중의 'ASEAN+3'의 개념은 일본의 전략적 이익과도 일치했다. 일본의 입장에서 동남아시아 지역주의는 미·일 동맹의 강화와 대중 견제라는 2가지 전략 목표 달성 수단의 측면도 있었기 때문이다.

또 높은 차원의 '행동계획'이 결정되자 양국 외교방위 당국은 안보정책협의회를 정례화하여 긴밀하게 정보를 공유했다. 정상·각료·의원·소상과 외교관 사이의 교류 증진과 한·일 안보내화 및 방위 당국 간의 방위

35　金大中, 2011, 121-123쪽.
36　金大中, 2011, 124쪽.

교류가 확대, 강화되었으며 그 밖에도 한·미·일 3국 간의 대북 정책 관련 정책 협의를 지속적으로 이어나가 각료 차원의 협의를 포함하는 정책 협의를 한층 강화하는 방침을 내놓았다.[37] '행동계획'의 내용 자체는 새로운 점을 발견할 수 없었고, 어디까지나 기존 방침을 답습한 것에 지나지 않았으나, 한·일의 안보협력이 양국 공통의 정책 과제로 자리 잡고 공식화되었다는 점에서 큰 의의가 있다.[38]

결과적으로는 방위 당국자 간의 정례 협의를 하며 지속적인 방위협력을 했다. 그리고 김대중 정부에서는 국장급·심의관급 방위실무자대화나 외무 당국을 포함한 안보대화가 매년 이루어졌다.[39] 육상자위대와 한국 육군은 2001년 이후, 일본의 서부방면대와 한국 육군 제2군 간에 부대 지휘관이 상호 방문했고, 일본 해상자위대와 한국 해군은 함정 상호 방문을 실시했다. 미국은 이러한 한·일 안보협력을 적극적으로 지원했다. 특히 1998년에 발생한 북한의 '대포동' 발사 실험을 계기로 미국은 대북 정책을 수정했고, 한·일 양국과의 안보협력 필요성을 더욱 강화하여 한·미·일 3국 대북정책조정그룹(TCOG: Trilateral Coordination and Oversight Group)을 통한 이해 조정 메커니즘을 정비했다.

---

37 日本外務省, 1999,「21世紀に向けた新たな日韓パートナーシップのための行動計画」,『外交青書』第42號, 311-315쪽.

38 東淸彥, 2006,「日韓安全保障關係の變遷: 國交正常化から冷戰後まで」, 國際安全保障學會 編,『國際安全保障』第33卷 第4號, 106쪽.

39 防衛省, 2009,『防衛白書』, 255-257쪽.

3. 고이즈미 준이치로와 북·일 평양선언

1) 한·일 관계에서의 한국 요인

냉전기는 물론이고 냉전 붕괴 이후에도 한국의 북·일 국교정상화 교섭에 대한 정책적 입장은 일본의 대북 정책 추진에 영향을 주었다.[40] 북한을 '흡수 통일'할 가능성을 염두에 두었던 김영삼 대통령(재임 1993~1998)은 북·일 관계의 진전이 북한의 체제 유지로 이어질 수 있다며 일본에 종종 우려의 뜻을 전달했다. 그 결과 일본의 대북교섭의 정책적 폭은 좁아졌다. 특히 1995년에 북·일 정상화 교섭 재개를 고려하여 일본 정부가 무상 20만 달러, 유상 30만 달러 총 50만 달러(약 1,200억 엔 상당)의 쌀을 북한에 보내기로 결정하자, 김영삼은 "일본은 한국을 건너뛰고 쌀 협상을 추진해 통일을 방해하려는 자세를 취하고 있다"고 불만을 나타냈고 일본 정부의 대북 쌀 지원과 북·일 국교 교섭 재개 움직임에 경계심을 드러냈다.

이러한 한국의 주장에 당시의 무라야마 정부는 '북·일 교섭 3원칙'을 한국에 제시하여 김영삼과의 정책 조정을 꾀했다. 즉, 일본의 대북 외교는 ① 그 기본이 한반도의 평화와 안정에 기여하는 것이며, ② 북·일 관계에서 한국과 긴밀하게 연계하면서 '남북 관계 개선과의 조화 원칙에 따

---

40 1990년대 초반의 북·일 교섭에서 주도적인 역할을 담당한 사회당의 다나베 마코토(田邊誠)가 지적하고 있듯이, 냉전 시대에 한국에 묶여 있던 일본 정부는 노태우 정부(1988~1993)의 북방외교가 등장하자, 대북 정책을 전환할 수 있는 분위기가 조성되었다고 판단했다. 이 결과로 '3당 선언'이 합의된 것은 그 방증이다. 田邊誠, 1990, 「野黨外交の歷史的成果」, 『月刊社會黨』, 日本社会党中央本部機関紙局, 125-126쪽, 128-132쪽.

르며', ③ 대북 경제협력은 '북·일 국교정상화 교섭의 타결이 전제'라고 설명했다. 바꾸어 말하면, 과거의 식민지 청산에 적극적이던 무라야마 정권은 김영삼의 '남북균형론'에 의하여 봉쇄되었던 것이다.[41] 마찬가지로 1997년 11월에도 북·일 교섭 재개를 진전시키기 위하여 모리 요시로(森喜朗) 자민당 총무회장을 단장으로 하는 연립여당 대표단이 북한을 방문했지만 당시 "시기적으로 부적절"하다며 한국 정부와 한국 언론이 북·일 국교정상화 교섭의 진전에 경계심을 나타냈다. 때마침 북한 위협론까지 겹치면서 북·일 교섭은 어려워졌다.[42]

그런데 이러한 분위기는 햇볕정책을 제창하는 김대중 정부의 등장으로 바뀌었다. 김대중은 북·일 국교정상화는 남북 관계 개선에 도움이 된다고 공언하고, 일본의 정책결정자에게 적극적으로 북·일 교섭을 추진하도록 촉구했다. 일본의 입장에서 보자면, 김영삼의 남북균형론과는 다른 정책 공간이 형성되기 시작한 셈이었다. 실제로 대통령 취임 연설에서 김대중은 "한국은 북한이 미국·일본 등 우리의 우방국가나 국제기구와 교류협력을 추진해도 이를 지원할 용의가 있다"고 공언했다.[43] 재임 중의 남북정상회담 실현에 강한 의욕을 가졌던 김대중의 등장은 북·일 교섭의 진전에도 중요한 영향을 주었다고 할 수 있다.

---

41 和田春樹·高崎宗司, 2005, 『検証 日朝関係60年史』, 明石書店, 217-218쪽; 남북균형론의 아이러니에 대해서는 다음 문헌 참조. 金榮鎬, 2010, 「日朝交渉における日本外交の変化: 「同盟と自主の狭間」の視点から」, 『広島国際研究』 Vol. 16, 広島市立大学国際学部紀要, 6쪽, 11쪽.

42 「조일관계의 진전을 가로막아 보려는 남조선 괴뢰들의 불순한 책동은 파산을 면할 수 없다」, 『로동신문』, 1997. 11. 11; 和田春樹·高崎宗司, 2005, 219쪽.

43 金大中, 2011, 282-283쪽.

2) 부시 정부의 등장과 북·미 관계의 악화

(1) 최초의 남북정상회담과 미국의 영향

2000년 6월, 김대중은 남북정상회담 직전에 오부치 전 총리의 장례식에 참석하기 위하여 방일했을 때, 모리 총리와 회담을 가지고 "안보와 경제 재건이라는 중요한 목적을 달성하기 위해서는 한국·일본·미국과 좋은 관계를 유지하는 것이 가장 좋다고 김정일 국방위원장에게 전하겠다"고 전달했다. 이에 모리 요시로(재임 2000~2001)도 김대중에게 "북·일 국교정상화 교섭에 강한 의욕을 가지고 있음을 김정일 국방위원장에게 전달해줄 것을 재차 요청"했다.[44] 김대중의 햇볕정책은 클린턴 정부(재임 1993~2001) 말기에 구상된 '페리 프로세스'와 공명(共鳴)하는 것으로, 한·미의 대북 정책은 잘 조율되었다. 그 결과 북·미 미사일협상이나 한반도의 긴장 완화를 향한 일정한 방향이 제시되었고, 이러한 흐름 속에서 2000년 6월에 마침내 '남북정상회담'이 이루어졌다.

김대중은 남북정상회담 이후 일본 신문사와 최초로 가진 단독 회견에서 "남북 관계와 북·일 관계는 연계되어야 합니다. (반대로) 북·일 관계 개선도 남북 관계 개선으로 이어져야 합니다"라고 지적한 뒤, "(일본의) 누군가가 김 위원장과 만나 대화를 나누는 것이 가장 중요 … 한국도 미력하나마 지속적으로 북·일 관계를 위해 협력하고 싶다"며 의지를 보였다.[45]

이처럼 남북 관계가 개선되자, 한국의 여론도 북·일 국교정상화 교섭

---

44 「小渕前首相の葬儀 弔問外交」, 『読売新聞』, 2000. 6. 9.
45 「日朝交渉進展に協力」, 『読売新聞』, 2000. 8. 22;「金韓国人統領と読売新聞会見の主な内容」, 『読売新聞』, 2000. 8. 22.

을 긍정적으로 평가하는 방향으로 변화했다. 한국의 시민사회는 1990년에는 고작 32%가, 1995년에는 30%만이 북·일 국교정상화에 찬성했다. 그런데 김대중 정부 출범 이후, 이 수치는 1999년에 무려 44%까지 상승했고 2000년에는 65%가 정상화에 기대를 거는 등 북·일 관계를 둘러싼 환경이 크게 개선되어 정책 공간이 확장되었다.[46] 한국 정부와 시민사회 양쪽에서 북·일 국교정상화 교섭에 대한 인식이 바뀌면서 일본은 대북외교를 진전시킬 추진력을 확보했다.

물론 한국 외교의 정책 전환만으로 북·일 국교정상화 교섭이 진전된 것은 아니었다. 2000년 11월, 클린턴 2기 행정부의 임기 만료 후, 대통령을 선출하는 선거에서 공화당의 조지 부시가 민주당의 현직 부대통령인 앨 고어를 누르고 당선되었다. 부시 후보자는 정상 간 교섭 직전까지 갔던 클린턴 정부의 대북 정책을 날카롭게 비판하고, 이에 더하여 민주당을 중심으로 정책 형성이 진전되고 있던 북·일 양자 간 협상론을 억제하고 다자간 협상론을 진전시켰다.[47]

특히 부시 정부는 클린턴 정부에서 대북 정책의 기축이던 '페리 프로세스'를 북한에 대한 융화정책을 정당화하는 수단에 지나지 않는다며 날카롭게 비판하고, 북한과의 양자 간 협상 계속에 반대했다. 콜린 파월(Colin Powell) 미국 국무장관은 "통상적으로 병력, 국민에 대한 압박, 인권 침해" 등의 문제가 개선되지 않는 한 양보할 수 없다고 외교위원회에서 증언했다.[48] 인도적 문제를 대북 협상에 포섭하는 부시 정부의 접근법은

---

46 「朝鮮半島の雪解け評価 アジアの未来, 日韓中米4か国世論調査」, 『朝日新聞』, 2000. 12. 5.

47 ビクター・チヤ, 2003, 「日本外交が直面する6つの難問」, 『中央公論』, 2003. 5, 74-77쪽.

48 平岩俊司, 2013, 『北朝鮮』, 中央公論新社, 158쪽.

적어도 향후 4년간의 임기 중에 북·미 간 협상이 진전될 일은 없음을 북한에 시사하는 것이었다. 이로써 클린턴 정부 말기의 북·미 제네바기본합의의 움직임이 좌절되면서, 북한의 대미 불신은 더욱 커졌다.⁴⁹

반면, 이러한 북한의 대미 불신에 더하여 체제 보장을 둘러싼 위협 인식을 높인 것은 2001년에 미국에서 발생한 '9·11테러 사건'이었다. 냉전 종결 이후 국제사회의 큰 전환점이 된 국제 테러로, 미국에서는 '홈구장'에서의 안전 신화가 깨져서 미국의 대외정책을 경직시키는 결과를 초래했다.⁵⁰ 이러한 상황에서 부시 정부는 여론을 등에 업고 대외정책에서 UN 중심의 국제협조주의에서 선회하기 시작했고, 실익이나 국익보다 자유주의나 민주주의 등의 사상이나 이념을 우선시하며 무력 개입도 불사하는 '네오콘(Neoconservatism)'이 주도하는 일국주의적 외교 접근법을 전면에 내세웠다.

실제로 국토 방어(Homeland Defense)의 취약성이 지적되자 테러사건이 일어난 직후 '애국사법(Patriot Act)'을 제정하여 아프가니스탄 침공을 실행에 옮겼다. 그리고 당시 일부 무책임한 국가가 대량살상무기와 탄도미사일을 획득하는 것이 국제사회의 '가장 큰 위협'이라 지적하고, 대량살상무기의 확산 방지에 단호하게 대처하겠다는 방침도 밝혔다.⁵¹ 이 맥락에서 미국 국내에서는 '선제공격론'에 대한 지지까지 확산되었다.⁵²

49　북·일 정상회담에서 김정일을 접견한 다나카 히토시(田中均)의 증언에 따르면, 김정일은 "클린턴 정부와 부시 정부는 완전히 다르다. 미국은 약속을 지키지 않는다"며 분개했다고 한다. 田中均, 2009, 『外交の力』, 日本経済新聞出版社, 128쪽.

50　A. Kaplan, 2003, "Homeland Insecurities: Transformations of Language and Space," M.Dudziak eds., *September 11 in History: A Watershed Moment,* Duke University Press, p. 64.

51　日本外務省, 2006, 「大量破壊兵器の拡散防止」, 『外交青書』.

52　ジュラルド・カーティス, 佐藤行雄, 船橋洋一, 2003, 「北の核で露呈した日米同盟の脆弱

더 나아가 부시 대통령은 2002년 1월의 연두 교서에서 대량살상무기를 보유하는 한편, 테러조직과 연계하여 세계를 위협하는 '테러지원국'으로 이란·이라크와 함께 북한을 지목하고 비판하는 이른바 '악의 축' 연설을 했다. 같은 해 9월의 미국 국가안보전략('부시 독트린')에서는 북한을 "탄도미사일의 주요 공급원인 동시에 핵, 생화학무기 등의 대량살상무기를 발전시키고 있는 국가"라고 명기하고,[53] 대량살상무기를 보유한 적에 대한 선제공격을 정당화했다.[54]

페리 프로세스를 비판하는 부시 정부가 등장하면서 북한 문제를 둘러싼 한·미의 정책 조율은 더욱 어려워졌다. 그리고 차기 대선에서 야당 보수계의 이회창 후보가 우위를 점하고 있는 상태에서[55] 레임덕이 시작된 김대중 정부가 부시 정부에 대북 융화정책을 실행할 여지는 갈수록 줄어들었다.

(2) 북한 경제, 국제환경, 고이즈미 정부의 등장

김일성 서거 후 김정일 체제로 이행하는 1994~1995년에 걸쳐 북한에서는 잇따른 수해 등으로 한국전쟁 휴전 이후 최대 규모의 기근이 발생했다. 즉, '고난의 행군' 시대라 불리는 1990년대 중반부터 2000년대 초

さ」,『中央公論』, 2003. 5, 63-64쪽.

53 The White House Washington, 2002, *The National Security Strategy of the United States of America*, p. 14.

54 실제 미국은 2003년 2월 장쩌민 중국 주석에게 "북한 문제를 외교적으로 해결하지 못한다면 미국이 군사 공격을 고려하겠다"라고 전한 것으로 알려졌다. ジョージ・W・ブッシュ, 2011,『決断のとき』, 日本経済新聞社, 296쪽. 2000년대 초반의 이러한 미국의 대북 정책 기본 노선 변경은 김정일 정부의 체제 전환을 포함했기 때문에, 북한은 강한 위협인식을 가지게 되었다.

55 「あと1年, 忍冬のように 金大中大統領」,『朝日新聞』, 2002. 2. 10.

엽에 걸친 이 시기에 북한에서는 심각한 식량난으로 많은 수의 아사자가 발생하고 출산율이 급락했다. 이러한 심각한 경제 상황에서 탈출하기 위하여, 북한은 2002년 7월에 '7·1경제관리개선조치'를 발표하고 생산 단위의 자율화와 그것을 효율적으로 실현하기 위한 시장 메커니즘의 적극적 도입을 추진했다. 그리고 후속조치로 강력한 자치권을 가진 '신의주특별행정구' 설치안을 발표했는데, 근거법인 '신의주특별행정구특별법'은 외교·국방을 제외한 사실상 자치구의 지위를 보증하는 내용을 명기하여 독자적인 입법·행정·사법권을 가진다고 정했다.[56]

그리고 북한 국내에서는 '배급제'의 재검토를 추진했다. 식량 등의 생활필수품은 정부가 제공할 수 없을 정도로 극도로 부족한 상황이었는데, 공정가격을 실제 가격에 근접시켜 암시장에서 유통되던 물자를 양지로 끌어올리는 동시에 공장이나 농가에 성과주의를 도입했다. 그리고 노동자의 임금을 대대적으로 인상하여 근로 의욕을 고취해 북한 전체의 생산성을 높이는 계획을 실행했다. 이러한 '7·1조치'를 위시한 경제개혁의 과건은 외자 도입과 물자 유통이었다.[57]

이러한 극심한 경제난 속에서 외자 도입이 급선무였지만, 북한은 일관되게 북·일 국교정상화에 소극적인 자세를 취했다. 1999년 2월, 조선아시아태평양평화위원회도 "우리 인민은 위대한 수령 김일성 대원수님의 직접적 조직 아래 항일무력투쟁의 깃발을 높이 올려 수십 년간 조국의 광복을 위해 성전을 벌였고, 국제연합군을 하나로 묶어 1945년 8월 9일에는 최종 결전을 위해 대일 선전포고를 하여 일제를 깨부수어 빛나는 승리

---

56 「ドキュメント·激動の南北朝鮮」, 『世界』, 2002. 12, 122쪽.
57 朴一, 2002, 「日朝『平壤宣言』の意義について考える」, 『法律時報』 74号, 日本評論社, 2쪽; 『朝鮮新報』, 2002. 8. 5.

를 거머쥔 전승국민이다"라고 했고, "일본 당국은 이 엄연한 역사적 사실을 무시하고 있다"며 강하게 비판했다.[58] 그리고 같은 해 8월에는 광복절 직전에 발표한 '대일관계에 관한 3원칙'에서 식민지 지배에 대한 일본의 사죄와 보상을 요구할 것을 재차 확인했다.[59]

또 2000년에 개최된 남북정상회담에서 김대중은 김정일에게 북·일 관계 개선과 북·일 국교정상화 교섭을 촉구했다. 그러나 이러한 움직임에 김정일은 2001년 7월, 러시아의 이타르타스(ITAR-TASS) 통신과의 인터뷰에서 "지금 일본의 반동적 지배층은 저들의 불미스러운 과거를 도리어 미화 분식하고 정당화하며 그것을 영영 묻어버리려고 분별없이 책동하고 있다. 일본이 과거 청산 문제에 대해 성의 있는 입장과 자세를 보여주고 우리 공화국에 대한 적대시 정책과 적대 행위를 그만둔다면 우리나라와 일본 사이의 관계도 정상화될 수 있을 것"[60]이라고 말하고, '과거에 대한 입장'과 '공화국에 대한 적대시 정책과 적대 행위'의 두 측면에서 일본에 양보를 요구했다.[61]

하지만 2001년의 9·11테러를 계기로 북한은 북·일 교섭에 대한 태도를 바꾸었다. 부시 정부의 대외정책에서 네오콘이 주도권을 가진 상황에서 북한은 대미 협상의 돌파구를 찾지 못했으며, 이러한 동아시아의 국

---

58 「일본은 조일관계 악화로 있을 수 있는 엄중한 후과에 대하여 심사숙고하여야 한다」, 『로동신문』, 1999. 2. 1.
59 「検証·村山訪朝団の舞台裏」, 『読売新聞』, 1999. 12. 5; 和田春樹·高崎宗司, 2005, 220쪽.
60 김정일, 2005, 『김정일선집』 15권, 조선로동당출판사, 176쪽.
61 일본 국내에서는 한반도 유사시를 염두에 둔 '무력공격사태 대처 관련 3법'의 가결 (2003년 6월)을 목표로 유사법제의 틀 정비를 위해 본격적인 논의가 이루어졌다. 이러한 상황을 고려하여 김정일은 일본과의 '화해'는 단순한 과거 청산만이 아니라 일본 안보정책의 전환까지 포함하여 요구했다.

제관계 상황은 북한을 더욱 고립시켰다. 북한은 탈냉전기의 국제사회가 냉전기 때와는 크게 다르며 밀접하게 이어져 있다는 점을 충분히 인식하고 있었다. 즉, 북한은 체제 대립이 전제였던 냉전 구조의 붕괴를 시대의 흐름으로 수용하고, 국제적 고립을 막겠다는 의도가 있었다.[62]

한편 일본 국내에서는 납치 문제에 대한 관심이 높아졌으며, 더욱이 역사교과서 파동이 발생하고, 2000년 4월에 이시하라 신타로(石原慎太郎) 도쿄도지사의 '제3국인' 발언이 나오자 북한의 국교 정상화교섭에 관한 태도는 경직되었다. 또 2001년 8월에는 고이즈미 준이치로(재임 2001~2006)가 야스쿠니신사에 공식 참배하자 역사 청산을 기초로 한 공동선언의 채택은 갈수록 멀어졌다. 하지만 고이즈미 정부는 부시 행정부와 강력한 신뢰관계를 유지했고, 당시 국제 환경과 북한 내부의 변화는 일본의 입장에서 유효한 협상 카드였다.

다른 한편, 북한의 입장에서는 안보 위협이 급속히 고조되었고, 또한 경제 개혁을 성공적으로 이끌기 위해서도 일본의 경제 지원이 필요했다.[63] 7·1조치의 실시에서도 일본의 경제협력이 필요하다는 것은 별반 다르지 않았다. 미·일 정상 간의 신뢰관계를 토대로 '전후 최고의 미·일 관계'로 불리던 고이즈미 정부의 존재는 북한에서 보자면 부시 행정부를 직접적으로 움직일 수 있는 중요한 외교채널이었다. 이에 북한은 2001년 가을부터 북·일 교섭을 모색하고 일본 외무성의 다나카 히토시(田中均)

---

62 「공동의 노력으로 조일관계의 새 장을 펼쳐야 한다」, 『로동신문』, 2002. 9. 25.
63 2016년에 탈북한 북한의 전 영국 주재 북한대사관 공사인 태영호는 당시 상사였던 강석주 제1외무차관에게서 다음과 같은 이유를 전해 들었다고 증언했다. 즉, 북한이 북·일 정상회담에 응한 이유는 다음과 같다. (1) 미국의 군사적 압박을 회피하고, (2) 대일 관계 개선을 통해 경제 지원을 얻는 것이었다. 태영호, 2018, 『3층 서기실의 암호』, 기파랑.

아시아대양주국장과 접촉했다.[64]

3) 북·일 교섭의 진전과 북·일 평양선언

(1) 북·일 직접 교섭의 진전

일본에서 국교정상화는 국회의 승인이 필요한 사항으로 교섭 난항은 처음부터 명약관화했다. 특히 북·일 교섭의 걸림돌이 된 것은 유사법제[65]를 둘러싼 일본의 움직임과 납치 문제[66]에 관한 일본 국내 정계의 압력이었다. 이러한 상황 속에서 북한 방문으로도 이어지는 북·일 직접 교섭이 극비리에 진행되었다. 당시, 북·일 교섭을 알고 있던 이는 총리, 관방장관, 관방부장관(사무), 외무대신, 사무차관으로 극소수에 국한되었고, 외무성의 국장급에게조차도 교섭의 존재 자체를 알리지 않았다.[67] 실제 교섭 테이블에 앉은 다나카 히토시[68]는 실무 협상에서 "북한에 '납치'를 인정하도록 하고, 생존자를 귀환시키며, 돈으로 납치 문제를 해결하지 않

---

[64] 다나카 히토시는 1987년의 동북아과장 취임 후 한반도 문제에 깊이 관여했다. 취임 전부터 한반도 문제를 '일본 외교의 원점'이라고 인식하고 있었으며, 동북아과장이 된 후, 처음으로 조우한 사건이 KAL기 폭파사건(1987. 11)이었다. 2001년부터 아시아대양주국장에 취임했다. 田中均, 2011, 「日朝平壤宣言までの長い道程」, 『中央公論』, 36-37쪽.

[65] 고이즈미 정부에서는 유사법제의 기본 틀인 무력공격사태법을 비롯한 무력공격사태 관련 3법을 국회에 제출했고, 법안 심의를 시작했다.

[66] 아베 신조 관방부장관을 중심으로 '납치의혹 프로젝트팀'이 발족했고, 이에 대한 국내적인 관심이 생겨났다.

[67] 田中均, 2009, 103쪽.

[68] 다나카는 북한과 20여 차례 교섭하고 고이즈미와 88회나 면담하여 고이즈미 방북과 국교정상화를 위한 공동선언문 채택의 실무를 지휘했다. 고이즈미는 이러한 다나카의 존재를 "방문까지 준비해준 외무성 아시아대양주국장인 다나카 히토시 씨의 역할은 실로 컸다"고 증언했다. 小泉純一郎, 2018, 『決斷のとき』, 集英社新書, 92쪽.

는다"는 방침을 세웠다.

　북·일 협상 중에 나나카는 북한이 북·일 관계 개선을 자국이 안보상 '하나의 보험'으로 활용하도록 북한에게 촉구하는 등, 대북 강경노선을 견지하는 미국의 동맹국인 일본의 입장을 활용하면서 협상에 임했다.[69] 실제로 다나카는 북한에 "미국이 세계의 리더임을 결코 잊어서는 안 된다. 미국은 위기에 직면했을 때, 앞으로의 선례가 될 것을 고려하여 행동을 고른다. 그러므로 세계의 안정을 크게 뒤흔드는 나라를 방치하지 않을 것이다. 장래를 위해 필요하다고 판단하면 아무리 값비싼 비용을 치르고서도 군사력을 행사할 것이다. 군사력을 사용하지 않는다면 이것이 선례가 되어 미국은 행동하지 않는 나라로 비쳐져 질서가 무너질 거라 생각할 것이기 때문이다"[70]라고 말하고, 북한이 대일 교섭에서 양보할 때 얻을 수 있는 안보상 이익을 강조했다.

　이러한 일본의 주장에 대하여 북한은 일본의 과거 청산 문제, 전후 일본의 대북 적대시 정책, 그리고 납치 문제를 거론하면서 거듭 반발했다.[71] 사실 "우리가 일본으로부터 사죄와 보상을 받아내는 것은 단순히 몇 푼의 돈을 받아내느냐 마느냐 하는 경제실무적 문제가 아니라 조선 민족의 존엄과 자주적 권리를 옹호, 행사하기 위한 중대한 정치적 문제이며 일본의

69　다나카 히토시에 따르면, 미국의 대북 봉쇄정책이 없었다면 북한의 양보를 이끌어낼 수 없었다고 한다. 田中均, 2011, 36-43쪽.

70　田中均, 2009, 112-113쪽.

71　이러한 주장은 북한 『로동신문』 지면에도 종종 등장한다. "한국전쟁 중 일본이 미군에 기지를 제공하고 경찰예비대를 조선의 전방에 투입하여 조국의 땅을 짓밟았다. … 일본은 반세기에 걸쳐 조선의 통일과 발전에 걸림돌을 만들어왔다"고 주장하고 있으며, 또 "최근 일본은 있지도 않은 '납치' 문제로 소란을 피우고 있다. … 일본은 문제의 심각성을 또렷하게 인식하여 하루라도 빨리 과거 청산을 위한 정치적 영단을 내려야 한다"고 비난했다. 「과거청산이 없는 조일관계 개선은 있을 수 없다」, 『로동신문』, 2002. 4. 8.

재침 야욕을 막고 평화를 지키기 위한 첨예한 군사적 문제이기도 하다"라고 북한이 밝히고 있듯이, 북한의 안보와 역사인식 문제는 이념적·전략적으로 불가분의 관계였다.[72]

북한은 명확한 사죄, 보상금액의 제시, 적대시 정책의 전환을 나타내기 위한 북·일 국교정상화를 일본 측에 요구하는 등, 양국 간 합의는 여전히 난항을 거듭했다. 하지만 2002년 4월 29~30일 이틀에 걸쳐 베이징에서 개최된 북·일 적십자회담에서 북한은 재북일본인 처의 고향 방문 이외의 현안이었던 '행방불명자' 즉 납치 피해자 관련 조사 문제를 인도주의적인 측면에서 새롭게 추가하는 것에 동의하면서 북·일 교섭은 급진전되었다. 특히 일본 측이 '전후 조선인 행방불명자'의 소식 조사에 나서는 대신, 북한이 납치 피해자 등 행방불명자에 대한 소식 조사를 중앙에서 지방까지 각 적십자조직 및 해당 기관과 협력하여 조사한 후 일본 측에 결과를 통보하는 내용이 골자로 들어가면서 협상은 진전되었다.[73] 또 일본 측이 주장해온 납치 문제를 포함한 포괄적 방식의 교섭 타결의 길도 열렸다. 즉, 북한이 계속 주장한 '선 국교정상화, 후 납치 문제'라는 접근법을 철회하고, 일본이 요구한 역사 문제와 납치 문제 등의 제반 현안을 포함한 '포괄적 타결'의 길이 닦인 것이었다.

마침내 북·일 교섭은 실무자협의에서 정치 차원의 협의로 발전했다. 2002년 8월에 열린 북·일 외교협상에서는 백남순 북한 외무상과 가와구

---

[72] 「일본은 조일관계 악화로 있을 수 있는 엄중한 후과에 대하여 심사숙고하여야 한다」, 『로동신문』, 1999. 2. 1.

[73] 북한에서는 이호림 부장이, 일본에서는 히가시우라 히로시(東浦洋) 국제부장이 대표로 회의에 참석했다. 「조일 적십자단체들 사이의 회담이 진행된다」, 『로동신문』, 2002. 4. 19; 「조일 적십자단체들 사이의 회담 진행과 관련한 공동 보도」, 『로동신문』, 2002. 5. 1.

치 요리코(川口順子) 일본 외상의 '북·일 외상회담에 관한 공동 보도문'이 발표되었다.[74] 보도문에 따르면, 국교정상화를 조속히 실현한다는 것을 대내외에 알리고 과거청산 문제와 제반 문제 해결을 위해서 일치된 외교적 노력을 보여주었다.[75] 그리고 북한은 일본의 현안이던 납치 문제에 대해서도 '인도주의적 문제'로 규정하면서 성의 있게 노력할 것을 확인했다.

더 나아가 외무성의 국장급회담과 인도주의 문제에 관한 적십자회담을 8월 중에 개최하기로 합의하고, 납치 문제 해결을 위한 실무자 간 최종 조율을 추진했다.[76] 그러한 상황에서 다나카 아시아대양주국장과 마철수 아시아국장이 참석한 북·일 국장급회담에서는 '과거청산 문제'와 '인도주의 문제'를 협의하고 "정치적 의지를 가지고 대처하는 것이 중요하다는 인식을 같이한다"는 점을 확인했다.[77] 이로써 오랜 세월 현안이던 역사인식 문제를 둘러싼 청산과 납치 문제에 관하여 정치적 리더십으로 해결하는 길을 마련하고 정상 간 교섭을 위한 최종 소율을 끝마쳤다.[78]

---

74 「조일외무상회담에 관한 공동 보도문」, 『로동신문』, 2002. 8. 1.
75 북·일 외상회담의 합의 내용에 따라 같은 해 8월 평양에서 적십자회담이 개최되어 일본 측이 전전 조선인 행방불명자 3명의 신원 확인과 1명의 생존을 발표하는 한편, 북한은 인민보안성과 인민위원회의 해당 부서와 긴밀하게 연계해 조사한 결과, 6명의 신원을 확인하는 등의 관계 정상화를 향한 성과를 보였다. 그리고 북한은 향후 추가적으로 조사를 계속해서 일본 측에 통보하겠다고 약속했다.
76 외무성 동북아과장으로 다나카와 함께 협상에 임한 히라마쓰 겐지(平松賢司)는 "납치 문제에 대해 그 존재조차 인정하려 하지 않는 북한"이 "우리나라의 일관된 자세에 서서히 이해를 표명하기 시작한" 점을 평가한 뒤, "외상회담에서도 납치 문제를 정면에서 거론한 덕분에 이 문제를 시사하는 문언이 회담 후 발표된 공동발표문에 담겼다"고 주장했다. 平松賢司, 2002, 「総理訪朝と日朝平壌宣言」, 『外交フォーラム』 15(2), 都市出版, 26쪽.
77 「조일외무성 국장급회담에 관한 공동 보도문」, 『로동신문』, 2002. 8. 27.
78 반면 이 시기에 북한이 납치 피해자 명부를 일본 측에 통보하지 않은 탓에 공동선언을

이처럼 물밑에서 진행된 북·일 간 교섭에 대해 일본은 부시 행정부에 TCOG나 국무성을 통해 일정 정도의 정보를 통보했지만, 가장 중요한 '고이즈미 방북 계획'은 마지막까지 통보하지 않았다. 매우 신중하게 다루어야 하는 납치 문제와 연관된 교섭 내용을 동맹국인 미국에 어디까지 전달할 것인가에 대해, 다나카는 "최종적으로는 틀림없이 미국도 이해해 줄 것이다"라고 판단하고 비밀을 유지했기 때문이다.[79] 한편 다나카 본인이 지적하고 있듯이, 일본의 이러한 대북 접근법은 대북 강경파인 네오콘의 거센 반발을 살 수 있었다. 다시 말해 핵미사일 문제나 재래식 전력 문제보다 일본이 중요하게 생각하는 납치 문제를 위해 국교정상화를 실현한다면, '고이즈미 방북 계획'은 미·일 동맹에 큰 흠집을 낼 수 있는 위험성을 내포했다.[80]

고이즈미 총리의 방북 직전, UN 총회에 참석한 미·일 양국 정상은 월도프아스트리아호텔(Waldorf Astoria Hotel)에서 정상회담을 가졌다. 이때 부시는 고이즈미의 북한 방문을 지지하며 "총리의 방북을 전면적으로 환영한다"고 발언했다. 하지만 부시가 북·일 국교정상화까지 지지했는지는 의심스럽다.[81] 고이즈미의 방북은 미국의 대북 정책과 크게 다르지 않

채택할 수 있을지 알 수 없는 상황이었다고 한다.
79　田中均, 2009, 123쪽.
80　만약 고이즈미가 직접 부시에게 전화로 연락하지 않았다면 네오콘이 고이즈미의 방북을 저지했을 수도 있다. 田中均, 2009, 119-120쪽.
81　重村智計, 2006, 『外交敗北』, 講談社, 32쪽. 실제로 『뉴욕타임스』는 "일본이 미합중국의 정책과의 연결을 끊었다"고 보도하고, 돌연 일본이 독자적인 외교 경로를 취하려고 획책하고 있다고 하며, 평양선언은 일본의 '미국 이탈·자립' 노선이라고 비난했다. 또 백악관 담화에서는 "고이즈미 총리의 외교 노력을 지지한다", "북·일 정상회담의 성과를 지켜보겠다"는 정도였으며, "회담 성공을 환영한다"는 표현도 찾아볼 수 없었다. 重村智計, 2002, 「『合意』がひとつもない平壤宣言は日本の『外交敗戰』だった」, 『SAPIO』, 10. 23, 17-19쪽.

았으나, 핵미사일 개발은 뒷전인 북·일 국교정상화는 정책적 한계를 내포했다. 기밀이 일부 해제된 일본 외무성 외교문건에서도 부시는 "만약 그들이 한반도를 평화적으로 발전시키고 싶다고 말한다면, 비무장지대(DMZ) 부근의 재래식 선력을 철수시켜야 한다"고 말인하여, 여전히 북한에 대한 불신감을 표출했다.[82]

(2) 북·일 평양선언의 평가

2002년 9월 17일, 고이즈미와 김정일이 역사상 최초로 정상회담을 가졌다. 당시 북한의 『로동신문』에는 고이즈미 총리의 사진과 함께 상세한 경력이 소개되었고, 일본의 예상을 뛰어넘는 환영 분위기 속에서 고이즈미 일행은 평양의 백화원 영빈관으로 향했다.[83] 하지만 다나카는 사전 개최된 교섭에서 북한이 납치 문제에 대하여 실제 협상에서 어느 정도로 구체적으로 언급할지 파악하지 못했다. 일본은 납치 문제에 대한 사죄가 없이 시작된 교섭을 용인할 수 없었기 때문에 고이즈미와 김정일의 정상회담에 평양선언 채택의 성패가 걸려 있었다. 북한은 오전 회담에서는 납치 문제를 언급하지 않았으나, 그 후 납치는 '망동주의자'가 벌인 일이라고 김정일이 직접 공식적으로 시인·사죄하고, 생존자의 귀국과 사실 관계의 조사를 약속하면서 '북·일 평양선언'이 채택되었다.

역사인식 문제가 과거의 죄와 책임을 묻는다는 점에 역점을 둔다면, 평양선언의 초점은 사죄와 보상을 둘러싼 문언에 있었다. 첫째, 평양선언

---

82 「日米首脳会談(北朝鮮)」第6411号, 2002. 9. 13, 秘密指定解除外交記録·情報公開室. 이러한 불신감의 배경에는 부시 개인의 김정일에 대한 혐오감이 작용하고 있었다. ジョージ·W·ブッシュ, 2011, 294쪽.

83 「일본국 고이즈미 즁이찌로 총리대신의 략력」, 『로동신문』, 2002. 9. 17.

에서 일본 정부는 "과거의 식민지 지배로 조선 인민들에게 많은 손해와 고통을 준 역사적 사실"을 인정하고, '통절한 반성'과 '마음으로부터의 사죄'를 표명했다. 이는 1965년의 한일기본조약에서 일본 정부가 계속해서 거부했던 '식민지 지배'의 책임을 확인하고 사죄하는 것이었다. 또 한·일 공동선언과 마찬가지로 사죄의 대상이 명확히 기재되었다. 내각외정심의실이 주축이 되어 작성한 전후 50년의 '무라야마 담화'에서도 과거의 역사에 대한 반성의 주체는 '나'이며, 객체는 '아시아 국가의 사람들'이었다. 바꾸어 말하면, 총리 개인이 과거의 역사에 대하여 "반성의 뜻을 표하고 사죄의 심정을 표명"하는 데 그쳤다.[84] 이에 반하여 평양선언에는 최초로 주체가 '일본 측'과 국가로 특정되었으며, 객체는 아시아 전역이 아닌 '조선의 사람들'로 구체적으로 좁혀 사죄하는 내용이 담겼다.[85] 전후 일본 외교의 역사 화해 자세에 일정 변화가 나타났던 것이다.

둘째, 일본의 사죄를 기초로 한 '보상' 문제가 중요했다. 북한은 사전에 '사죄의 심정(heartfelt apology)'이 명기된 이상 일본의 '보상'이 한일기본조약 때와 같은 '독립 축하금'의 성격이 아닌 '보상'적인 의미로 해석할 여지가 있었다. 이 때문에 형식적으로는 경제협력 방식이더라도, 한일기본조약과는 내용 면에서 큰 차이가 있었다.[86]

구체적으로는 쌍방이 "1945년 8월 15일 이전에 발생한 이유"에 근거한 모든 재산 및 청구권을 상호 파기의 기본 원칙을 확인한 뒤, 북·일 국교정상화 후에 "쌍방이 적절하다고 간주하는 기간에 걸쳐", 무상자금 협

---

84 www.mofa.go.jp/mofaj/press/danwa/07/dmu_0815.html(검색일: 2019년 5월 30일).

85 www.mofa.go.jp/mofaj/kaidan/s_koi/n_korea_02/sengen.html(검색일: 2019년 5월 30일).

86 이러한 해석의 여지에 대하여 다음의 문헌을 참고. 全哲男, 2002, 「朝·日平壤宣言の歴史的意義に関する一考察」, 『朝鮮大学校』第5号, 13쪽, 17-18쪽.

력, 저이자 장기차관(엔차관)의 제공 및 국제기구를 통한 인도주의적 지원 등의 경제협력을 실시하기로 합의했다. 표면적으로는 일본 측이 지금까지 주장했듯이 청구권의 상호 파기 원칙이 적용되어 전형적인 양국 간 ODA의 지원을 활용하여 '샌프란시스코강화체제'를 유지하는 형식을 취했다.[87]

하지만 북한의 입장에서 보자면, 이 합의문을 근거로 향후 국교정상화 때에 무상 자금협력에 대해서는 변제 의무를 지지 않고 일본으로부터 자금을 공급받을 수 있게 되었다. 북한에 변제 의무가 발생하는 엔차관도 일본의 금리가 다른 국가들에 비하여 매우 낮고 변제 기간이 길고, 장래 변제 조건도 완화된다는 점을 감안하면, 북한이 경제 개혁을 추진하는 데에 유리했다. 김정일은 일본 『교도통신』과의 인터뷰에서 "국교정상화를 한다면 일본을 방문할 의사가 있다"고 언급했는데, 그 정도로 큰 이익을 기대했던 것이다.[88]

또한 도로·철도·공항·항만·통신 등의 산업 기반은 북한의 경제 발전에 필요했고, 장래 남북통일에 있어서도 중요한 자산이었는데, 일본의 ODA가 인프라 정비를 중시한다는 점을 상기하면 중요한 합의 항목이었다. 이러한 일본의 엔차관에 의한 경제 원조에는 개발도상국이 주체적으로 사업을 추진하는 의식을 높이기 위하여 '오너십'의 이념[89]이 설정되

---

[87] 전후 처리를 둘러싼 일본 외교의 기본 노선은 극동국제군사재판소와 그 밖의 연합국 전쟁범죄법정의 판결 수락(제11조)과 배상 문제의 처리(제14조)를 포함하는 샌프란시스코평화조약에 있었다. 소위 '샌프란시스코 체제'에 의한 역사 청산은 교전국들과의 배상이나 청구권을 일괄 처리하는 방식이었기 때문에 교전 관계가 없고 엄밀하게 말해 식민지 통치의 시시비비를 둘러싼 문제를 다룬 한·일 교섭에서는 서로 청구권을 파기한 다음, 경제협력을 실시하는 방식이 채택되었다.

[88] 김정일, 2005, 325쪽.

[89] 이는 OECD 개발원조위원회(DAC)가 일본에 요청한 과정이 있다. 日本外務省, 2004,

어 있었으며, 특히 '언타이드 론(Untied Loan)' 원조 방식을 채용했다. 통상적으로는 원조 공여국이 수혜국의 프로젝트에 자국 기업을 참여시켜 수주하는 방식이 채용되나, 일본의 경우에는 엔차관이어도 북한 정부가 사업 결정권을 쥘 수 있는 구조였다. 다시 말해 김정일 정부에서 보자면 언타이드 론의 원조 방식은 정부의 정치적 안정성을 높이는 합의 사항이었다.[90]

그리고 국제기구를 통한 인도주의적 지원에는 세계은행이나 아시아개발은행(ADB: Asian Development Bank) 등에 가입한 국가가 아니면 원조를 받을 수 없기 때문에 북·일 국교정상화와 동시에 일본이 가입한 국제원조기구가 북한의 가입을 승인하는 것이 평양선언에는 상정되었다.[91]

다른 한편, 북한은 안보 면에서도 실리를 취했다. 대량살상무기를 보유한 적에 대한 선제공격이 정당화되면서 대북선제공격론이 등장했던 미국의 여론 탓에 북한의 대미 위협 인식은 고조되었지만, 적어도 북·일 교섭이 진전되는 동안에는 미국이 대북 공격에 나설 가능성은 희박했다. 정상 간 신뢰관계를 기반으로 발전한 고이즈미·부시 시대에, 미국은 동맹국인 일본이 대북 교섭을 하는 상황에서 독자적으로 북한을 선제공격할 가능성은 거의 없었기 때문이다.

한편 일본은 평양선언으로 핵 문제에 대하여 "해당하는 모든 국제적 합의들을 준수할 것"을 확인하고, 미사일 발사의 모라토리움을 2003년 이후에도 추가 연장해나간다는 뜻을 북한으로부터 얻어냈다. 그러나 최대 야당인 민주당에서 "미사일은 발사동결뿐만 아니라 배치, 개발, 수출

「columnI-13 OECD-DAC援助審査を通じて見る50年」, 『ODA 白書』.

90　青木直人, 2014, 『日朝正常化の密約』, 祥伝社, 42쪽.

91　青木直人, 2014, 45-46쪽.

할 나라, 폐기하느냐 않겠냐에 대한 담보를 받아야 하고 … 자리를 뜨거나 더 협상해야 했다"고 강력히 비판했다.[92]

또한 평양선언 채택 프로세스에서 김정일이 직접 일본인 납치 사실을 최초로 공식 시인·사죄하고 그전까지 정부가 몰랐던 납치 피해자의 일부 실태를 파악할 수 있었다. 그리고 2002년 10월에는 약 2년 만에 북·일 국교정상화 교섭이 재개되어 5명의 납치 피해자가 일본으로 귀국하는 등의 성과를 올렸다.

4. 결론

역사인식 문제에서는 과거사에 대한 개인의 이미지나 인식의 집합체가 문제를 규정한다. 그러한 까닭에 역사인식은 늘 가변적이어서 국가 간에 영구적 화해를 실현하기란 어렵다. 과거의 식민지 피해에 대한 사람들의 부정적 이미지가 완전히, 또 영구히 불식될 수는 없을 터이다. 영·일 관계사의 석학인 이안 니쉬(Ian Hill Nish) 런던정치경제대학 명예교수가 지적하고 있듯이 "국가 간의 완벽한 정신의 일치(이른바 상호 이해)의 달성은 어려울 것"이다.[93] 앞으로도 각국의 역사인식은 시대와 함께 끊임없이 변용될 것이며, 과거의 이미지가 계속해서 재생산·소비되면서 21세기의 동아시아 국제관계를 규정해나갈 것임에 틀림없다.

다른 한편 이러한 역사인식 문제의 성질을 인정하면서도 이 글에서 고찰한 '두 공동선언'에서는 역사 화해를 위한 실마리도 도출해낼 수

---

92 「民主党代表選」,『毎日新聞』, 2002. 9. 19.
93 イアン・ニッシュ, 2011,「障子を閉める」,『歴史と和解』, 20쪽.

있다. 즉, 탈냉전 시대에 동아시아에 등장한 정부 간 역사 화해를 위한 일련의 외교적 변화는 관계국의 일치된 공통 이해가 중요한 요인으로 작용했다. 한국·북한·일본의 역사인식에 긍정적인 변화가 보이지 않는 가운데, 정치적 리더십과 국제환경의 조화가 역사 화해에 추진력을 부여했고, '두 공동선언'은 그 결과물이었다. 역사인식 문제와 현실 정치는 불가분의 관계에 있는 셈이다.

향후 한국과 북한, 일본은 어떻게 과거의 문제를 마주보고 외교관계를 발전시켜나갈 것인가. 일본군'위안부'나 징용공 등의 외교적 과제가 산적한 현재, 역사 화해에 관한 정치학적 분석은 향후 더욱 중요해질 것이다.

참고문헌

김정일, 2005, 『김정일선집』 15권, 조선로동당출판사.
태영호, 2018, 『3층 서기실의 암호』, 기파랑.
金大中, 「베를린자유대학 연설: 독일 통일의 교훈과 한반도문제」, 2000. 3. 9.
마츠우라 마사노부, 2019, 「한반도 유사시 일본인 비전투원후송작전관련 한일 안보협력 방안」, 『한일군사문화연구』 제27집, 한일군사문화학회.
이원덕, 2011, 「일본의 동아시아공동체 전략과 한일관계」, 한상일·이숙종 편저, 『일본과 동아시아지역협력과 공동체구상』, EAI(동아시아연구원).
『로동신문』, 1997. 11. 11; 1999. 2. 1; 2002. 4. 8; 2002. 4. 19; 2002. 5. 1; 2002. 8. 1; 2002. 8. 27; 2002. 9. 17; 2002. 9. 25.

ジョージ・W・ブッシュ, 2011, 『決断のとき』, 日本経済新聞社.
金大中, 2000, 『金大中自伝』, 千早書房.
金大中, 2011, 『金大中自伝Ⅱ 歴史を信じて』, 岩波書店.
小菅信子, 2011, 「東京裁判と和解」, 『過ぎ去らぬ過去との取り組み』, 岩波書店.
小泉純一郎, 2018, 『決断のとき』, 集英社新書.
松浦正伸, 2019, 「脱冷戦期日本と南北朝鮮の歴史和解推進要因に関する分析」, 『日本研究』 第31輯, 고려대학교 글로벌일본연구원.
李鍾元·木宮正史·磯崎典世·浅羽祐樹, 2017, 『戦後日韓関係史』, 有斐閣.
五百旗頭薫 他編, 2017, 『戦後日本の歴史認識』, 東京大学出版会.
田中均, 2009, 『外交の力』, 日本経済新聞出版社.
佐藤健生, ノルベルト・フライ編, 2011, 『過ぎ去らぬ過去との取り組み』, 岩波書店.
重村智計, 2006, 『外交敗北』, 講談社.
青木直人, 2014, 『日朝正常化の密約』, 祥伝社.

平岩俊司, 2013, 『北朝鮮』中央公論新社.

和田春樹・高崎宗司, 2005, 『検証 日朝関係60年史』, 明石書店.

黒沢文貴, イアン ニッシュ編, 2011, 『歴史と和解』, 東京大学出版会.

金栄鎬, 2010, 「日朝交渉における日本外交の変化: 「同盟と自主の狭間」の視点から」, 『広島国際研究』Vol.16, 広島市立大学国際学部紀要.

東清彦, 2006, 「日韓安全保障関係の変遷: 国交正常化から冷戦後まで」, 国際安全保障学会 編, 『国際安全保障』第33巻 第4號.

朴一, 2002, 「日朝『平壌宣言』の意義について考える」, 『法律時報』74号, 日本評論社.

ビクター・チヤ, 2003, 「日本外交が直面する6つの難問」, 『中央公論』2003. 5.

細谷雄一, 2017, 「歴史認識問題を考える書籍紹介」, 五百旗頭薫他 編, 『戦後日本の歴史認識』, 東京大学出版会.

田辺誠, 1990, 「野党外交の歴史的成果」, 『月刊社会党』, 日本社会党中央本部機関紙局.

田中均, 2011, 「日朝平壌宣言までの長い道程」, 『中央公論』2011. 7.

全哲男, 2002, 「朝・日平壌宣言の歴史的意義に関する一考察」, 『朝鮮大学校』第5号.

重村智計, 2002, 「『合意』がひとつもない平壌宣言は日本の『外交敗戦』だった」, 『SAPIO』10. 23.

ジュラルド・カーティス, 佐藤行雄, 船橋洋一, 2003, 「北の核で露呈した日米同盟の脆弱さ」, 『中央公論』2003. 5.

平松賢司, 2002, 「総理訪朝と日朝平壌宣言」, 『外交フォーラム』15(2), 都市出版.

日本経済産業省, 2014, 『通商白書』.

日本防衛省, 2009, 『防衛白書』.

日本外務省(秘密指定解除外交記録), 2002, 「日米首脳会談(北朝鮮)」第6411号, 2002年9月13日.

日本外務省, 1998, 「日韓共同宣言: 21世紀に向けた新たな日韓パートナーシップ」.

日本外務省, 1999, 2006, 『外交青書』.

日本外務省, 2000, 『金大中大統領の訪日(評価と概要)』.

日本外務省, 2004, 『ODA 白書』.

日本外務省, 2010, 「日韓歴史共同研究報告書」(第1期・第2期), 『日韓歴史共同研究』.

『読売新聞』, 1999. 5. 9; 1999. 12. 5; 2000. 6. 9; 2000. 8. 22.

『毎日新聞』, 2002. 9. 19.

『世界』, 2002. 12.

『世界週報』, 1998. 11. 3.

『聯合-ユース』, 2018. 1. 10.

『朝鮮新報』, 2002. 8. 5.

『朝日新聞』, 1999. 2. 25; 2000. 12. 5; 2002. 2. 10; 2018. 4. 27.

日本外務省, www.mofa.go.jp/mofaj/press/danwa/07/dmu_0815.html; www.mofa.go.jp/mofaj/kaidan/s_koi/n_korea_02/sengen.html.

Kaplan, Amy B., 2003, "Homeland Insecurities: Transformations of Language and Space," M. Dudziak eds., *September 11 in History: A Watershed Moment*, Duke University Press.

Müller, Jan Werner, 2002, "Introduction: the power of memory, the memory of power and the power over memory," *Memory and Power in Post-War Europe: Studies in the Presence of the Past*.

Lind, Jennifer, 2008, *Sorry States: Apologies in International Politics*, Cornell University Press.

Feldman, Lily G., 2012, *Germany's Foreign Policy of Reconciliation*, Rowman & Littlefield.

Berger, Thomas U., 2012, *War, Guilt, and World Politics after World War II*, Cambridge University Press.

The White House Washington, 2002, *The National Security Strategy of the United States of America*.

찾아보기

ㄱ

가와구치 요리코(川口順子) 320
가이후 도시키(海部俊樹) 184
간 나오토(菅直人) 226, 280
간 담화 227~229, 232~236, 242~245,
　248~280
경제협력기구 300
경제협력 방식 294, 324
고난의 행군 314
고노 담화 301
고이즈미 담화 17, 31, 268, 271
고이즈미 준이치로(小泉純一郎) 181, 260,
　294, 303, 317, 322, 323, 326
고종(高宗) 58
공명당 256, 268
공해 자유의 원칙 80, 81
과거사 문제 303
관동대지진(關東大地震) 46
관민투자환경조사단 305
관용 256~258, 275, 276, 278
관할권 81, 83, 84
구보타 간이치로(久保田貫一郎) 82, 157
구성주의(constructivism)이론 296
9·11테러 사건 294, 313
97방침(미일방위협력지침) 299
국제연맹 46

국제연합 59
국제주의 67
국제질서 256~258, 272, 274, 277
국제통화기금(IMF) 300
국제협조주의 313
국토 방어(Homeland Defense) 313
극동국제군사재판(도쿄재판) 48, 50
근린제국 조항 178~180
기시 노부스케(岸信介) 103
기요세 이치로(淸瀨一郎) 50
기타 잇키(北一輝) 45
김대중 294, 297, 298~306, 310, 311, 314,
　316
김대중 사건 133
김대중-오부치 공동선언 33
김대중 정부 293
김동조 95
김영삼 309, 310
김-오히라 메모 84
김용식 95
김윤근 96
김일성 65, 314, 315
김정일 311, 314, 316, 323, 326
김종필 84
김학순 300

ㄴ

나카소네 야스히로(中曾根康弘) 162, 174, 175, 180
나포 83
나포어선 94
남북균형론 310
남북기본합의서 298
남북정상회담 311, 316
남조선과도정부 55
납치 문제 318, 320, 323
내각총리대신담화 226, 254
내외국인 평등주의 원칙 27
네오콘(Neoconservatism) 313, 316, 322
노보루 세이치로(登誠一郎) 301
노신영 161
농림부 86

ㄷ

다나카 가쿠에이(田中角榮) 157, 321~323
다나카 히토시(田中均) 317, 318
대량살상무기 313, 314, 326
대량살상무기 확산방지 정책 294
대북 3대 원칙 298
대북 쌀 지원 309
대북정책조정그룹(TCOG) 308, 322
대일관계에 관한 3원칙 316
대일배상요구조서 60~64
대한민국 인접해양의 주권에 대한 대통령의 선언 80
대한 안보협력 298
대한제국 52, 58
더글라스 맥아더(Douglas MacArthur) 49, 56
데탕트 114
도조 히데키(東條英機) 47
동아시아비전그룹(EAVG) 306, 307
동아시아연구그룹(EASG) 307
동아시아자유무역지대(EAFTA) 307
동아시아정상회의(EAS) 307
동아시아투자지역(EAIA) 307
동아시아포럼 307

ㄹ

러시아혁명 45
러일전쟁 44, 47, 48
레닌(Vladimir Lenin) 44
레임덕 314
로널드 레이건(Ronald W. Reagan) 160
리튼조사단(Lytton Commission) 46
릴리 펠드만(Lily G. Feldman) 296

ㅁ

마에다 도시카즈(前田利一) 157

마오쩌둥(毛澤東) 48
마키아벨리즘 306
만주사변 46, 267, 272, 273
맥아더라인 79, 87
메이지유신(明治惟新) 44, 47, 48
모리 요시로(森喜朗) 310, 311
무궁화계획 165
무라야마 154, 301, 309, 310
무라야마 담화 17, 28, 31, 254~257, 259, 260, 262, 263, 271, 274, 278, 293, 303, 324
무라야마 컨센서스 255
무상자금 협력 324
무쓰히토(睦仁) 42
문세광 사건 139
문화재 반환 문제 163, 166, 229, 236, 237, 239, 240, 242, 247
미야자와 기이치(宮澤喜一) 304
미야자와 담화 153, 167, 178, 182, 183
미·일 동맹 307
미·일 동맹의 재정의 299
미키 다케오(三木武夫) 180
민관 합동 투자유치단 305
민관 합동 투자촉진협의회 305
민청학련사건 138

ㅂ

박정희 84, 152, 154, 159, 160, 162, 176, 306
반공 연대 306
방위실무자대화 308
방위협력 308
백남순 320
베르사유평화조약 50, 60, 63, 66
베를린 연설 305
보상 301, 316, 319, 323, 324
볼셰비키 65
부시 정부 294, 311~317, 322, 326
부전(不戰) 272
부전 결의 262
북·미 미사일협상 311
북·미 제네바기본합의 313
북·일 교섭 3원칙 309
북·일 국교정상화 293, 309~311, 315, 320, 326
북·일 적십자회담 320
북·일 직접 교섭 318
북·일 평양선언(평양선언) 293, 323

ㅅ

사와다 렌조(澤田廉三) 83
사죄 254, 257, 259, 260, 262~264, 269,

275, 302, 303, 316, 319, 323, 324
사토 에이사쿠(佐藤榮作) 155
사할린 한인 문제 162, 163, 166, 168
샌프란시스코강화조약 41, 53, 64, 74, 75, 155, 158
선제공격론 313, 326
세계은행 326
스즈키 젠코(鈴木善幸) 161, 180
스탈린(Joseph Stalin) 44
시데하라 기주로(幣原喜重郎) 43
시이나 에쓰사부로(椎名悦三郎) 106, 156
식민보상 63
식민지 지배 227, 229, 235, 236, 249, 254, 257, 259, 260, 263, 269, 274, 279, 283, 303, 316, 324
신 미야자와 구상 304
신의주특별행정구 315
신의주특별행정구특별법 315

ㅇ

아라키 사다오(荒木貞夫) 45
아베 신조(安部晋三) 254
아베 총리 담화 17, 34
아시아개발은행(ADB) 326
아시아여성기금 301
아시아 외환위기 297, 299, 304
아시아재무장관·중앙은행총재회의 304

아시아태평양이사회(ASPAC) 306
아시아·태평양전쟁 40, 45, 48, 50, 54
아카기 무네노리(赤城宗徳) 100
'악의 축' 연설 314
안보대화 308
애국자법(Patriot Act) 313
야스쿠니신사 참배 문제 180, 303
야쓰기 가즈오(矢次一夫) 103
얀 베르너 뮐러(Jan Werner Müller) 295
양유찬 91
어업관할권 80
어업교섭 78
어업 및 평화선 위원회 82
어업보호관할권 87
어업보호수역 80
어업위원회 78, 83
어업자원론 81
어업제한구역 82
어업협력기금 76, 85, 99
어업협정 78, 79
'언타이드 론(UntiedLoan)' 원조 방식 326
에드윈 폴리(Edwin W. Pauley) 61
엔차관 325
역사교과서 문제 303
역사교과서 파동 153
역사담화 263
역사 봉합 304

역사인식 15~17, 28, 35, 36, 75, 226, 229,
  232~236, 242, 246, 263
역사인식 문제 272
역사 청산 294
역사 화해 293, 294, 328
오부치 게이조(小渕恵三) 300~302, 305
오히라 마사요시(大平正芳) 105
와다 마사아키(和田正明) 103
왕징웨이(汪精衛) 48
외무부 86
외환·금융위기 305
요시다 시게루(吉田茂) 49
우드로 윌슨(Woodrow Wilson) 55
우라베 도시나오(卜部敏男) 85
우시로쿠 도라오(後宮虎郎) 104, 106
원용석 100, 104
원폭 피해자 문제 163, 168
위로금(atonement money) 301
유사(有事) 298
유사법제 318
65년체제 154, 159
6·25전쟁 53
이동원 157
이상덕 55, 60
이승만 58, 83, 88, 89, 93, 95, 158, 306
이시하라 신타로(石原慎太郎) 317
21개조의 요구 48

21세기 구상 간담회 265
21세기 구상 위원회 256
21세기 새로운 한·일 파트너십 공동선언(한·
  일 공동선언) 293
이원경 171, 172
이케다 하야토(池田勇人) 84
인도주의적 지원 325
일국주의 313
일본국 헌법 42
일본군 '위안부' 문제 258
일본 민주당 228
일본수출입은행 305
일한잠정어업협정안 82
일한협력위원회 123
임병직 82
임철호 90, 91

ㅈ

자유주의 305
잠정어업협정안 83
장경근 90, 91
장제스(蔣介石) 48
재일한국인법적지위향상 특별위원회 163
적극적 평화주의 257, 277, 278
전관수역 76
전두환 159, 160, 162, 163, 165, 167, 168,
  175, 177

전쟁의 위법화 272
전쟁조사회(戰爭調查會) 43~45, 49
전후 70년 담화 254, 258, 278, 285
전후(postwar) 42
전후 레짐 42
전후배상 18
전후보상 63
전후 세대 275
전후 처리 15~17, 35, 36
정전협정 66
제1차 세계대전 46
제1차 연평해전 298
제2차 세계대전 57
제2차 연평해전 298
'제3국인' 발언 317
제네바해양회의 100
제니퍼 린드(Jennifer Lind) 296
조국현(曺國鉉) 58
조르주 클레망소(Georges Clemenceau) 55
조선민주주의인민공화국 65
조선아시아태평양평화위원회 315
조선왕실의궤 226, 227, 232, 242, 244, 245, 247
주권국가체제 67
주변사태법 299
중일전쟁 48
지역주의 304~307

지철근 90~92
징벌적 억지정책 298
징용공 328

ㅊ

참회(懺悔) 296
청구권 74, 324
청구권협정 152~154, 156
7·1경제관리개선조치 315

ㅋ

콜린 파월(Colin Powell) 312
클리포드 스트라이크(Clifford Strike) 56
클린턴 311~313

ㅌ

탄도미사일 313
탈식민주의 272
태평양동맹구상 306
테러지원국 314
토마스 버거(Thomas U. Berger) 296
통절한 반성 302, 303, 324
트롤 어업 금지구역 94

ㅍ

페리 프로세스 311, 312, 314
평양선언 294, 326
평화선 75, 77, 80, 82, 84
포괄적 접근 전략 299
포츠담선언 54
포츠머스조약 47

ㅎ

하시모토 류타로(橋本龍太郎) 181
하타다 다카시(旗田巍) 53
한국병합조약 47, 57
한국인 원폭 피해자 문제 164
한국인 유골 반환 문제 168
한미동맹 298
한미상호방위조약 66
한일각료간담회 305
한·일 공동선언 279, 297, 300~302, 324
한·일 국교정상화 152, 168
한일기본조약 114, 154, 278, 294, 301, 324
한일도서협정 226, 227~229, 234, 236, 242, 244, 246~248
한일수산협정 87
한·일 아젠다21 303
한·일 안보협력 308
한일어업교섭 75, 78

한·일 어업 문제 79
한·일 '위안부' 합의 283
한일의원연맹 163, 166, 168
한일투자협정 305
한일회담 76, 227, 229, 231, 235, 236, 247
한일회담 백서 156
한일회담 어업위원회 79
햇볕정책 297~299, 310, 311
호소카와 모리히로(細川護熙) 184
황도파(皇道派) 45
후지사키 마사토(藤崎萬里) 155
후지오 마사유키(藤尾正行) 182
후쿠다 다케오(福田赳夫) 180
흡수 통일 309

A~Z

ASEAN+3 306, 307
ODA 325

동북아역사재단 연구총서 110

한·일 관계의 궤적과 역사인식

초판 1쇄 인쇄　2020년 8월 20일
초판 1쇄 발행　2020년 8월 30일

엮은이　조윤수
펴낸이　김도형
펴낸곳　동북아역사재단

등록　제312-2004-050호(2004년 10월 18일)
주소　서울시 서대문구 통일로 81 NH농협생명빌딩
전화　02-2012-6065
팩스　02-2012-6189
홈페이지　www.nahf.or.kr
표지디자인　역사공간
제작·인쇄　역사공간

ⓒ 동북아역사재단, 2020

ISBN　978-89-6187-551-6　93910

- 이 책의 출판권 및 저작권은 동북아역사재단이 가지고 있습니다.
  저작권법에 의해 보호를 받는 저작물이므로 어떤 형태나 어떤 방법으로도 무단전재와 무단복제를 금합니다.
- 이 도서의 국립중앙도서관 출판예정도서목록(CIP)은 서지정보유통지원시스템 홈페이지
  (http://seoji.nl.go.kr)와 국가자료종합목록 구축시스템(http://kolis-net.nl.go.kr)에서 이용하실 수 있습니다.
  (CIP제어번호 : CIP2020034074)
- 책값은 뒤표지에 있습니다. 잘못된 책은 바꾸어 드립니다.